党的十一届三中全会
前后的北京历史丛书

城乡经济体制改革起步

中共北京市委党史研究室
北京市地方志编纂委员会办公室 组织编写

杨胜群 桂 生 主编
王怀乐 周 进 著

北京出版集团
北京人民出版社

图书在版编目（CIP）数据

城乡经济体制改革起步／中共北京市委党史研究室，北京市地方志编纂委员会办公室组织编写；杨胜群，桂生主编；王怀乐，周进著. -- 北京：北京人民出版社，2024.7. --（党的十一届三中全会前后的北京历史丛书）. ISBN 978-7-5300-0638-2

Ⅰ．D232

中国国家版本馆CIP数据核字第2024DY3034号

党的十一届三中全会前后的北京历史丛书
城乡经济体制改革起步
CHENG XIANG JINGJI TIZHI GAIGE QIBU

中共北京市委党史研究室　　　　组织编写
北京市地方志编纂委员会办公室

杨胜群　桂　生　主编

王怀乐　周　进　著

*

北　京　出　版　集　团　　出版
北　京　人　民　出　版　社

（北京北三环中路6号）

邮政编码：100120

网　　址：www.bph.com.cn

北 京 出 版 集 团 总 发 行
新 　华 　书 　店 　经 　销
北京华联印刷有限公司印刷

*

787毫米×1092毫米　16开本　15印张　232千字
2024年7月第1版　2024年7月第1次印刷
ISBN 978-7-5300-0638-2
定价：65.00元

如有印装质量问题，由本社负责调换
质量监督电话：010-58572393

"党的十一届三中全会前后的北京历史丛书"
编 委 会

主　　编　杨胜群　桂　生

执行主编　陈志楣　宋月红

成　　员　崔　震　张恒彬　韩久根

编委会办公室

主　　任　陈志楣（兼）

副主任　　王锦辉

成　　员　董　斌　杨华锋　武凌君　刘　超
　　　　　董志魁　乔　克

序　言

习近平总书记强调，改革开放是决定当代中国命运的关键一招，也是决定实现"两个一百年"奋斗目标、实现中华民族伟大复兴的关键一招。站在新时代的今天，回顾40多年前的那段改革开放兴起的历史，更能深刻体会到改革开放的伟大意义。

1978年12月，在邓小平等老一辈革命家的推动下，党的十一届三中全会冲破长期"左"的错误的严重束缚，批评"两个凡是"的错误方针，充分肯定必须完整、准确地掌握毛泽东思想的科学体系，果断结束"以阶级斗争为纲"，重新确立马克思主义的思想路线、政治路线、组织路线，作出把全党工作的着重点转移到社会主义现代化建设上来、实行改革开放的战略决策，实现了新中国成立以来党的历史上具有深远意义的伟大转折，开启了改革开放和社会主义现代化建设新时期。这在中华民族历史上，在中国共产党历史上，在中华人民共和国历史上，都是值得大书特书的一件大事。

今年恰逢邓小平同志诞辰120周年。我们组织编写了"党的十一届三中全会前后的北京历史丛书"，旨在通过翔实的历史资料和生动的叙述方式，全面展现党的十一届三中全会前后在党中央领导下，中共北京市委带领全市人民冲破思想禁锢、克服重重困难、推进改革开放的生动实践和斗争精神，深刻诠释十一届三中全会伟大转折的历史意义和时代价值。

北京是中华人民共和国的首都，在开创和发展中国特色社会主义进程中具有十分重要的历史地位。丛书聚焦于1976年"文化大革命"结束至1984年党的十二届三中全会召开期间北京的历史，由《解放思想　拨乱反正》

> 城乡经济体制改革起步

《城乡经济体制改革起步》《打开对外开放大门》《教育科技文艺恢复与发展》《首都建设新风貌》5部书构成。我们在编写中尽力做到：

导向正确。始终坚持以党的三个历史决议精神与习近平总书记关于党的历史和党史工作重要论述为遵循，树立正确党史观，坚持"两个不能否定"，准确把握党的十一届三中全会前后历史的主题主线、主流本质，正确评价党在前进道路上经历的失误和曲折，坚决反对和抵制历史虚无主义。

主题突出。通过对党的十一届三中全会前后历史的记叙和总结，深刻反映邓小平同志是中国社会主义改革开放和现代化建设的总设计师、中国特色社会主义道路的开创者、邓小平理论的主要创立者；深刻反映改革开放是我们党的一次伟大觉醒，是党和人民大踏步赶上时代的重要法宝，是坚持和发展中国特色社会主义的必由之路；深刻反映中国特色社会主义不是从天上掉下来的，是党和人民历尽千辛万苦、付出各种代价取得的根本成就。

科学准确。编写人员严格落实"查资料、查人、查地"的"三必查"工作要求，注重运用原始档案、文献，赴北京市档案馆查阅资料上百次，反复查阅《北京日报》《北京晚报》等报刊，联系有关单位，采访事件当事人，调研历史发生地，掌握了大量权威而翔实的资料。初稿完成后，多次修改打磨，邀请专家审改，最后经主编逐字逐句把关，以期为读者提供一套既有历史深度又有现实启示的优质读物。

地方特色鲜明。丛书侧重考察北京市委立足本地实际，领导全市人民在推进改革开放，坚持和发展中国特色社会主义伟大事业中出现的创造性实践、开拓性举措、突出性亮点以及在当地乃至全国具有重大影响的历史事件和重要活动，进而反映北京地域特点。

可读可鉴。坚持学术性与可读性相统一，既注重文字的准确性、严谨性，又力求写得生动流畅、通俗易懂。特别是把握整体与细节的关系，既关注决策的形成过程，又注意反映历史细节和先进典型，努力让读者做到知其然、知其所以然、知其所以必然。

历史和现实证明，越是伟大的事业，往往越是充满艰难险阻，越是需要开拓创新。中国特色社会主义是前无古人的伟大事业，前进道路上，还将进行许多具有新的历史特点的伟大斗争。让我们紧密团结在以习近平同志为核心的党中央周围，敢于担当、埋头苦干，以与时俱进、时不我待的精神不断夺取新胜利，在全面建成社会主义现代化强国、全面推进中华民族伟大复兴新征程上奋勇前进。

目录
CONTENTS

前　言 / 1

第一章　拉开城乡经济体制改革大幕 / 1

一、实现工作重点转移与改革启动 / 1

二、贯彻中央"调整、改革、整顿、提高"八字方针 / 14

三、探索适合首都特点的经济 / 24

四、确定北京翻两番、奔小康的目标 / 33

第二章　走出农村改革的京郊之路 / 38

一、"专业承包、联产计酬" / 38

二、"冰棍队"与京郊包产到户、包干到户 / 47

三、开展致富大讨论 / 52

四、丰台黄土岗探索政社分设 / 58

五、海淀四季青专业化承包、农工商综合经营 / 68

六、房山窦店"社会主义现代化新农村的雏形" / 75

第三章　开拓城乡联合的"白兰之路" / 82

一、鼓励社队办企业 / 82

二、白兰牌洗衣机探索城乡联合之路 / 91

三、二轻工业企业推进城乡联合 / 96

第四章 探索国企改革之路 / 104

一、试行利润留成，扩大企业自主权 / 104

二、试点以税代利、自负盈亏 / 113

三、首钢实行承包制改革 / 124

四、天桥百货实行股份制改革 / 134

五、管好企业要靠"明白人" / 141

第五章 发展多种经济成分 / 150

一、待业青年安置与"大碗茶" / 150

二、集体经济不断发展壮大 / 161

三、恢复和发展个体经济 / 171

四、从引进外资到"三资"企业的诞生 / 183

第六章 改革商业流通体制 / 193

一、调整商品购销政策 / 193

二、开放城乡集贸市场 / 201

三、商业服务业企业试行经营承包责任制 / 208

四、推进供销社体制改革 / 214

五、初步调节与放开物价 / 220

后　记 / 227

前　　言

党的十一届三中全会后，北京市作为祖国的首都，得改革开放风气之先，在诸多领域积极开展探索，拉开了城乡经济体制改革的大幕。

在农村，改革从克服高度集中统一的经营管理体制入手，推行以"专业承包、联产计酬"为主要形式的生产责任制，极大地调动了农村干部和社员的积极性。海淀四季青、房山窦店等地成为农业生产责任制改革的典型，引领着京郊农村走出了一条具有首都特点的改革发展之路。伴随农业生产责任制的落实和农村经济的蓬勃发展，部分农村劳动力从土地上解放出来，促进了社队企业的发展。以北京洗衣机厂等为代表的城市工业企业，突破思想框框，克服小生产经营的弊端，开展横向联合发挥各自优势，相互促进，开拓了一条城乡联合协作的"白兰之路"，为农村剩余劳动力提供了广阔的就业空间，为城市工业的发展注入了新的活力。

在城市，国企改革也迈出了坚实步伐。面对旧的管理体制的束缚和限制，北京市从扩大企业自主权入手，开展利润留成、以税代利等改革试点。首钢展开承包制改革，天桥商场推进股份制改革，调整优化企业领导班子，较大提升了企业效益，激发了企业发展活力。

为了应对知青返城带来的就业压力，北京市广开门路安置待业青年，取得了良好效果。大碗茶青年茶社的开办，迈出了待业青年就业安置的一大步。全市多种生产服务合作社遍地开花，壮大了集体经济，发展了个体经济。悦宾饭馆是改革开放后北京第一家个体饭馆，它的诞生不仅是发展个体经济的一次重要突破，更是人们思想解放和观念更新的生动体现。同时，随着改革

城乡经济体制改革起步

对外开放的不断扩大,中外合资经营、中外合作经营、外方独资经营企业逐渐在京华大地上出现。多种经济成分的发展,使单一公有制经济的一统天下的局面被打破,提升了整体经济活力。

商业流通体制是连接生产与消费的桥梁和纽带,在改革中也激发了新的活力。全市按照"三多一少"(即多种经济形式、多种经营方式、多条流通渠道,少环节)的原则,对商业流通体制进行初步调整。国营、集体、个体等多种经营形式齐头并进,商品购销政策和价格得到调整优化,城乡集贸市场逐步开放。供销社体制改革和国营商业企业改革的推进进一步激发了市场活力,推动了工农业的发展,提高了城乡人民的生活水平。

改革开放是决定当代中国命运的关键抉择,既有破冰的勇敢尝试,也有水到渠成的顺势而为。它不仅改变了北京市的经济社会面貌,更给人们的思想以新的启迪。我们力图将改革起步的这一段激情岁月记录下来,以期为北京市新时代全面深化改革开放提供镜鉴。

第一章
拉开城乡经济体制改革大幕

"改革是中国的第二次革命。"[①] 从1978年启动农村经济体制改革到1984年党的十二届三中全会作出以城市为重点的全面经济体制改革的决定，在中央统一部署和推动下，北京广大干部和群众认真贯彻落实中共中央书记处关于首都建设方针的四项指示和中共中央、国务院关于对北京城市建设总体规划的十条批复精神，进行诸多改革实践探索，采取一系列重大措施，拉开了城乡经济体制改革的大幕，使城乡经济社会焕发出勃勃生机，也为改革开放全面展开和深入推进积累了宝贵经验。

一、实现工作重点转移与改革启动

1978年12月，党的十一届三中全会作出把全党工作重点转移到社会主义现代化建设上来、实行改革开放的历史性决策，实现了新中国成立以来党的历史上具有深远意义的伟大转折。把全党工作的重点转移到现代化建设上来，动员全党全军全国各族人民同心同德，鼓足干劲，全力以赴，为把中国建设成现代化的社会主义强国而奋斗，这是改革开放初期和之后一个长时期内最大的政治。在党的十一届三中全会路线、方针、政策指引下，北京市逐步实

[①] 《邓小平文选》第三卷，人民出版社1993年版，第113页。

现工作中心的转移,并启动城乡经济体制改革试点。

实现北京工作重点转移

党的十一届三中全会召开后,北京市委及时组织全市各级党组织和干部群众认真学习贯彻十一届三中全会精神。1979年1月16日至25日,市委召开工作会议,传达贯彻党的十一届三中全会精神,明确要求把全市工作中心转移到社会主义现代化建设上来。会议传达了中央领导同志在十一届三中全会上的讲话,传达了中央工作会议和十一届三中全会的有关文件,围绕怎样实现工作着重点转移,怎样坚持正确的思想路线,解决历史遗留问题进行了认真、充分的讨论。市委第一书记林乎加在会上讲话指出,实现工作中心的转移,必须坚持"解放思想,开动机器,实事求是,团结一致向前看"的思想路线,解决好重大的历史遗留问题。[1] 此后,首都人民在热烈讨论和渐次展开的改革实践中不断转变思想观念,形成了把工作重点转移到社会主义现代化建设上来的共识。

在农村,为了落实好十一届三中全会通过的加快农业发展的决定,1979年初,市委第一书记林乎加率有关部门人员到密云、顺义等郊区县开展调查研究。在调研座谈中,干部群众谈到,由于受林彪、"四人帮"极"左"路线的影响,北京郊区农村还存在很多制约农业发展的问题。主要表现是:随意破坏所有制的稳定,搞"穷过渡",任意侵犯生产队的自主权;违背按劳分配原则,大搞平均主义;把自留地、社员家庭副业、农村集贸市场等社会主义经济的补充部分,统统当作资本主义来批,弄得集体空、社员穷、生产供应紧张、人民生活困难;当时落实农业政策,让农民富起来,首先遇到的问题是思想障碍,害怕致富会导致"修正主义"。针对干部群众思想上的种种疑惑,市委认为,落实郊区农业发展政策要解放思想,实事求是,以生产队为基础的所有制形式要稳定,不能再搞基本核算单位过渡;尊重生产队的

---

[1] 中共北京市委党史研究室编:《社会主义时期中共北京党史纪事》第八辑,人民出版社2012年版,第269页。

自主权，生产什么、分配多少要根据生产队的具体实际决定，上级部门不能干涉；恢复农村集贸市场，鼓励农民发展多种经营。

在市委的领导和推动下，北京一些郊区县迅速展开如何把工作着重点转移到社会主义现代化建设上来的讨论。如平谷县在县委领导下就"平谷县的农业生产方针应该怎样确定才好""如果北京郊区以生产副食品为主，那么平谷县是否可以林业和牧业为主，使种植业为畜牧业服务""平谷县在努力实现机械化方面应该做哪些基本建设性的工作"等60个问题展开讨论。这些问题是县委在广泛召开干部座谈会的基础上，对大家迫切关心的问题进行综合分析后提出来的，可以归纳为农业发展方向、关于林业和畜牧业发展、关于农业机械化、关于发展社队工副业等10个方面。通过讨论，全县人民将注意力集中到如何实现农业现代化的问题上来。县委派人调查了在全县有一定代表性的4个公社5个大队。例如，半山区的张各庄公社夏各庄大队，共有3000名劳力。1978年，他们用80名劳力管理果树，400名劳力搞工副业，人均收入都是1500元；2500名劳力搞农业，人均收入仅158.40元。这个大队和其他一些半山区、山区大队、公社的调查材料，使县委领导认识到：对山区面积占2/3的平谷县来说，以后在想问题、做计划、办事情的时候，一定要坚持因地制宜、分类指导，切不可犯瞎指挥、"一刀切"的毛病。山区社队一定要以发展林牧业为主，努力为国家提供更多的干鲜果品和畜产品，尽快把郊区建设成为首都的副食品生产基地。在讨论中，平谷县委通过抓好典型，积极制订农业现代化发展规划，引导各公社把工作重点转移到社会主义现代化建设上来。[①]

在中央和市委加快农业发展的政策指导下，1979年，郊区农业发展出现了很多新的变化。海淀区要求生产蔬菜的人民公社可以自产自销，允许社员直接上市卖菜；密云县要求全县因地制宜确定生产方针，宜粮则粮，宜林则林，宜果则果，宜牧则牧。其他郊区县也开始在生产管理、按劳分配、农村

---

① 《平谷县委发动全县人民讨论农业现代化问题》，《人民日报》1979年2月7日第2版。

集贸市场恢复、农业多种经营等方面采取许多新的政策措施。1980年、1981年北京郊区开展了两次"致富大讨论",着重解决"敢不敢富、能不能富、会不会富"等问题,肃清"左"的思想影响,解除农民发家致富的思想顾虑,进一步解放思想,调动生产积极性,使郊区农民在开展多种农业经营、促进乡镇企业发展、改善农民生活上取得共识,推动了京郊农业改革的深入发展。

在城市,市委、市政府根据中央精神,顺应国营工业企业和职工关于打破大锅饭、实行按劳分配、扩大自主权的改革要求,开始打破计划经济管得过多过死的束缚,为搞活国营工商企业,组织进行了一系列改革和尝试,逐步扩大自主权,允许多种所有制形式的存在和发展,平衡国家、企业、个人的利益诉求。随着拨乱反正的结束和改革开放的逐步展开,尽管有"左"的和右的两种错误倾向的干扰,在国家现代化建设的迫切需要、人们改善生活的迫切希望的双重推动下,工作着重点的转移逐步成为共识,原有的计划经济模式及固有思维逐步被打破。

很多部门、企业克服观望等待思想,积极采取措施,实现工作重点的转移。如市机械局主动适应全党工作中心转移的需要,举办所属各公司、总厂的书记、经理、厂长以及局机关处长以上领导干部参加的企业经济管理训练班。针对企业中存在的"吃大锅饭"、不按经济规律办事、储备多、消耗高、浪费大、积累少的问题,请工厂里管理经验比较丰富的干部讲解企业流动资金、生产费用和成本、物资消耗定额、企业编制定员、工时定额等方面的管理知识。举办训练班期间,市机械局党组向各单位提出了迅速动员起来,抓好企业经济管理的具体安排。①

市化工局党组召开工作会议,分析新情况,认为有的单位依赖引进多,对困难认识不足,对党的工作中心转移中出现的新问题思想准备不充分,因此出现了等待、观望、埋怨的情绪。他们认为,既要看到粉碎"四人帮"后的大好形势,又要对"四人帮"严重破坏造成的损失有足够的估计和认识,才能保持头脑清醒,注意研究解决出现的新问题。在工作会议上,大家还讨

---

① 《适应全党工作重点转移的需要》,《北京日报》1979年3月18日第2版。

论了要搞什么样的四个现代化问题。大家普遍认为，外国的先进技术、管理经验，要学过来，但不能照抄照搬资本主义的那一套，要搞的是适合中国国情的中国式的社会主义四个现代化。事实证明，中国底子薄、人口多，必须走出一条中国式的现代化道路，必须把立足点放在自力更生的基础上，要十分重视自己老企业的革新、挖潜、改造，根据自身条件和可能适当引进国外的先进设备和技术，注意研究新情况、新问题，不断提高工业技术和管理的现代化水平，来加快四化的步伐。①

其他企业也积极制定工作重点转移措施，积极按照经济规律提高企业经济效益。市第二皮鞋厂，为尽快实现工作重点转移制定了4条具体措施：一是抓思想转变。他们认真组织干部、工人学习党的十一届三中全会公报，弄清实现工作重点转移的根据、意义，查找妨碍转移的思想障碍，查本厂与国内外先进水平的差距。二是抓领导变内行。他们决定厂级领导干部每周坚持一次业务学习，集中5天抓生产技术，努力掌握皮鞋生产规律，了解国内外皮鞋生产的先进技术。三是抓技术文化教育。厂里决定开办初中数学、外语、文学班和皮鞋设计、配料划料、帮工技术、机械制图等技术班，并对干部进行管理业务测试，对职工进行技术考核。四是抓计划平衡和经济活动分析。厂领导坚持日碰头、周调度、月分析制度，按八项指标指挥调度生产，保持供、产、销平衡。

农村改革率先取得突破

思想观念的转变和工作重点的转移，凸显了原有集中统一管理的计划经济体制弊端，促进了经济体制的改革。邓小平强调："为了有效地实现四个现代化，必须认真解决各种经济体制问题。"② 解决经济体制问题，就是要对社会主义的一些具体制度实行突破和改革，并开辟出一条适合中国国情的社会主义建设新路。

---

① 《坚持四项基本原则　加速工作重点转移》，《北京日报》1979年4月12日第1版。
② 《邓小平文选》第二卷，人民出版社1994年版，第161页。

城乡经济体制改革起步

改革，首先在农村取得突破。早在1977年7月邓小平第三次复出后，他就大力倡导解放思想，为农村改革的启动创造宽松的政治氛围。针对中国农业发展状况，他对农村的体制问题进行了深入的思考，从1977年冬开始就"到处点火"[1]，推动放宽农村政策、扩大生产队的自主权等。1978年12月，在党的十一届三中全会前召开的中央工作会议上，邓小平作了《解放思想，实事求是，团结一致向前看》的重要讲话，特别强调要解放思想，放下包袱，开动脑筋。他指出："当前最迫切的是扩大厂矿企业和生产队的自主权，使每一个工厂和生产队能够千方百计地发挥主动创造精神。"[2] 这对在全国悄然兴起的农村改革是一个极大的鼓舞。党的十一届三中全会在讨论农业问题时，确立了在经济上充分关心农民的物质利益，在政治上切实保障农民的民主权利的指导思想，由此拉开了全国各地农村改革的序幕。[3]

北京郊区农村[4]改革就是在这样的历史背景下展开的。虽然改革开放前夕北京农村已经不是单纯的传统的农业经济，开始了由传统的农业经济向农村工业化的转型，专业化分工和工业化已经达到相当的水平，但与全国农村一样，都是实行人民公社"三级所有、队为基础"的经营体制，存在经营管理过于集中和分配中的平均主义等弊端，严重挫伤了农民的生产积极性，制约着农村产业结构的变革和社会生产力的发展，农业发展和农民生活改善比较缓慢。

"文化大革命"结束后，不少京郊乡村开始恢复合作化时期采用过的小段包工、定额计酬等劳动形式，有的乡村实行了包产到组责任制，即把一个生产队分为两个或几个作业组，实行作业组联产承包经营，以体现组与组之

---

[1] 中共中央文献研究室编：《邓小平思想年谱（一九七五——一九九七）》，中央文献出版社1998年版，第81页。

[2] 《邓小平文选》第二卷，人民出版社1994年版，第146页。

[3] 《十一届三中全会以来历次党代会、中央全会报告 公报 决议 决定》（上），中国方正出版社2008年版，第15页。

[4] 改革开放初期的北京郊区农村，包括朝阳、海淀、丰台3个近郊区和远郊的通县、顺义县、大兴县、昌平县、房山县、平谷县、延庆县、怀柔县、密云县和门头沟区的农村部分。

间的分配差别。1977年，大兴县在东磁各庄、赵场等大队试行联产到组、联产计酬[1]"三定一奖"生产责任制，取得了显著的增产效果。具体做法如下：一是定工分，按管理每种农作物所需的工序和农田、水源条件确定。二是定产量，按大队可供给的肥料、除草剂等物质条件以及耕地的土壤、地力，参照上年的实际产量和本年播种的时间，逐地块确定每亩产量。三是定开支，根据大队当年所需提供的物质条件，折价确定。四是超产奖励，一般奖励超产部分的20%左右，以现金兑现；若减产，则罚减产部分的10%。1978年，这种生产责任制在大兴县普遍推广，全县937个生产队中，有400多个实行了该责任制。[2]

1978年，昌平县试行包产到组、联产计奖罚的"四定一奖"[3]生产责任制。基本内容是，作业组定地块、（根据任务）定人员、定产量（产值）、定措施，联系产量计算奖罚。当年，全县坚持兑现的有154个生产队，占生产队总数的15.6%。[4]第二年，生产责任制由"四定一奖"发展到包产到组、联产计酬的"四定四保"合同制。全年坚持兑现的有553个生产队，占生产队总数的56.2%，其中作业组联产计酬的占30.2%，大部分是作业组联产计奖罚。其他区县的不少社、队也试行了这种联产到组的生产责任制。

为了深入讨论《中共中央关于加快农业发展若干问题的决定（草案）》，1979年4月，北京市委召开农村工作会议，提出北京的农业要坚持为大城市服务的方针，郊区应成为首都现代化建设的副食品生产基地。在这次会上，市委针对北京农业发展的实际，明确在切实保证生产队的统一核算和分配、有利于巩固集体经济的基础上，允许生产队实行"包工到作业组，联产计酬，超产奖励"的生产管理办法。在实践中，北京探索各种形式的责任制，一些

---

[1] 联产计酬就是按照实现的产量给劳动力记工分的责任制，主要形式是联产到组和联产到劳（劳动力）。
[2] 中共北京市委党史研究室、中共大兴区委党史资料征集办公室编：《大兴建设史》，北京出版社2007年版，第199页。
[3] 即定地块、定人员、定产量、定措施，超产奖励。
[4] 中共北京市委党史研究室、中共昌平区委党史办公室编：《昌平建设史》，北京出版社2007年版，第167页。

集体经济实力较强、专业分工已经形成的地方，很快地按照生产需要组织专业生产队，如粮田专业队（组）、菜田专业队（组）、林果专业队（组）、畜牧专业队（组）、副业队、建筑队等，实行专业承包责任制，超产有奖。① 但仍然按基本核算单位统一核算，对各专业队分配实行必要的补贴和调剂。

1979年，全郊区1.1万多个基本核算单位（生产队或生产大队）中，有68%的单位建立了不同形式的生产责任制。其中，联产计酬责任制占20%。② 它充分调动了广大干部群众的劳动积极性，有力地促进了生产力的发展。过去有些社队不分劳力等级，分配一样的活，计酬却有高低，影响群众的积极性。而新的责任制推行后，按劳力等级分配不同的任务，并允许干完责任田的活后，承包别的活，多劳可以多得，避免了再吃"大锅饭"，社员劳动效率也提高了很多。如1979年，密云河南寨公社两河大队收割1800亩大、小麦用了15天，而实行责任制后收割2600亩大、小麦只用了7天。

1979年9月，党的十一届四中全会通过《中共中央关于加快农业发展若干问题的决定》，提出"在保证巩固和发展集体经济的同时，应当鼓励和扶持农民经营家庭副业，增加个人收入，活跃农村经济"等加快农业发展的25项农业政策、农业经济政策和增产措施。③ 1980年5月31日，邓小平发表谈话指出：农村政策放宽以后，一些适宜搞包产到户的地方搞了包产到户，效果很好，变化很快。④

1979年12月，北京市委、市政府召开郊区各县（区）和市农口各局主要负责同志会议，总结交流京郊农村实行生产管理责任制的经验，决定从1980年开始把普遍落实生产责任制作为当前农村工作的中心任务。少数地方如平谷、昌平、大兴、怀柔等县开始了包产到户的尝试。

当年冬，平谷县熊儿寨乡罗家沟村最先在京郊搞起"大包干"。当时，

---

①② 中共北京市委党史研究室编：《社会主义时期中共北京党史纪事》第八辑，人民出版社2012年版，第287、288页。

③ 中共中央文献研究室编：《十一届三中全会以来党的历次全国代表大会中央全会重要文献选编》上册，中央文献出版社1997年版，第32、41页。

④ 中共中央文献研究室编：《邓小平年谱（一九七五—一九九七）》上卷，中央文献出版社2004年版，第641页。

罗家沟村党支部书记王殿义和其他几位全市郊区先进村的党支部书记被通知到市里参加一个座谈会。此次座谈会的主要目的是，在全国都搞起"大包干"的形势下，北京市要在几个先进村带头搞起"大包干"。但是，王殿义首先面对的是村干部对搞"大包干"想不通。有的人认为："都个人搞个人的，这不成一盘散沙了吗？以后老百姓还怎么管？"接着是家里人反对，老伴儿哭天抹泪地对他说："'文化大革命'中，你不就是因为搞什么'三包一奖四固定'挨的斗吗？你还没挨够啊？为了我们娘几个，你就别搞什么包产了。"再有就是老百姓，当时说什么的都有，"大包干搞分田，一夜回到解放前"，等等。他做的第一件事是搞清"大包干"是怎么回事，通过回想座谈会的精神、收听广播，渐渐明白了"大包干"就是定工、定产、定开支，超产奖励。他自己想通之后，开始一一做工作。先是统一干部的思想："大包干以后，我们当干部的主要是给群众服务。只要干部行得正、做得端、事事处处为群众着想，老百姓就会听干部的。"紧接着，做家里的工作："中央的政策只能越来越好，我向你打包票，绝不会再有什么挨斗的事了。"最后，召开群众大会，掰开揉碎地给大家讲党的政策，并当场向大伙儿保证："只要我王殿义当干部一天，绝不会撇下群众不管。"就这样，在解除干部、群众思想顾虑的基础上，王殿义趁热打铁，很快就把山地和果树全都承包到各组去了。

"大包干"让罗家沟发生了巨大变化。一是干部群众的积极性提高了。实行"大包干"以后，他就和其他村干部合计，一定得说话算数，不能只顾自己，让乡亲们戳脊梁骨。群众缺肥，他们想办法去淘换；缺少种子，给联系；没有技术，请人指导；到了秋天，卖不出去的果子就帮助推销。这样一来，群众的积极性很快被调动起来了。二是粮食产量大大增加了。1980年，由于经验不足，再加上遇上了大旱灾，"大包干"的效果不是很明显。到了1981年，效果可就不一样了。这一年，风调雨顺，群众又有了经验，全村不光果品收入比上年增加了三成，而且还在全县的山区村当中第一个向国家卖了余粮。当年，王殿义还被评为北京市劳动模范，还当上了市人大代表。领导和群众说他能干，两年让山村大变样，其实他心里明白，不是自个儿有那么大能耐，这都是"大包干"的功劳，是"大包干"让山里人的日子有了奔头。平谷农民通过摸索果树生产经营责任制，找到了开启农村致富发展的金钥匙，村民们由此打开了"致富门"。

各县（区）探索各种形式的生产责任制改革，产生了一批典型，取得了经验，为在全郊区普遍推广联产承包生产责任制改革创造了条件。

城市国营企业改革试点

我国改革在农村率先突破后，逐步转向城市。党的十一届三中全会后，在对改革试点经验进行初步总结的基础上，开始对城市经济体制改革进行探索。国营企业改革作为城市经济体制改革的核心环节，也开始启动并取得初步经验。

改革开放以前，我国实行的是计划经济体制，主要是集中必要的人力、财力和物力，进行重点建设，大力发展工业，尽快改变中国的落后面貌。在计划经济体制下，企业所有制有两种形式：一种是全民所有制，另一种是集体所有制。在1978年的工业总产值中，全民所有制占72%，集体所有制占28%。集体所有制企业全部纳入计划管理，被称为"二全民"。全民所有制企业采取国有国营形式，简称国营企业，后改称国有企业。这些企业的主要特征是，企业的设立由国家财政直接投资，企业财产全部归国家所有，财务统收统支，利润全部上缴，亏损全部核销，企业没有任何独立的经济利益；国家对企业下达指令性计划，原材料供应、劳动力调配、职工工资、产品销售、技术改造等都由国家安排，企业没有任何自主权；每个企业都有相应的政府机构作为它的主管部门，对企业行使所有权和经营权。与此同时，国营企业还要承担众多社会责任，如建设职工住宅，设立职工医院，对职工实行养老等劳动保险，举办职工子弟学校，安排职工子女就业，负责工厂及职工住宅区的社会治安等。

我国传统的计划经济体制对经济发展发挥了重要作用，但随着社会生产力的进一步发展，这种高度集中的经济体制逐渐暴露出弊端。国营企业人财物、产供销等各项权力，完全掌握在行政管理部门手中。千千万万的厂长实际上只相当于一个车间主任，企业的生产销售都是国家计划好的，"就算要盖一个厕所,也要国家的计划中有专项的使用资金才能去盖"。这种状况造成企业缺乏应有的自主权,企业吃国家的"大锅饭",职工吃企业的"大锅饭",严重压抑了企业和职工的积极性和创造性,企业没有活力。因此,党的十一届三中全会公报指出:"现在我国经济管理体制的一个严重缺点是权力过于集中,应该有领导地大胆下放,让地方和工农业企业在国家统一计划的指导下有更多的经营管理自主权。"[①]

为了解决多年来积累的国民经济比例失调问题,1979年3月召开的中央政治局会议,作出用3年时间对国民经济进行调整的决策。同年4月,中央工作会议对我国经济体制改革的方向、步骤做了原则规定。会议确定,鉴于在最近几年内,国民经济将以调整为中心,城市改革只能在局部领域进行,认真调查研究,搞好试点。改革要侧重于扩大企业自主权,增强企业活力,实行严格的经济核算,认真执行按劳分配原则,把企业经营好坏同职工物质利益挂钩。要明确中央和地方的管理权限,在中央统一领导下,调动地方管理经济的积极性。

中央工作会议前,国家经济委员会副主任袁宝华让经委研究室深入企业同地方一起调查研究,起草扩权条例草稿。国家经济委员会研究室先在北京召开了一些部门和一些企业的座谈会,许多企业负责人提出了很多要求和建议,形成了一些意见;然后到东北一些地区进行调查研究,深入大庆钢铁公司、鞍山钢铁公司等国营大型、特大型企业,听取意见和建议;又到上海、江苏等地进行调研,听取这些地方国营中小型企业的要求和建议,最后形成了扩权十条建议;又在北京召开企业管理改革试点座谈会征求意见,与会的企业代表对扩权十条建议进行了认真讨论,均表示热烈拥护;经过国家经济委员会党组讨论,把扩权十条建议提交中央工作会议审议并原则通过。

扩权十条建议是对旧管理体制的一次强烈冲击,是针对当时高度集中的

---

① 中共中央文献研究室编:《新时期经济体制改革重要文献选编》(上册),中央文献出版社1998年版,第7页。

| 城乡经济体制改革起步

经济管理体制而提出的。[①] 在这次会议精神指导下，以扩大企业自主权为主要内容的城市经济体制改革逐步开展起来。与此同时，《人民日报》也发表题为"必须扩大企业的权力"的社论，为改革造势。社论明确指出："把目前过于集中的经营管理权力，大胆下放给企业，让企业有更多的经营管理自主权，这正是克服落后的管理方法，加速四个现代化进程必不可少的一项重要措施。"这无疑是一个积极的信号，北京的国企也跃跃欲试，改革呼之欲出。

首都钢铁公司（以下简称首钢）、北京内燃机总厂等企业首先实行了利润留成改革试点，并取得了初步成效。在他们的成功经验带动下，1979年底，全市共有255家市属企业试行利润留成制度。1980年1月，国务院颁发《国营工业企业利润留成试行办法》后，全市国营工业企业扩权改革试点进一步扩大。1980年上半年，北京市将试点企业调整为342家。这些企业产值占全市工业总产值的71%，上缴利润占全市工业企业上缴利润的94%。

1980年11月5日，市政府印发《北京市国营工业企业试行独立核算、国家征税、自负盈亏的办法》（以下简称《办法》），批准首钢、北京内燃机总厂、清河毛纺厂、第二毛纺厂、手表工业公司、革制品厂、地毯五厂、光学仪器厂、化工二厂、光华木材厂、电冰箱厂等11家国营工业企业作为实行独立核算、国家征税、自负盈亏的试点单位。《办法》规定企业要上缴"四税两费"（即工商税、调节税、城市建设税、所得税和流动资金占用费、固定资产占用费）。《办法》还规定了试点企业的13项权力，如生产计划上有一定的自主权，设备、原材料的部分采购权，部分产品销售权和定价权，留用资金使用权等，并相应规定了企业要全面完成国家计划和经济合同，按规定缴纳税费等义务。[②]

1981年，在扩大企业自主权改革基础上，国家尝试对工业企业试行利润包干。北京市也在近两年开展的利润留成试点基础上，从1981年开始，对475家工业交通企业实行"利润包干，超额分成，亏损自补"承包经营责任制。首钢承包制就是这种改革的典型。

---

① 袁宝华：《袁宝华回忆录》，中国人民大学出版社2018年版，第375页。
② 北京市档案馆、中共北京市委党史研究室编：《北京市重要文献选编》（1980年），中央文献出版社2018年版，第304—305页。

1979年，首都钢铁公司自行设计施工的我国第一座使用现代新技术的高炉建成投产。

1983年2月，国务院批转财政部《关于国营企业利改税试行办法（草案）的报告》，并发出通知，决定对国营企业实行"利改税"。5月，北京市政府转发《国务院批转财政部关于全国利改税工作会议的报告和〈关于国营企业利改税试行办法〉的通知》，开始税利并存的第一步利改税。北京市国营企业按照全国统一的"利改税"办法，以利润的55%向国家缴纳所得税。大中型企业税后利润较多的再与国家实行利润分成或缴纳调节税，剩余利润归企业所有。第一步利改税实行一年，由于企业反映负担沉重，1984年，国务院决定，从利税并存过渡到完全的以税代利，即第二步利改税。这期间主要是建立了以工业企业征收产品税，商业企业征收营业税为主的税收体制，并开征了资源税、房产税、土地使用税、车船使用税和城市建设税。此后，北京市除少数几户国营大中型企业如首钢经国家批准继续实行承包经营责任制外，其余全部执行了"利改税"办法。

1984年10月，党的十二届三中全会通过《中共中央关于经济体制改革的决定》。在这一决定精神的指引下，北京市国营企业在前一阶段改革试点、探索的基础上，以搞活国营大中型企业为重点，从调整国家与企业的分配关系、逐步扩大企业的经营自主权入手，不断推进和深化企业改革。工业管理部门大力减少行政管理层次，转变职能，由对企业的直接领导转向以间接控制为主。

二、贯彻中央"调整、改革、整顿、提高"八字方针

党和国家的工作着重点转移后，在新的路线方针政策指引下，全国经济建设呈现快速发展的强劲势头，但积压多年的国民经济比例失调问题日益凸显，而且出现了违背客观实际、急于求成的倾向。邓小平、陈云、李先念等党和国家领导人及时发现了中央和地方工作中出现的冒进倾向问题，推动了国民经济实行以调整为中心的"调整、改革、整顿、提高"方针。1979年3月21日至23日，邓小平在中央政治局会议上指出：中心任务是三年调整。这是个大方针、大政策。经过调整，会更快地形成新的生产能力。这次调整，首先要有决心，东照顾、西照顾不行，决心很大才干得成。要看到困难，把道理讲清楚，把工作做充分。[①] 4月5日至28日，中央召开工作会议，明确用三年时间对国民经济实行以调整为中心的"调整、改革、整顿、提高"的方针。中央指出，"这是摆在我们面前的一个决定性战役，是全党全国的中心任务"[②]。

调整国民经济比例关系

在全国普遍加速发展的形势下，北京市的国民经济在1978年得到快速增长，主要计划指标绝大多数完成或超额完成。农业生产创历史最高水平，比上年增长13.7%；粮食产量比上年增长23.6%。工业得到较快发展，工业总产值比上年增长14%。基本建设完成比上年增长15%，加上挖潜、革新项目

[①] 中共中央文献研究室编：《邓小平思想年谱（一九七五——一九九七）》，中央文献出版社1998年版，第111—112页。
[②] 《李先念传》编写组编：《李先念传（1949—1992）》下卷，中央文献出版社2009年版，第1093页。

共完成投资 22.5 亿元，是新中国成立以来完成投资最多的一年。① 但经济工作中也暴露了不少问题，尤其是经济发展的结构性矛盾更加突出。一是扩大钢铁、化工等基本原材料工业生产，加剧了北京市能源、原材料供应紧张。比如，因烧油的设备过多，北京市重油需求远远超出了国家的计划供应量。由于重油不足，致使相当多的企业生产长期处于半开工状态。二是基本建设投入过大、战线过长，没有处理好"骨头"与"肉"的关系。1978 年，北京市全市固定资产投资 22.6 亿元，其中生产性投资为 15.2 亿元，占全年固定资产的 67.3%，非生产性投资为 7.4 亿元，占全年固定资产的 32.7%；非生产性投资中住宅投资 2.2 亿元，只占全年固定资产全部投资的 9.7%。② 三是一些成套设备和项目的引进不符合客观实际，被人们称为"洋冒进"，加剧了财政紧张，造成了巨大浪费。1977 年、1978 年，国务院批准北京市的外汇使用额度都是 1400 万美元。1978 年，北京市原计划提出的外汇分配使用方案是：进口原材料 850 万美元，引进测试仪器和样机 150 万美元，进口零配件 250 万美元，进口设备控制在 80 万美元内，留 70 万美元作为机动。③ 但是，受当时全国兴起的成套设备引进高潮的影响，1978 年，北京市各工业系统开始申请用外汇引进样机、零配件、原材料、小型设备，乃至申请较大型的成套设备，加上长期封闭，对国际市场行情不了解，计划采购商品和设备的价格大大超出原计划，各企业纷纷要求增加使用外汇额度，一些较大的项目引进也要求列入计划。由于对主导产品缺乏科学论证，有的设备订购引进过早，造成闲置；有的缺乏订货经验，导致浪费，不仅花了冤枉钱，而且严重影响了企业的建设进度。

1979 年 5 月 7 日至 29 日，北京市委召开工作会议，传达中央工作会议提出的关于对国民经济实行"调整、改革、整顿、提高"方针的精神，讨论

---

① 北京市地方志编纂委员会编：《北京志·综合经济管理卷·计划志》，北京出版社 2000 年版，第 197—198 页。
② 北京市统计局编：《北京 50 年》，中国统计出版社 1999 年版，第 95 页。
③ 《关于 1978 年地方外汇进口计划安排意见》，北京市档案馆馆藏，档案号 182-15-675。

| 城乡经济体制改革起步

《1979年北京市国民经济计划（草案）》和《1979年北京市基本建设安排》。会议认为，北京市国民经济存在比例失调问题，造成这些问题的原因是各级领导干部对"文化大革命"以后，特别是粉碎"四人帮"以后的北京市国民经济形势缺乏全面的分析，对存在的问题和困难估计不足，"要求有些急，步子不够稳"。会议决定结合北京情况，做好国民经济的调整工作，压缩基本建设投资，开展增产节约运动。①

6月4日，北京市委召开工作会议，检查落实经过调整的1979年国民经济计划落实情况。会议确定1979年国民经济计划调整的重点：一是控制投资规模，加强农业发展。二是对全年工业总产值没有提出计划指标，对80种主要工业产品产量，有39种提出增长，37种提出降低，4种提出持平；对那些原料无来源、产品无销路、质量次、耗能高、长期亏损的企业，有计划、有步骤地进行改产、转产、调整、合并。三是压缩基本建设规模。调整后的基本建设投资额为22.3亿元，比最初定的计划减少7.8亿元。全年停缓建基本建设项目54个，涉及建筑面积22万平方米，但基本建设中的居民住宅和生活配套设施必须按计划完成。四是提出大力发展外贸、旅游业。要加大旅游用客房建设，两年内先建设1万间，稍长时期达到2万间。②

经过调整，1979年，北京市国民经济比例初步实现了调整目标。全市工业总产值完成213亿元，较上年增长10.4%；工业调整初显成效，轻工业增长速度超过了重工业增长速度（轻工业增长131%，重工业增长9%），当年对389个企业进行了调整改组，其中转产、合并的企业136个。市场急需的一些主要产品产量大幅度增长，如电视机增长两倍，家具、缝纫机、电冰箱、提花毛毯、毛线、手表等分别增长17%—25%。农业方面尽管因灾害导致粮食有所减产，但主要农副产品有较大的增长，生猪、鸡蛋、牛奶达到历史最高水平，农民人均收入增加24元，比上年增长19%。基本建设调整"骨头"和"肉"的比例关系取得一定成绩，在全年完成的26.5亿元固定资产投资

---

① 《市委工作会议总结提纲》，北京市档案馆馆藏，档案号182-3-478。
② 北京市计划委员会编：《计委简报》1980年第1期，北京市档案馆馆藏，档案号182-15-958。

中，市政建设完成2.1亿元，是新中国成立以来完成投资最多的一年，相当于"文化大革命"10年的总和。全市房屋竣工面积完成465万平方米，其中住宅竣工面积266万平方米。对外贸易发展很快，出口商品大幅增加，出口额达到4.17亿美元，比上年增长46.6%；[①] 城市居民人均消费水平421元，比上年增长17.5%。[②] 因比例失调造成的国民经济紧张局面得以初步缓解。

1980年，北京市进一步贯彻国民经济调整政策，加大对工业的调整和改组。1月8日，市委对本年度全市国民经济计划安排作出部署，加强农业建设，调整工业发展，压缩基本建设，扩大对外贸易，紧缩财政，保证就业和教育投入，注重综合平衡。其中，工业方面继续调整轻重工业比例关系；在占全市工业总产值80%的全民所有制工业企业中进行了扩大企业自主权的试点；通过发挥市场调节作用，广开生产门路，增加了适销对路产品的生产。同时，在整顿企业、改善经营管理、增产增收、节约能源、降低消耗、增加花色品种、提高质量等方面都有进步。

1980年全市工业总产值完成232.1亿元，比1979年增长9.7%，其中轻工业增长19.3%，重工业增长4.3%。轻工业占全市工业的比重，由1979年的36.3%上升到39.7%。城市建设中的"骨头"与"肉"的比例关系进一步得到调整，全市房屋竣工面积完成550万平方米，其中住宅竣工面积达到356万平方米，创历史最高水平；建成了一批外事、旅游、科研、文教、卫生和商业工程。房屋竣工面积和市政公用设施建成交付使用的工程项目，数量都是新中国成立以来最多的一年。交通运输和地质工作超额完成计划，邮电建设有了一定发展。

1981年后，全市在压缩基本建设规模的情况下，大幅度提高了同人民物质、文化、生活密切相关的非生产性建设的投资比例。住宅、市政建设和公安政法、文教卫生以及商业服务等生活配套项目的建设进一步加强。生产性建设投资比例有较大调整，在工业投资比上年压缩30%的条件下，轻工业中

[①] 北京市地方志编纂委员会编：《北京志·综合经济管理卷·计划志》，北京出版社2000年版，第199—200页。

[②] 北京市统计局编：《北京50年》，中国统计出版社1999年版，第39页。

城乡经济体制改革起步

的纺织工业、食品工业建设进一步加强。如市属轻纺各局全年完成投资额占地方工业部门投资的比重,由上年的17.4%上升到27.5%,再加上各种渠道安排的技术措施项目建成投产,使棉纺、毛纺、电视机、啤酒和糕点、酱油等的生产能力有较大的提高,这对于保证轻纺工业生产的增长起了重要作用。1982年4月,顺义县燕京啤酒厂一期工程竣工投产,1985年年产量达2.3万吨。全市有11个区县酒厂生产白酒,年产量29880吨,占全市总产量的72%以上。[①]

市及各区、县政府积极采取措施,加快居民住宅建设,改善人民居住条件,住宅小区建设快速发展起来。1984年,一批居民小区相继建成,团结湖、劲松、左家庄等成为全市最早开发建成、配套完善的居民小区。其中,左家庄小区1979年开工,1984年建成,占地面积36.56万平方米,建筑面积46.6万平方米,有住宅楼74幢。[②]

1983年新建的西便门住宅区

[①] "当代北京工业丛书"编辑部编:《当代北京工业》,北京日报出版社1991年版,第62页。

[②] 中共北京市委党史研究室、中共北京市朝阳区委党史资料征集办公室编:《朝阳改革开放30年》,中央文献出版社2008年版,第9、252页。

经过几年的调整，北京市国民经济结构朝着更加合理的方向发展。关停并转了一批能耗大、用水多、污染扰民严重的工业企业，第二产业所占比例降低，第三产业所占比例增加，产业结构的不合理状况得到了一定程度的改善。全市固定资产投资结构也得到调整，第三产业固定资产投资逐步增加。[1] 产品结构越来越丰富，人民生活便利程度也得到了提升。

改革在探索中推进

根据中央八字方针关于改革新要求，北京市针对调整中发现的经济体制弊端问题，加快了改革的步伐。

工业企业在扩大企业自主权的基础上，从1980年开始，按专业化协作和经济合理的原则，进一步深化改革。在占全市工业总产值80%的全民所有制工业企业中进行了扩大企业自主权的试点。通过发挥市场调节作用，广开生产门路，增加了适销对路产品的生产。1980年，全市工业总产值完成232.1亿元，比上年增长9.7%。其中轻工业增长19.3%，重工业增长4.3%。交通运输和地质工作超额完成计划。此后，全市部分企业还试行了浮动工资制等改革。如北京光学仪器厂试行浮动工资制后，全厂职工干劲大了，看不到以前扎堆聊天的场景。1982年人均收入比上年提高了4%，而拿不满基本工资的人也仅占全部职工的4%，入库工时却比1981年同期提高了34.7%，按1981年不变价格计算，全厂1982年实现利润比1981年增长156万元。[2]

商业、服务业领域的改革是以打破"大锅饭、铁饭碗"，实行"多劳多得、少劳少得、不劳不得"为重点，对企业进行承包经营责任制改革。1983年1月，市政府决定，在前门、西单两条大街的国营和集体商业、服务业中进行经营承包责任制试点。西城区委立即召开常委扩大会议，通过了《关于在西单大街国营和大集体商业、服务业试行经营管理责任制的工作安排》，并成立了领导小组。1月19日，召开了西单大街商业、服务业经营承包合同签

---

[1] 北京市统计局编：《北京50年》，中国统计出版社1999年版，第27、31、107页。
[2] 《"铁饭碗"被打破一角之后》，《北京日报》1983年1月18日第2版。

城乡经济体制改革起步

字仪式大会,西单菜市场、食品商场、桂香村等26个单位,分别与有关公司签订了承包合同。承包经营责任制的实行,打破了多年的"铁饭碗、大锅饭",有效克服了单位内部分配中的平均主义,调动了群众的积极性,对增强企业活力起到了积极作用。[①]

在郊区,1980年底,在房山县供销社和房山县领导的支持下,坐落在京周公路旁的房山县阎村饭店成为京郊饮食行业第一家实行承包制改革的企业。通过三年改革,营业额年均递增36.2%,利润额年均递增67.3%。1983年,人均劳动效率达到2.45万元,在全国供销系统饮食行业中名列前茅。1983年底,饭店经理马士杰参加了全国农村饮食业体制改革座谈会,阎村饭店的经验得到了充分肯定,得以向全国推广。

北京郊区的畜牧等产业也在改革中闯出了发展的新局面。如畜牧业改革的第一步是改变传统养鸡模式,发展鸡蛋生产。过去,首都和全国一样,靠的是农民个体养鸡,规模小,鸡种差,抗病能力低,产蛋少,一只鸡一年顶多产100多个蛋,以致城市居民吃蛋难的问题长期得不到有效解决。市畜牧局摸索出一套具有首都特点的发展养鸡业的新路子,实行"国营、集体、个人一齐上",大胆发展机械化、半机械化养鸡。经过改革,全市产蛋鸡迅速发展到1100万只,特别是工厂化养鸡的发展,为集体、个人养鸡起到了示范作用,提供了种鸡种蛋,使首都养鸡的水平有了较大提高。1983年,全市收购鲜蛋1.2亿斤,达到了鸡蛋自给。在水产方面,朝阳区靠一"包"、二"干"扩大了养鱼水面,发展了一批专业户、兼业户。1978年的养鱼水面只占全区可供开发利用水面的50%,到1983年,全区出现了40个养鱼专业户和兼业户,承包水面340多亩,产鱼12.7万多斤,平均亩产370多斤,超过全区平均亩产的16%。一些大的乡镇集资400多万元,动土260多万方,使29个商品鱼基地建成投产。如洼里乡,就把清河故道和羊坊水库故址建成300多亩大的商品鱼基地。1983年,洼里乡的技术经济效益全市第一。金盏乡还搞起

---

① 中共北京市委党史研究室、中共北京市西城区委党史资料征集办公室编:《西城改革开放30年》,中央文献出版社2008年版,第5页。

了鱼、果兼营，在鱼塘旁边栽种果树，效益进一步提高。通过改革，朝阳区14个乡养鱼水面比1978年以前翻了一番，平均亩产也翻了一番，水面利用率达到91%。

1984年，全市经济体制改革在总结过去经验的基础上，又有了许多新的进展。农村改革以发展商品经济为核心，进一步完善了联产承包责任制，调整了农村产业结构，改革了管理体制。城市改革围绕打破两个"大锅饭"和搞活企业这个中心，在搞活企业、搞活流通、实行第二步利改税、政企职责分开等方面都做了许多新探索，初步解决了企业吃国家"大锅饭"的问题，并为进一步扩大企业自主权提供了重要条件。在企业内部，通过建立健全责任制、改革工资分配办法和奖励办法，初步解决了职工吃企业"大锅饭"的问题。

在整顿中实现提高

1979年，对全市389个企业进行了调整改组，关停了21个亏损严重、产品销路不畅的企业，合并、转产136个企业。与此同时，根据专业化协作和经济合理的原则，明确生产方向，实行专业化生产的有406个企业。例如，北京起重机器厂、建筑机械厂和第三通用机械厂等3个"全能"大厂，按照零部件、工艺和技术后方专业化的原则，分别改组为17个专业工厂。

与此同时，北京市工业企业开始以提高经济效益为中心，对企业各项工作进行全面整顿，提出整顿的目标是逐步建设起一种又有民主又有集中的领导体制、一支又红又专的职工队伍和一套科学文明的管理制度，成为国家、企业、职工三者关系兼顾好、产品质量好、经济效益好、劳动纪律好、文明生产好、政治工作好的企业。1982年，北京市共有76家企业被国家经济委员会列入整顿企业名单。其中市属企业53个，分别是：首都钢铁公司以冶金工业部负责整顿为主；北京燕山石油化学总公司、北京中药总厂两家企业以化学工业部负责整顿为主；北京矿务局、北京化工厂、北京清河毛纺织厂、北京无线电厂、北京内燃机总厂等44家企业由北京市经济委员会负责整顿；6家非工业系统的工业企业由各自主管局、委、办负责整顿；石景山发电总厂、北京广播器材厂、铁道部北京二七机车厂等 23 家中央企业由各主管部委负责整顿。

对企业的领导班子进行整顿是北京市工业企业整顿的重要内容。"文化大革命"后，工业企业急需一批能执行改革开放政策、懂业务经营、敢于创新的领导干部，带领企业摆脱经营管理混乱、劳动纪律松弛的局面。1982 年 7 月 11 日，在全国企业整顿工作座谈会上，北京市经济委员会副主任王大明针对一些企业存在的领导干部知识老化、年龄偏大等不适应企业发展的状况，在小组讨论中作了企业"领导班子配上几个'明白人'，经济效益就会显著提高"的发言。王大明的发言被大会整理成《情况反映》。中共中央总书记胡耀邦为此作出批示，指出干部问题的关键就在于要有一大批有知识、有闯劲的年轻人。7 月 19 日，《人民日报》头版报道了王大明的发言，并将胡耀邦的批示作为编者按，在国内引发了一场关于"明白人"的争论。北京市工业战线的反响非常强烈。为选好配强领导干部，在中央和市委的领导下，北京市对全市大中型企业领导班子进行了较大调整，经过严格考察和民主推荐，选用了一批有大学学历、熟悉业务、有能力、有威信的技术管理人才担任企业领导职务。

通过改组、整顿，企业生产能力得到了较大发挥，产品质量和劳动效率大幅提高，原材料消耗大大降低，成本大幅下降，利润增加或转亏为盈。如北京文体百货工业公司各直属厂和归口厂，过去使用木材损耗较大。1979 年成立专业厂后，集中选材、下料，按用途分等供料，使木材消耗显著降低。该厂还成功试验出新的用料工艺，投产后用同样多的木材，羽毛球拍可增产近一倍。[①]

在企业管理方面，一些企业通过整顿，进一步加强了生产指挥系统。如北京钢厂过去在生产管理上存在一些不正常的现象：调度指挥生产靠熟人关系，解决问题敷衍了事、拖拖拉拉、上下埋怨，调度说话不灵。厂党委根据国内先进企业的管理经验，反复听取群众意见，作出决定，要求各级主管生产的人员从根本上改变过去那种小生产的管理方式，采取了建立健全生产指

[①] 《按专业化协作原则改组工业效果显著》，《北京日报》1979 年 7 月 27 日第 4 版。

挥系统、支持生产调度的管理、强化纪律和奖惩分明、实行生产民主和迅速集中正确意见等措施,以适应四个现代化的建设需要。这些措施加强了生产指挥系统,促进了生产,提高了企业经济效益。[①]

科研机构也在迅速恢复和发展、整顿工作中收到成效。"文化大革命"中,许多科研单位改为生产企业。经过调整、整顿,1979年底,已有市属研究所74个、区县属研究所28个,企业的研究工作也有新的进展。市属研究所普遍调整了领导班子,加强了业务指挥系统,明确了方向和科研人员的岗位责任制。科研计划执行情况良好,全市共奖励了535项优秀成果。

通过调整、改革和整顿,大多数企业产品质量提高,品种增加,消耗下降。例如,首钢广大职工在厂党委领导下,为改变过去铸铁机工段工人中存在的"自由铸铁"严重现象,屡屡出现的"蜂窝铁""麻坑铁"等不合格铁块问题,针对迁安铁矿资源的特点和原有工艺流程的具体情况,学习国外先进矿场的先进经验,大搞细筛自循环再磨新工艺,使精矿品位创出新水平。按年产300万吨精矿粉进行比较,由于精矿品位提高4%,相当于一年少往北京运13万吨废石头,高炉少出30万吨矿渣,节省焦炭10万吨,增产生铁16万吨。

又如,北京印染厂为改变"冰山"牌的确良衬衫生产过程中设备、人员都不成龙配套,各工序间协作不好、把关不严,时常发生布面油、污、脏等现象,组织一条龙协作,专机专台,严格把控13道工序,做到:不合工艺条件不送;布面与卡片不相符不送;包套包不好不送;有油、污、脏不送;幅宽不合要求不送。这样产品的质量不仅有了可靠保证,还有了很大提升。"冰山"牌的确良衬衫白度纯正,晶莹透亮,手感滑、挺、爽,布面整洁细腻,经纬线条均匀,穿着不易起毛起球。而且,它的白度已经超过了日本的"美人鱼"和"三桃牌"漂白涤棉布。1979年,在国家优质产品评比中,首钢公司生产的精矿粉、铸造生铁,北京印染厂的"冰山"牌的确良、"天鹅"牌高级单面花呢,大华、北京衬衫厂的"天坛"牌男衬衫,同仁堂的安宫牛黄

---

① 《认真整顿企业管理加强生产指挥系统》,《北京日报》1979年2月24日第2版。

丸等14种产品分别获得金质奖章和银质奖章。

从1980年到1982年，在中央调整国民经济方针指引下，北京市的国民经济发展态势趋好，基本克服了之前经济工作中存在的急躁情绪和盲目引进技术及成套设备的情况，并对"文化大革命"以来经济工作中的"左"倾思想进行了较为彻底的纠正，把国民经济引向开放和外向型轨道。北京市在调整过程中逐步克服了直接用外汇进口技术和成套设备的做法。例如，北京石化总厂①在开展第二套30万吨乙烯建设中，尝试通过谈判，寻求利用外资贷款、用产品销售还贷的办法解决建设资金。

北京市贯彻中央"调整、改革、整顿、提高"八字方针，较好地扭转了当时出现的冒进倾向，初步克服了"文化大革命"10年及以前经济建设中出现的积累与消费的比例问题，为探索适合首都特点的经济发展，迅速推动改革开放，进行社会主义现代化建设创造了条件、奠定了基础。

三、探索适合首都特点的经济

北京作为有着870多万人口的特大型城市，其经济发展规模和形态关系到全市经济社会的发展和市民生活，也影响到首都功能的发挥。北京市在贯彻落实中共中央书记处四项指示过程中，就北京城市功能开展了解放思想的大讨论，逐步摸索出了一条适合首都特点的经济发展思路。

中共中央书记处作出四项指示

早在新中国成立初期，北京市委、市政府就把首都建设的总方针确定为"为生产服务，为中央服务，归根到底是为劳动人民服务"，并提出"首都应该成为中国政治、经济和文化的中心，特别是要成为中国强大的工业基地和

---

① 1968年正式开工建设，1970年7月建成。1979年1月，改名为燕山石油化学总公司。1983年8月，北京市政府和中国石油化工总公司决定，燕山石油化学总公司划归中国总公司领导。1984年1月，燕山石油化学总公司更名为中国石油化工总公司北京燕山石油化工公司。

科学技术中心","应当是也必须是一个大工业的城市"。中央有关部门认为这个定位"基本上是正确的"。

经过20多年的发展,北京建立了门类比较齐全的工业体系,大力发展包括冶金、化工、纺织、重型机械制造加工在内的支柱产业。从工业门类来看,全国164个工业门类,北京拥有149个,占90%以上;工业比重,重工业占62%,轻工业占38%;工业职工占就业人口的43%,远远高于发达国家大城市的比例。钢产量从无到有,1978年达到191万吨,原煤218万吨,水泥191万吨,工业在全市地区生产总值中的比重达64.5%。在市中心集中了80%的工业企业,北京成为一座名副其实的大工业城市。

然而,北京又不具备大规模发展工业的条件。一是水源不足。北京是水资源匮乏的城市,地下水长期超量开采将造成难以想象的后果。二是电力不足。从根本上解决这个问题要靠在内蒙古投资建设电厂,实现远程输电。三是热源短缺。热源仍然主要是靠燃烧煤炭,天然气要靠陕北供应。四是北京为内陆城市,产品运输成本较高。五是北京地势东南平原低、西北山区高,工业伴生物受常年风向影响不易扩散,易造成空气等环境污染。

北京应该走一条什么样的发展道路,如何探索首都经济发展方向,是亟待解决的重大问题。1980年4月,中共中央书记处专门听取了北京市的汇报后指出,首都的建设首先要解决方针问题,即要建设一个什么样的首都的问题,强调北京作为首都,在城市建设上必须符合自身地位和特点。抓住首都的特点,关键是要找准首都的定位。从国内角度看,北京作为首都最重要的功能就是政治中心;从国际角度看,北京是中国的对外窗口,是国际社会了解中国的首选地。基于这样的认识和定位,首都建设必须在整体规划上重新探索,按照相当高的标准来建设。为此,中共中央书记处在综合考虑北京自身地位、特点和历史等因素的基础上,对首都建设方针提出了四条指导思想,即四项指示,其中第四项指示关于北京经济建设的定位,"要使北京经济上不断繁荣,人民生活方便、安定。要着重发展旅游事业,服务行业,食品工业,高精尖的轻型工业和电子工业。下决心基本上不发展重工业。重工业可用出资金、设备、技术人才与外省、区、市合作的办法搞,这样,首都人口也才可能逐渐向外输送"①。

为了更好地推动四项指示的落实，中央还特别提出将重点在政治思想建设、环境美化建设、科学文化建设、适合首都特点的经济建设工作等方面对北京市进行考核，并将其作为衡量全市工作成绩的重要标准。②

在贯彻落实中明确发展方向

中共中央书记处关于首都建设方针的四项指示，充分考虑到北京的地位、特点和存在的问题，总结了北京城市建设的经验和教训，借鉴了国外的先进经验，正确地指明了首都改革开放和建设的根本方向，对北京市的建设和发展有着十分重要和深远的指导意义，得到了党员干部和市民的赞同。在四项指示指导下，北京市进一步明确自身功能定位，解放思想，总结经验，调整各项工作部署，重新研究首都建设的全盘规划，为首都建设揭开了新篇章。

中共中央书记处就北京市工作方针作出四项指示后，市委立即在全市组织传达学习，边讨论，边行动，迅速掀起了贯彻四项指示的热潮。例如，北京市供电局在"为人民服务、对人民负责"的讨论中，认真学习中共中央书记处四项指示，集中精力解决了一批住宅、商业服务网点、轻纺工业、科研及其他与人民生活密切相关部门的供电问题，包括京棉二厂扩建工程、劲松住宅区第二路电源工程、北京啤酒厂和首都啤酒厂扩建工程、财政部电子计算机工程、高层建筑京丰饭店专路供电工程等。③

与此同时，市委根据中共中央书记处四项指示精神，结合北京的特点、地位等，对首都建设重新进行规划。1980年8月，北京市委就贯彻执行中共中央书记处四项指示向中共中央书记处提交了汇报提纲，表示进一步认清了北京特点和定位是我国政治中心、国家交往中心和科学文化中心等。对于北京经济的发展，提出"要在充分考虑首都的特点、条件的前提下，

---

①② 段柄仁主编：《北京市改革十年（1979—1989）》，北京出版社1989年版，第19—20页。

③ 《集中力量为一批急需项目供电》，《北京日报》1981年6月4日第2版。

调整结构，扬长避短，发挥优势，求得新的发展"，"搞好首都建设必须贯彻量力而行的方针"。①

在认真落实四项指示的过程中，北京市有关部门采用"改""并""迁"等措施，使169家污染、扰民比较严重的工厂得到有效治理。其中，全市集中人力物力，对西郊钢铁基地、东南郊化工基地等重点工业污染区加强治理。仅以工业废水为例，由于抓了重点，1983年全市每天外排量比1980年减少了8万多吨，净化处理能力增加了2100多万吨。全市通过搬迁居民稠密区内的污染扰民厂、结合技术改造进行专业合并等办法减少市内污染点，仅电镀点就减少116家，涉及几十家工厂。②

初步探索适合首都特点的经济发展之路

为实现北京经济发展方向的转变，市委充分考虑首都的特点和发展条件，决定调整结构，扬长避短，发挥优势，朝着高、精、尖的方向努力，狠抓工业结构、产品结构的调整，以解决人民吃、穿、用的需要为重点，最大限度地把消费品生产搞上去，逐步使经济结构合理化。

20世纪80年代初期，北京先后分两批制订了食品、纺织、服装、电视机、收音机、缝纫机、洗衣机、日用化学、钢琴、印刷机械、建材、市场家具、玻璃制品等重点日用消费品和优势产品三年发展规划，共包括40个行业70个品种。以重点产品为龙头，把有关厂组织起来，实现专业化大批量生产，改变了产品重复生产和一些企业存在着"吃不饱"和"吃不了"的状况。例如，北京原有收音机生产厂6家，调整为4家，解决了产品在低水平上重复生产，使收音机产量增加了10万架；将两个收音机厂的冗余人员充实到东风电视机厂和北京无线电厂，大幅度增加了电视机和收录机产量。又如，毛麻丝行业采取并类集结、老产品下放等办法，对18个工厂中的12个工厂进行产品调整，腾出厂房，引进先进技术，发展重点产品，

---

① 中共北京市委党史研究室、北京市档案馆编：《北京市重要文献选编》1980年，中央文献出版社2018年版，第214—217页。

② 《本市169家污染扰民厂得到治理》，《北京日报》1983年1月14日第2版。

城乡经济体制改革起步

北京清河毛纺厂把粗毛线设备和细毛线设备调给其他厂,腾出厂房引进精纺设备、织机和配套的染整设备,每年可增产精纺毛织品上百万米。调整、技术改造和组织跨行业、跨部门的生产协作,北京产业结构调整取得了明显成效。这两批重点日用消费品和优势产品,1982年工业总产值达到59.62亿元,比1980年增长17.97%,以产量计算,家用洗衣机的产量由1980年的2.57万台增加到了1982年的3.5万台。过去市场比较紧缺的一些食品的供应状况有了很大改善,婴儿食品增长43%,挂面、方便面等粮食复制品增长25%。[1]

在鼓励发展高、精、尖方面,许多长期被压抑的科技人员从科学殿堂走出来,勇敢地探索出一条体制创新、制度创新、技术创新的路子。

1978年和1980年,中国科学院物理研究所研究员陈春先两次访问美国,并获准参观波士顿128号公路技术扩散区和位于旧金山南60—70公里处的硅谷。硅谷的科技与产业结合模式极大地触动了陈春先。回国后,他提出在中关村搞试验,移植美国硅谷经验的设想。陈春先的想法得到北京市科协的支持,市科协批准他用等离子体学会的名义办一个服务部。1980年10月,陈春先在北京等离子体学会常务理事会上,宣布成立北京等离子体学会先进技术发展服务部(以下简称服务部)。这是中关村第一家民办科技机构,是中关村的民营科技企业的雏形。

服务部实行"不要国家编制,不要国家投资,自筹资金,自负盈亏,自担风险"(简称"两不三自")的原则。内部分工、管理按照企业模式运作。服务部成立后,承接了难度较高的长脉冲电源、高压火花间隙开关、激光仪器等项目;协助海淀区劳动服务公司知青社建立了4个集体企业;承接了海淀锅炉厂技术设计改造工程;和海淀区培训中心合作,举办了电子技术、科学仪器设备、电子计算机应用、工业与民用建筑培训班等。1983年1月,中央领导同志在《新华社内参》有关陈春先的报道上作重要批示,认为"陈春

---

[1] "当代北京工业丛书"编辑部编:《当代北京工业》,北京日报出版社1991年版,第45—46页。

先的做法完全对头，应予鼓励"，"陈春先同志带头开创新局面，可能走出一条新路子，一方面较快地把科研成果转化为生产力，另一方面多了一条渠道，使科技人员为'四化'作贡献。一些确有贡献的科技人员可以先富起来，打破铁饭碗、大锅饭"。

这一消息公开之后，一批科技企业如雨后春笋破土而出。1982年8月，中科院计算技术研究所工程师王洪德在海淀区区联社的支持下，以"五走"精神（能聘走更好，聘走不行借走，借走不行调走，调走不行辞职走，辞职不行开除也走）与7名科技人员一起创办了北京京海计算机机房技术开发公司（以下简称京海）。1983年5月10日，中科院、海淀区政府联合成立科海新技术联合开发中心（以下简称科海），由中科院物理所重点抓科研成果推广工作的陈庆振担任中心主任。科海成立后，提出了"事业单位，企业管理，独立核算，自负盈亏"的口号，一年后注册为企业。1984年5月16日，科技人员印甫盛、刘菊芬、万润南在时任海淀区委书记贾春旺的支持下，与四季青乡联合创办了四通公司（以下简称四通）。他们坚持自愿组合、自筹资金、自主经营、自负盈亏的"四自原则"，提出：民办民营、民有民享，多收入多分配，少收入少分配，没有收入不分配；实行"泥饭碗"，打破"铁饭碗"，坚持"市场导向"，鼓励"公平竞争"；追求卓越，不追求完善等有特色的民营机制。1984年11月，中科院计算技术研究所、中科院科学仪器厂和海淀区新型产业联合公司各投资100万元组建了北京信通公司（以下简称信通）。

20世纪80年代初，京海、科海、四通、信通4家公司在中关村地区新技术企业中有一定代表性，他们运用"四自原则"创造了从未有过的高效率、高效益，其技工贸总收入占中关村电子一条街新技术企业收入总额的80%，在北京市乃至全国都有一定影响。[1]

北京提出要大力发展食品工业，包括面粉、啤酒、汽水、调味品、豆制

---

[1] 中共北京市委党史研究室编：《改革开放·拓展新途》，中共党史出版社2009年版，第155—157页。

品、肉制品、糖果、糕点和方便食品等，使当时食品供不应求的状况较快地得到改变；发展纺织工业，特别是毛纺工业，以适应人民群众穿着水平不断提高的需要；发展电视机、收音机、录音机等民用电子工业，洗衣机、电冰箱等民用电器工业，缝纫机、手表、自行车等民用机械工业；发展服装工业、印刷工业、建材工业、医药工业等。例如，机械工业正在摆脱"傻大黑粗"，向技术密集的高精尖方向发展。市机械工业总公司所属的北京第一机床厂在消化引进技术的基础上，开发出新型万能铣、数控铣床和K系列铣床，从而结束了产品30年落后的局面。该厂产品还销往美国、日本等地，扩大了首都高级精密机电产品的出口。人民机器厂向其他企业扩散、合作生产相关产品后，新开发的产品占全厂产品的76%以上。其中，PD11230A型平版胶印机，比日本同类型产品节约钢材、电能40%以上，被许多专家誉为当代中国印刷技术突破性的进步。[①]

北京农业在抓紧农业生产的同时，继续贯彻执行为城市服务的方针，努力把蔬菜、牛奶、蛋禽、水产、干鲜果品等生产搞上去，把郊区建成稳定的副食品基地，同时根据郊区各地的自然条件和经济条件，合理制定农业区划，逐步调整农、林、牧、副、渔各业的比例，搞好农作物的布局，讲求经济效益，实现增产增收。北京近郊朝阳、丰台、海淀、石景山等4个区建成以生产蔬菜为主的基地，有23万亩菜地，一年可提供21亿斤鲜菜，加上远郊县生产的部分，1983年统计产量达到总产40亿斤，相当于1949年产量的20倍以上。北京蔬菜供应自给率达到90%。这些蔬菜生产基地的灌溉、耕翻、运输作业均已实现了机械化，每个队都有专用汽车、拖拉机拉菜送菜。生产蔬菜的品种，再也不是50年代单调的萝卜、白菜，上市的季节也日趋均衡。南方的菜花等蔬菜大面积引种成功，1983年生产量达每人4斤。即使在数九寒冬、滴水成冰的日子里，市场上也可以看到大量黄瓜、西红柿、菠菜、韭菜等。奶业方面，北京国营农场建立了一批现代化的奶牛场，全部采用机械化操作，培育的黑白花奶牛，是国内有名的良种高产奶牛，先进的奶牛冷冻精

[①]《首都机电产品向技术密集型方向转变》，《北京日报》1985年10月15日第2版。

液新技术推广到28个省、自治区、直辖市；集体、个人养奶牛也迅速发展起来，截至1983年底达8800多头。正是因为郊区奶业的大力发展，城区居民年人均可占有牛奶38斤，居全国首位。在猪肉供应方面，自1980年开始，北京商品猪达到229万头，可敞开供应猪肉，人均消费折合25斤。

为适合首都特点，北京市还大力发展商业、服务业、旅游业等第三产业。在商业、服务业方面，着重解决网点、人员、仓储和加工能力严重不足，人民生活不便的问题。

1978年底，较早出现的市场——水碓子市场。

商业部门努力减少流通环节，注意市场情况的变化，加强预测预报，通过同工业、农业部门密切协作，本地与外地密切协作，增加生产，扩大市场商品供给，并努力做到品种适销对路，花色规格齐全；千方百计吸引外地来京办展销会，开办有地方特色的饭馆和商店；努力缩小社会购买力同市场可供商品之间的差额，力争平衡，尽可能多地回笼货币。

在旅游业方面，北京市抓紧建设新的旅游宾馆，培训各种人员，积极扩大旅游商品的生产，增添服务项目，整顿旅游风景区秩序，努力提高服务效率和服务质量。

| 城乡经济体制改革起步

中共中央书记处的四项指示正确地指明了首都建设的方向，统一了各方面原来不一致的认识，成为修订北京城市总体规划的根本指导思想，使北京的城市规划工作进入了一个新的阶段。在市委、市政府的直接领导下，市规划局在原有工作的基础上，编制出了《北京城市建设总体规划方案》。1982年11月，中共北京市第五次代表大会提出在经济上要走以提高经济效益为中心的新路，进一步明确积极发展适合首都特点的经济。全市各级干部结合工作实践，不断讨论什么是适合首都特点的经济，如何发展这种经济，对此的理解逐步深化和具体化。社会各界认识到，适合首都特点的经济首先要体现首都作为全国政治中心、文化中心的城市性质，体现首都的科技优势，体现经济效益与人文效益的结合。这一规划于12月22日正式上报国务院。[①] 1982年的《北京城市建设总体规划方案》内容有17个部分，规划了到2000年北京城市建设的发展方向和建设方针，是指导北京城市建设发展和管理工作的总的依据。在这一规划中，将北京的城市性质定为全国的政治和文化中心，不再提经济中心，但同时提出，北京的经济事业要考虑首都的特点，努力向高精尖发展。[②]

1983年7月，中共中央、国务院对《北京城市建设总体规划方案》作了十条重要的批复，明确指出："北京城乡经济的繁荣和发展，要服从和服务于北京作为全国的政治中心和文化中心的要求。"强调北京不再发展重工业，特别是不能再发展那些耗能多、用水多、运输量大、占地大、污染扰民的工业，而应着重发展高精尖的、技术密集型的工业。要迅速发展食品加工工业、电子工业和适合首都特点的其他轻工业，以满足人民生活及旅游事业的需要。商业和服务业要有较大的发展。农业的发展，应以面向首都市场、适应首都需要为基本方针。这是北京市第一个得到正式批准的总体规划，在全国城市中也是第一个。

在中共中央书记处四项指示和城市建设总体规划指引下，北京市加快探

[①][②] 中共北京市委党史研究室编：《社会主义时期中共北京党史纪事》第九辑，人民出版社2012年版，第55—56页。

索发展适合首都特点的经济发展之路，进一步推动了首都经济社会的快速发展。

四、确定北京翻两番、奔小康的目标

小康，是中华民族千百年来孜孜以求的梦想与追求。1979年12月，邓小平在会见日本首相大平正芳时使用"小康"来描述中国式的现代化。他说："我们要实现的四个现代化，是中国式的四个现代化。我们的四个现代化的概念，不是像你们那样的现代化的概念，而是'小康之家'。"[①] 邓小平把"小康"这个中国人耳熟能详的词语，用来描述"中国式的四个现代化"，并作为20世纪末的奋斗目标，激发了亿万人民的极大热情。

学习贯彻党的十二大精神

在党的十一届三中全会以来改革开放实践取得初步成功的基础上，1982年9月1日至11日，中国共产党第十二次全国代表大会在北京召开。邓小平在开幕词中明确提出了"走自己的路，建设有中国特色的社会主义"的重大命题。大会确定了全面开创社会主义现代化建设新局面的奋斗纲领，明确了到20世纪末我国经济建设的小康目标，指出从1981年到20世纪末的20年，我国经济建设总的奋斗目标是，在不断提高经济效益的前提下，力争使全国工农业的年总产值翻两番，即由1980年的7100亿元增加到2000年的28000亿元左右。"实现了这个目标，我国国民收入总额和主要工农业产品的产量将居于世界前列，整个国民经济的现代化过程将取得重大进展，城乡人民的收入将成倍增长，人民的物质文化生活可以达到小康水平。"[②] 这是党的全国代表大会首次使用"小康"概念，并把它作为主要奋斗目标和我国国民经济和社会发展的阶段性标志。

---

① 《邓小平文选》第二卷，人民出版社1994年版，第237页。
② 《中国共产党第十二次全国代表大会文件汇编》，人民出版社1982年版，第18页。

城乡经济体制改革起步

党的十二大闭幕以后，北京市委立即对党的十二大精神进行传达学习贯彻，要求全市的党员和干部都要充分认识党的十二大的伟大意义，把学习贯彻党的十二大文件作为一个时期全党的中心任务抓紧抓好。

为做好传达学习贯彻工作，市委集中市委委员，市委、市政府各部委办和各局党组主要负责同志300多人，开展了为期8天的学习。北京各区县局、大型厂矿企业和高等院校党委普遍召开党委（党组）扩大会议，或举办领导干部学习班，专门学习党的十二大文件。从10月起，市委党校对区县局级和正处级干部等6000人，分批进行轮训（每期半个月）。各区县局党校、干校也普遍轮训基层领导干部。到10月15日，各区县局已举办轮训班271期，轮训各级领导干部12800多人。广大党员、干部在普遍学习的基础上，还开展了专题学习。在群众中全面展开宣讲党的十二大文件的工作。10月下旬，全市召开学习党的十二大文件经验交流会，推动学习贯彻进一步深入。

在传达学习贯彻过程中，市委提倡敞开思想，联系实际，切实解决思想问题，达到认识上的一致。少数同志认为"十一届三中全会以来变化很大，但这几年上边摇摆也很大"。市委及时抓住这个问题，展开讨论。通过回顾历史进程，重温十一届三中全会以来的中央文件，列举大量事实，证明这几年来党中央在重大原则问题上是始终保持了坚定的立场的；不能把党中央制定的正确路线、方针、政策与具体部门执行过程中出现的某些问题混为一谈；不能把人们对事物的认识过程看作"摇摆"；有些问题党中央的决策是完全正确的，而我们有些同志受"左"的思想束缚，自己的认识摇摆。通过分析，参加学习的同志认识提高了一步，对党中央更加信赖了。

对"翻番"问题的讨论也十分热烈。有的同志表示，对到20世纪末工农业的年总产值翻两番，既感到兴奋，又有点担心，怕重犯过去高指标的错误。针对各种模糊认识，各单位摆事实、讲道理，进行具体分析，引导大家认识到党的十二大提出的战略目标，既是宏伟的，又是实事求是的，这与过去的高指标有本质的不同；对各单位也不是搞"一刀切"，而是强调从实际出发，既要积极，又要可靠；讲明实现这个目标，有许多有利的条件，特别是现在有了一系列正确的方针、政策和措施，国民经济走上了健康发展的轨道，只要大家积极奋斗，扎扎实实地做好工作，这个宏伟目标是能够实现的。通过这样的学习讨论，大家感到思想上的"扣子"解开了，精神振奋了，从而坚定了实现"四化"的信心。

全市上下在认真领会文件精神的基础上，进一步联系实际，明确各项工作目标和部署。10月中旬，市委召开郊区县委书记、县长会议，学习党的十二大文件，总结检查实行生产责任制和开展多种经营的情况。经过学习，大家进一步从"左"的思想束缚中解放出来，增强了在三五年或更长一段的时间内，实现县社总收入翻番的信心。市经委召开全市工业系统领导干部会，与会同志对照先进找差距，开阔了眼界，激励了革命进取精神，决心走出一条适合首都特点的工业发展的新路子。其他系统的同志，也积极联系实际，研究如何打开工作新局面的问题。①

北京市提出"翻两番"目标

为深入学习贯彻党的十二大精神，全面开创首都社会主义现代化建设新局面，1982年11月，中共北京市第五次代表大会召开，提出新的历史时期的奋斗目标是，经过15年或更长一些时间的努力，把北京建成全中国、全世界社会秩序、社会治安、社会风气和道德风尚最好的城市；变成全国环境最清洁、最卫生、最优美的第一流城市，也是世界上比较好的城市；建成全国科学、文化、技术最发达，教育程度最高的第一流城市，并且在世界上也是文化最发达的城市之一；同时，做到经济上不断繁荣，人民生活方便安定。

为确保实现"翻两番"的目标，大会经过认真讨论，一致同意在不断提高经济效益的前提下，努力争取一定的发展速度。1981年到1990年，全市工农业总产值要做到每年递增4.5%，力争达到5.5%，1990年比1980年总产值要增长50%，力争达到70%。郊区以县、区为单位，农业和工副业总产值前

---

① 中共北京市委党史研究室编：《社会主义时期中共北京党史纪事》第九辑，人民出版社2012年版，第27—29页。

| 城乡经济体制改革起步

10年每年递增7%，力争达到9%，到1990年，年总产值增长1倍，力争达到1.5倍。同时，国民经济各部门的主要技术经济指标，到1990年都要进入全国前列，从而为将来迈出更大的步伐打下坚实的基础。[1]

1983年4月，市政府下达了北京市国民经济和社会发展第六个五年计划（以下简称"六五"计划），提出"六五"计划后的3年要继续进行经济和其他方面的改革；一切经济活动都以提高经济效益为中心；大力发展消费品生产，争取食品、轻纺工业和农副产品有较快发展。

在"翻番"目标鼓舞下，北京城乡展现出一派火热的改革开放和现代化建设场景。截至1984年底，按当年价格计算，国内生产总值达到216.61亿元，其中第一产业14.85亿元，第二产业130.68亿元，第三产业71.08亿元。按1980年不变价格计算，工农业总产值315.7亿元，其中工业总产值297.2亿元，农业总产值18.5亿元。

北京市昌平县南邵公社四合庄第二生产队，按照党的政策实行按劳分配来调动社员积极性，仅用4年时间，人均分配就从1979年的105元，增长到1983年的1621元，增长了14倍多，提前17年达到了邓小平所讲的国民收入人均800—1000美元（按当时汇率相当于人民币1600—2000元）的小康水平，名列京郊之首。[2]

延庆县城关公社落实市委提出的"服务首都，富裕农民"的方针，进一步改革农业经济结构，广开经营门路，大力发展商品生产，使农业生产从自给半自给状态开始向着商品生产转化。到1983年底，全公社共有社队企业（包括建筑队）76个，在新增加的企业中，属于农产品加工类的有豆制品厂、酱菜厂、酱油厂等，还有3个小饭馆。重点户、专业户占总农户的19%。经过几年的发展，1983年全公社三级总收入达2058万元，其中工副业收入1520万元，约占总收入的74%。人均收入达到570元，比1982年增加168

---

[1] 北京市地方志编纂委员会编：《北京志·北京卷·共产党志》，北京出版社2012年版，第111—112页。
[2] 《京郊"小康"第一家》，《北京日报》1984年4月26日第1版。

1984年10月1日，首都国庆群众游行队伍仪仗队中，"翻两番"的标语彩车。

元，比1978年的130元翻了两番。①

改革开放极大地解放了生产力，首都经济保持快速发展，提前实现了"翻两番"和总体小康目标。1989年，据国家统计局城市社会经济调查总队对450个城市的最新统计表明，北京等36个城市的人均国内生产总值超过800美元，率先达到小康水平，展现出小康生活水平的风采。② 1995年，北京市提前5年实现了党的十二大提出的国内生产总值比1980年翻两番的战略目标。

---

① 《延庆县城关公社人均收入五年翻两番》，《北京日报》1984年1月13日第2版。
② 《我国36个城市跨入小康》，《北京日报》1990年10月23日第4版。

第二章
走出农村改革的京郊之路

北京市的改革首先是从郊区农村开始的。京郊农村逐步克服高度集中统一的经营管理体制，推行以"专业承包、联产计酬"为主要形式的各种生产责任制，发展专业户和重点户，调动农村干部和社员的积极性，搞活农村经济。通过大讨论，京郊农民思想进一步解放，统分结合的农业生产责任制在实践中不断完善，涌现出以海淀四季青、房山窦店为主要代表的实行生产责任制和以丰台黄土岗为主要代表的政社分设改革等典型，共同探索出具有首都特色的京郊发展之路。

一、"专业承包、联产计酬"

1980年9月，中共中央印发《关于进一步加强和完善农业生产责任制的几个问题》，提出要从实际出发，"允许有多种经营形式、多种组织形式、多种报酬办法同时存在，凡有利于鼓励生产者最大限度地关心集体生产，有利于增加生产，增加收入，增加商品的责任制形式"，"都应加以支持，而不可拘泥于一种模式，搞一刀切"。针对当时一部分省区干部和群众中存在可否实行包产到户（包括包干到户）的争论，中央提出："根据这种情况，对于包产到户应当区别不同地区、不同社队采取不同的方针。"①北京市在探索生产责任制改革的实践中，开始积极推广以"专业承包、联产计酬"为主的生产责任制。

"专业承包、联产计酬"生产责任制的推广

专业承包、联产计酬，是联产承包责任制的一种形式，在集体统一经营前提下，根据方便生产、有利经营的原则，分别包产到专业组、专业工、专业户，按生产成果计算劳动报酬。北京农村的偏远山区在改革开放前就有生产队实行这一责任制。在中央政策的肯定和鼓励下，从1980年开始，这种形式的农业生产责任制在郊区加快推广开来。

不少京郊区县采取先搞试点、以点带面的方法建立健全农业生产责任制。党政一把手亲自解剖典型，一级带一级，汇报、检查工作首先谈"点"，交流经验让"点"上传经，培训干部请"点"上讲课。通过抓点带面，越来越多的干部、群众弄清了建立健全农业生产责任制的意义，并有了办法。

密云县新城子公社在推广"包工到组，联系产量计算劳动报酬，超产奖励"的生产责任制过程中，首先抓住太古石大队坚持8年实行以产定工、超产奖励，连续增产增收，由穷队变成富队的典型经验，向全公社干部社员进行宣传，说明生产责任制的好处。同时，新城子公社党委负责同志到遥桥峪大队搞"包工到组，联系产量计算劳动报酬，超产奖励"生产责任制试点，总结出"四定一奖惩"的具体经验，即划分作业组一要选好组长，二要把劳力固定在组里，三要丈量土地、划分地块，四要确定产量，建立奖惩制度。公社把这一"点"上的经验推广到"面"上，使作业组很快建立起来。

以此为基础，新城子公社党委大力引导公社干部转变过去跑山头、下地头催种催收的工作作风，把主要精力放到学习和推广生产责任制上来，成为搞经营管理的内行，并且不断培训大队、生产队干部和作业组组长，使他们学会建立和巩固生产责任制的办法。该公社党委坚持一抓到底，不断发现问

---

① 中共中央文献研究室、国务院发展研究中心编：《新时期农业和农村工作重要文献选编》，中央文献出版社1992年版，第55—63页。

城乡经济体制改革起步

题，解决问题。如在"三夏"大忙时，有的作业组出现抢场院、机械的问题，公社干部发现后及时组织各作业组组长和社员协商，制定了把小麦测产后共同打轧，场院、农机按照农活缓急需要安排使用顺序等办法，较好地解决了问题。经过一段时间的推广，该公社88个生产队中，有68个实行了这种生产责任制，其余不便实行这种形式生产责任制的20个生产队也多采用了定额管理或生产管理等到组、到人，超产奖励的办法。①

广大干部群众认识到，只有建立生产责任制，实行科学种田，改进领导作风才能尽快把农业搞上去。思想认识统一后，郊区农村很快便呈现"社员欢迎生产责任制，领导狠抓生产责任制"的局面。

郊区农村农、林、牧、副、渔各业的生产责任制基本落实后，根据健全农村生产责任制、加快农业发展的需要，公社、县和市农口各局三级机关由点到面建立了岗位责任制。丰台黄土岗公社针对有的同志认为机关工作不好考察，没法搞责任制等认识，通过组织机关干部学习邓小平相关讲话精神，进行党的政治路线和思想路线教育，制订建立机关岗位责任制工作方案，确定了以蔬菜产量、产值和纯收入指标为主的6项任务指标。公社干部除完成本部门工作外，分别包队，实行记分考核；业务工作为70分，包队工作为30分。年终总评时，业务工作和包队工作两项合计90分以上的组、室为一等奖单位，80分以上为二等奖单位，70分以上为三等奖单位，以此类推。各部门年终依每个干部的责任制完成情况进行奖惩。机关岗位责任制建立以后，公社干部中工作主动的多了，深入实际的多了，主动反映情况的多了，组织纪律性加强了，机关气象为之一新。②

为确保各种生产责任制搞得更加扎实，北京市各级党组织还对建立联产计酬责任制的公社开展了检查验收工作。昌平县沙河公社是一个有1.6万多人口，2.3万多亩耕地，经济水平在市郊属于中等偏下的公社。1979年以前，集体穷困，社员贫苦。粮食总产量长期在1100万斤上下波动，三级总收入一

---

① 《推广包工到组责任到人的生产责任制》，《北京日报》1980年1月27日第1版。
② 《推行机关岗位责任制气象一新》，《北京日报》1980年4月7日第1版。

直没能突破700万元，社员人均分配在100元上下徘徊。他们认真纠正生产上无人负责的混乱现象和分配上的平均主义，63个生产队在1979年底普遍建立联产计酬责任制，促进了生产快速发展。1980年初，沙河公社党委根据实际情况，认真进行检查验收，重点检查责任是否明确、具体；办法是否妥当；群众是否心中有数；是否促进了备耕生产。在检查验收中，公社干部召开大队、生产队干部和作业组组长、社员代表参加的座谈会，听取责任制建立情况的汇报，审查合同的具体条文，征求干部、群众的意见，并针对存在的问题提出改进办法。通过检查验收，干部群众进一步增强了实行生产责任制的信心。①

有了责任制，还必须保证落实、兑现。刚实行生产责任制时，有人看到社员得奖多了就"眼红"，有人担心年终不兑现，说话不算数。群众要求搞责任制必须守信用，不能"念完经打和尚"。于是，沙河公社把开始时的口头"君子协定"，改为书面规定，进而普遍实行合同制，把责、权、利连在一起，固定下来。沙河公社各行各业、各个部门，从上到下，同6500多人签订了4000多份合同，基本做到了"层层明责任，人人明责任；成果与报酬，紧紧挂上钩；普遍订合同，有奖又有罚"。沙河公社在全面推行生产责任制的过程中，还妥善解决了社队干部报酬和社员报酬之间合理平衡的问题，对大队、生产队干部改革付酬办法，对公社干部试行浮动工资制。责任制的全面推行和不断完善，使沙河公社的经济发展开始走上以提高经济效益为中心的轨道。1981年，平均每个务农劳力创造纯收入723元，比1978年增长107%；每个务工劳力创造纯收入1543元，比1978年增长71%。社办企业利润达到162万元，比1978年的37万元增长3倍。全社基本核算单位总开支占总收入的比例，由1978年的48.5%下降到38%。②

实行联产计酬生产责任制，既联产量，又联开支或纯收入，把生产责任制和经济核算结合起来，讲求生产的经济效益。这种办法，既发挥了集体经

---

① 《认真搞好生产责任制检查验收》，《北京日报》1980年3月17日第1版。
② 中共北京市委农村工作部北京市人民政府研究室调查组：《三年创出新局面——北京市昌平县沙河公社经济发展的情况调查》，《人民日报》1982年10月19日第2版。

济的优越性，又调动了社员个人的积极性，符合郊区农村的实际情况，因而发展很快。

1984年10月1日，首都国庆群众游行队伍中"联产承包好"的标语彩车。

1981年，京郊农村改革在实行联产到组、"四定一奖"基础上，增加了"定开支"的内容，变为"五定一奖"。部分生产队进一步发展为联产到劳。山区和一些贫困地区实行包产到户的范围不断扩大。至该年底，种植业中，97%的生产队建立了生产责任制，其中专业承包、联产计酬的占73%，小段包工、定额计酬的占27%。联产到组的占75%，联产到劳的占23%，联产到户的占1.6%。林果业、畜牧业、渔业、社队企业等都不同程度地建立了生产责任制。[1]

专业承包、联产计酬成为郊区生产责任制的主要形式，这是由郊区生产力发展水平和集体经济比较巩固等条件决定的：一是集体经济家底比较厚实。1980年，公社、大队、生产队三级固定资产14.79亿元，三级各占1/3左右。每个公社平均183万元，大队14万元，生产队4万元。二是农机、水利条件比较好。水浇地面积占80%，大部分耕地经过规划，成方连片，排灌渠系、

---

[1] 王振业、张一帆、廖沛编著：《北京农村经济史稿》下册，中国农业出版社2016年版，第373页。

机井在较大范围成龙配套。平均每个公社拥有拖拉机 28 台，手扶拖拉机 93 台，汽车 17 辆。村村通电，大队通汽车。三是生产项目较多，多种经营收入比重较大。公社三级总收入中，粮食占 20%，多种经营占 80%。从事工副业的劳力，占三级总劳力的 23%，工副业收入占三级总收入的 61%，其中社队企业收入占三级总收入将近 50%，平均每个公社有利润 104 万元。四是科技水平比较高，各业都有一支专业技术队伍，干部具有一定的管理能力。五是社员收入主要来自集体分配，而且这几年收入持续增长。农民把巩固发展集体经济当作自己生活水平提高的靠山。因此，广大干部社员要求统一经营、统一分配，欢迎专业承包、联产计酬的形式。

京郊林果、养殖等特色农业的发展

专业承包、联产计酬责任制激发了农民的生产积极性，粮食亩产的大幅增长和总产迅速提高，使郊区有可能腾出更多的粮田来发展蔬菜、饲料、果品、经济作物等生产，并满足城乡基本建设用地的需要。1981 年同 1978 年相比，粮食在农村各业总产值的比重由 29.2% 下降到 20.9%；蔬菜、副食品由 23.9% 下降到 19.9%。[①]

京西稻是北京地区著名的水稻优良品种。新中国成立后，党和政府非常重视水稻作物的发展。京西稻种植区从原来的海淀四季青、清河一带扩展到东北旺、永丰、温泉、苏家坨、北安河等地。党的十一届三中全会后，海淀区农村普遍实行联产承包责任制，充分调动了农民生产积极性。到 1983 年，海淀区水稻种植面积达到 9 万多亩，产量达 8000 多万斤。为了使京西稻保持品种的纯度，在落实生产责任制的同时，稻农和科技人员一起开展科学种田，改变了过去的栽培方法，并从原来 30 多个品种中选出稳产高产的"越富""京越""秋光"三个当家品种。

蔬菜是人民生活中不可或缺的主要副食品。为了满足人民生活的需要，北

[①]《中共中央转发〈全国农村工作会议纪要〉》，《人民日报》1982 年 4 月 6 日第 1 版。

京市一直重视蔬菜生产和供应,把蔬菜生产放在郊区副食品生产的首位来抓。丰台区是首都最大的蔬菜生产基地,拥有8万多亩菜田,每年提供7.6亿斤左右蔬菜,占全市蔬菜供应量的1/3。蔬菜品种有8个科130多个品种。自普遍实行各种形式的联产承包责任制后,广大菜农改变老式育苗法,开始使用电热恒温催芽的新技术。冬季保护地生产和育苗用的塑料大棚以及温室和改良阳畦面积发展到1.1万多亩。1982年,丰台区蔬菜生产的总产量第一次突破8亿斤,商品菜收入突破5000万元。1983年丰台全区人均集体分配收入达到450多元,比1978年的190元增加一倍多。朝阳区太阳宫乡还试种了美国绿菜花、玻璃生菜以及胡椒、薄荷等106种国外品种蔬菜,有71种获得成功。5亩试验地的蔬菜总产量达8000多公斤,取得了较好的经济效益和社会效益。

北京郊区果树资源丰富,品种繁多。经过广大果农长期培育,生产出不少闻名遐迩、品质极佳的干鲜果特产,如良乡板栗、绵瓤核桃、大扁杏仁等在国际市场上素有盛名,是北京市的重要出口物资。为了扩大果树种植面积,京郊各区县发挥山区优势,推广各种形式的责任制,因地制宜栽种板栗、核桃、山楂、柿子、枣、梨等果树,使各种果树原有的基地不断扩大。

密云县大城子乡地处北京市东北,全乡总面积21万亩,是个深山区,被誉为红肖梨之乡。党的十一届三中全会后,大城子乡党委制定了植树造林、造管并重、土地承包、划分自留山、谁造谁有等一系列措施,有力促进了林果生产发展。不仅树多了,产量也大幅提升。1982年,大城子乡红肖梨产量突破1000万斤,占密云县红肖梨产量的1/2,成为当年北京市唯一果品产量超过1000万斤的乡。从1982年秋季开始,该乡组织全乡人民一面给原来的大梨树扩坨、施肥、浇水,一面栽种幼树。果树由自然成长向着科学管理迈进。仅1983年秋季,社员们在自己承包的山坡地就栽种了13万棵红肖梨树。1984年,虽然遭遇倒春寒、风、雹等严重自然灾害,但由于果农加强科学管理,仍获得了好收成。

截至1984年,京郊地区核桃的栽培面积达到5.7万亩,最高年产量达到1585.3万斤。盛产核桃的门头沟区,核桃最高年产量占全市当年核桃总产量的28.9%。京郊地区板栗栽培面积达到24.6万亩,最高年产量达990万斤,其中怀柔县板栗年产量占全市的 60.7%。另外，怀柔县的北部山区，延庆县的大庄科一带，门头沟区的柏峪、清水、燕家台等地成为京郊的杏核基地。昌平县的十三陵一带，房山县的坨里、周口店至张坊一带，平谷县的东部山区等，成为柿子的主要生产基地。

京西门头沟区涧沟村的金顶玫瑰花，盛誉京华，名扬海外。党的十一届三中全会前，涧沟玫瑰产量多年在两三万斤。1983 年，涧沟村全面推行大包干生产责任制，把全部花田下放给农民管理，充分激发了花农的积极性。全村 160 多户，家家是玫瑰花生产专业户，经营面积大的有十几亩，小的也有四五亩。在技术部门的支持下，涧沟村花农摸索出了一些成功经验：在试验田里栽植了一亩九分优种玫瑰，1984 年平均亩产达到 400 斤，比全村平均亩产高 4.6 倍；总结了一套病虫害防治方法，为高产稳产打下了坚实基础；通过优选，初步选出小菊花型、大菊花型、单瓣型、多刺型、扫帚型等株系，并移植到试验田进行观察和复选。玫瑰产业的发展，大幅提高了花农收入水平。1983 年全村人均收入达到 382 元，比改革开放前增长 2 倍多。1984 年 6 月，市政府在涧沟村召开有各区县主要领导参加的"金顶玫瑰花现场会"，会议指出，边远山区发展玫瑰花栽植业是农民致富的重要途径，要求各区县搞好规划、选好重点、培育苗木、大力发展。涧沟村成为当时北京市最大的玫瑰花生产基地和科研中心。

鼓励发展农民建筑队

京郊实行联产计酬责任制后，大批农村劳动力从农业生产中解放出来，一些具有农村瓦木工技能的农民在政策鼓励下，逐渐形成农民建筑队，成为首都建筑业的一支新军。一些农民建筑队的一级队到三级队，具备了中小型建筑机械以及砂浆、混凝土试模、测量仪器等，基本满足了施工需要。有些队还购置了大型建筑机械和运输工具。到 1983 年底，京郊农民建筑队一共有塔吊、运输车辆 296 台。其中，延庆县旧县镇拥有 300 多人的建筑队，固定资产 50 多万元，人均技术装备费 1600 多元。

农民建筑队发挥吃苦耐劳、机动灵活、适应性强、服务态度好等优势，承建了大量优质工程。如密云县的穆家峪建筑队年均竣工面积2万平方米左右，工程全优率100%，被称为质量信得过建筑队。朝阳区将台建筑队承接了北京音乐研究所的录音厅工程，这是北京市设计院设计的一项科研项目，总造价40多万元。虽然工程占地面积只有360平方米，但结构极为复杂，施工难度很大。为了调节音响，墙面装了32组翻板门，地板上装了15扇折叠推拉门，每组5扇，以组成多声道效果。工程交工后，达到验收标准，受到工程交付方好评。房山县韩村河大队建筑队承担了海淀区玉渊潭乡紫玉饭店工程，总建筑面积7000多平方米，总造价400多万元。整个建筑古色古香，具有浓厚的民族特色。楼和楼之间以长廊相接，绘有油漆彩画，室内装饰有大量瓷砖，并另有花园庭院。工程用时4个多月，1984年8月底交工，饭店于当年国庆节正式开业。整个工程建设速度快、质量好，受到市区领导称赞，吸引了不少外宾前来参观。

1984年，海淀区玉渊潭公社农民创办的旅游宾馆——紫玉饭店建成并投入使用。

北京郊区农民建筑队伍由小到大，建筑质量、经济效益不断提高，是与各级管理机构不断完善、建筑队员刻苦学习、工作作风严谨细致分不开的。1982年，全市14个区、县相继成立二级、三级建筑公司。市、各区县狠抓各种管理人员、少数工种人员培训，初步形成了一支技术管理骨干队伍。如平谷县渔阳建筑公司，注意搜集掌握信息，把科技成果运用于实践，打开了门路。1983年底，该公司得知上海市燃料公司和中国科学院上海分院搞出一项科研成果——对4吨工业锅炉进行改装，因为节能效果显著，国务院就此要求在全国推广该项成果。平谷县渔阳建筑公司研究了这条信息后，由经理亲自带队赴上海取经。短短几天，就初步掌握了改装技术，并取得了全部技术资料。1984年3月，在市经委、市节煤办公室和煤炭总公司领导下，由他们施工，对北京卷烟厂、铝制品厂、财经学院和铅笔厂等4家的锅炉进行改装。经初步测试，每台锅炉改装后，炉温由原来的900摄氏度提高到1200摄氏度，年节煤400吨左右，大大减轻了锅炉工人的劳动强度。经过鉴定，这个公司可以组成20个改装小组同时开展改装业务，根据对改试锅炉的工料分析，仅这一项就实现年获利65万元。该公司经理因此还被平谷县评为"致富能手"。

北京郊区农民建筑队伍在改革中前进，从1976年时的几千人发展到1984年的2200多支队伍16万多人，成为建设首都的一支新生力量。仅1983年承建竣工的建筑面积就达230万平方米，相当于全市当年竣工面积的1/4。

二、"冰棍队"与京郊包产到户、包干到户

在包产到组、到劳、到户的地方，依然保持着集体统一经营、统一分配的传统，生产队在经济上仍处于主体地位。包干到户（也叫"大包干"）则不同。正如中共中央1982年1月批转的《全国农村工作会议纪要》中指出的，实行包干到户以后，"经营方式起了变化，基本上变为分户经营、自负盈亏……它不同于合作化以前的私有的个体经济，而是社会主义农业经济的组成部分"。由于这种责任制具有"责任明确，方法简便，利益直接"的优点，因而受到广大农民的欢迎。

| 城乡经济体制改革起步

"冰棍队"翻了身

市和区、县的领导对北京郊区当时的集体经济状况进行了分析，认为郊区农村公社、大队、生产队三级均具有一定的集体资产。1982年，三级固定资产总值达18.7亿元，公社、大队、生产队分别占39%、36%和25%。① 多种经营和社队企业发展较快，农业机械装备和水利设施条件较好。但地区间的集体经济发展水平差别很大，大体分三个层次：近郊及平原部分地区，集体经济发达，生产力水平较高；平原大部分地区，集体经济框架完整，经济发展水平一般；山区和少数平原乡村地区，经济还比较落后。根据郊区农村的这些特点，北京市委、市政府确定了这样的指导思想：平均主义和"大锅饭"一定要打破，责任制必须搞，形式要因地制宜，不搞"一刀切"，已形成的生产力不允许破坏，集体积累一定要保住，集体的优越性和个人的积极性要同时发挥。

1982年5月3日，市委、市政府召开会议，提出"在边远山区，社员居住分散，可以实行包干到户的责任制"。不过当时包干到户在北京一般仅限于山区，数量较少，仅占7.4%。②

大兴县南各庄公社石佛寺大队是北京市一个出名的穷队。改革开放前夕，劳动日值一般只有5分、7分钱，最多没超过1角钱，买不了一根好冰棍，所以人们称其为"冰棍队"。早在20世纪60年代，就靠政府救济，到1979年还没有摘掉穷帽子。对此，有人说："越穷越要搞过渡"，把石佛寺由生产队核算变为大队核算，结果，劳动日值只有4分7厘钱。全村110户就有103户欠队里款，共欠4万多元，队里欠国家16万多元。③

1980年，公社主要负责人到这里蹲点，加强班子建设，实行分组的小段包工责任制，再加上贷款支援，当年该大队粮食总产值就比1979年翻一

---

① 赵树枫：《京郊农村经济体制改革不断深入》，《北京农村经济》1988年第1期。
② 中共北京市委党史研究室、中共北京市委农村工作委员会编：《京郊五十年》，北京出版社1999年版，第242页。
③ 段存章、杨先慧：《"冰棍队"翻身记》，《人民日报》1983年11月26日第2版。

番，劳动日值增加到 0.66 元。但状况好转后，1981 年，公社负责人不驻队了，贷款也减少了，不再执行原定的生产合同，责任制一年三变，社员情绪开始低落。这一年又正逢大旱，加上"大队干部推翻了上一年的水稻生产奖励合同，水稻几乎没有收成"。到了秋后一算账，"全年人均分配二元六角三分，劳动日值二分，比 1979 年还穷了一筹。真是，上来得快，下去得更快！""冰棍队"又回来了！1982 年，公社曾派两名干部代替该队支部书记、大队长，工作仅两个月，就畏难而去，领导班子散而不稳，"冰棍队"人心更冷了。

1982 年 9 月 17 日，时任中共中央总书记胡耀邦在 9 月 15 日北京日报社编印的内参《一个"冰棍队"的上和下》一文上，给北京市委第一书记段君毅作出重要批示："君毅同志：这是一个值得严重注意的材料，建议你们议一议……北京郊区还有一些干部对责任制不通，甚至以各种借口来抵制，这一定要教育过来。"这一重要批示，引起了北京市委的高度重视。

为贯彻中央领导批示精神，1982 年 10 月 8 日，市委以文件形式向各单位各部门党组织印发了胡耀邦对《一个"冰棍队"的上和下》一文的重要批示，要求认真学习批示精神，切实检查一下各种形式的责任制落实情况，对那些不落实的单位迅速进行整顿；对那些（对）实行责任制思想不通的同志，要进行耐心的教育，帮助他们转变思想。文件的下发，对推动北京郊区大包干责任制的落实起到了促进作用。

随后，北京市委、大兴县委去石佛寺调查，表示"再不能让冰棍队穷下去了"。大兴县委书记也多次到石佛寺大队帮助研究治穷办法，将 800 亩粮田全部包干到户。"冰棍队"发生的这些变化，受到了广泛的社会关注。

包产到户、包干到户生产责任制的推广

1982 年 10 月至 11 月，市委先后在西苑饭店和东风农场召开郊区县负责人会议，总结部署农业生产责任制的工作。会议总结了京郊农村落实生产责任制的情况，传达了中央领导的批示。认为，中央领导的批示切中要害，以前市委对郊区农村经济较发达、集体经济较巩固的一面看得较多，

城乡经济体制改革起步

存在优越感,对部分地区贫困落后的一面看得少,估计不足,对包干到户该放开的没有及时放开。这个责任不在基层,而在市委。这次会议提出六条意见:第一,任何地区和行业都要建立生产责任制。第二,已有的责任制只要能实现增产增收或群众满意,就要稳定下来并进一步完善。第三,将没有实行责任制或推行得不好的生产队作为工作重点,迅速发动群众,实行由群众选择的包干到组、到劳、到户等联产承包形式。第四,需要调整责任制特别是实行包干到户的地方,要在实行集体统一种植、统一机耕机播、统一水利灌溉、统一植被保护等前提下,有计划、有组织地推行,不准出现损害集体财产、乱砍滥伐、陡坡开荒、不交提留、不执行国家计划等行为。第五,各种责任制确定后,一般保持几年不变,坚持兑现奖罚措施。第六,在形成专业分工且经济比较发达的社队,继续积极试行专业化、企业化经营管理。[①] 为了督促落实上述意见,市委、市政府领导分别联系各郊区县,检查政策落实情况。

1983年三四月间,大兴县、南各庄乡两级党委派工作组帮助石佛寺大队党支部搞整党试点,调整了领导班子。该村支部书记原是大兴县农机局干部,中专毕业,家在石佛寺,组织上派他带工资回村任职,他勇敢地挑起了这个担子。在三夏大忙日子,他带领干部们坚持在第一线日夜劳动,麦田浇水、小麦脱粒时,坚持先社员后自己的原则。上级分配给村里两辆自行车和14根红松木材,他张榜公布,分配给社员。这样,党支部在群众中的威信提高了,群众的干劲信心增强了。"冰棍队"翻了身,有的老党员说:"吃救济,越吃人越懒。大包干,治了干部馋,又治社员懒,责任制治好了我们这个'冰棍队'的病。"[②]

以家庭承包经营为主的包干分配责任制在北京郊区逐步推开,既满足了农民自主经营、利益直接的要求,又坚持统分结合、分类指导,保护了已经形成的先进生产力和专业分工。种植业实行包干分配责任制的队,1982年底

[①] 张文茂主编:《京郊农村改革30年研究》,中国农业科学技术出版社2009年版,第39页。

[②] 段存章、杨先慧:《"冰棍队"翻身记》,《人民日报》1983年11月26日第2版。

达到 69%，1983 年、1984 年和 1985 年又分别提高到 71.7%、86.7% 和 96.9%。1985 年，大田种植业实行包干分配的生产队，大体分为三种类型：经营单一、集体经济较弱的队，实行包干到户，占生产队总数的 67.3%；集体经济发展中等地区，一般实行两田制——按人分口粮田、务农劳力承包责任田，占 17.7%；集体经济发达、专业分工较细的社队，实行"统一经营、专业包干"，占 15%。大田种植业以外的其他农副各业为：菜田，大部分承包到专业组，部分承包到劳、到户；果园，一般由专业队、专业组或专业户承包；鸡场、渔场，大多是承包到组，也有的包给专业户。[①]

京郊农村家庭联产承包责任制的实施使京郊农民获得了劳动和经营的自主权，使农民的生产成果和利益直接挂钩，促进了农业生产的迅速发展。1983 年，北京农业总产值 27.1 亿元，比 1978 年增长了 77.2%，年均增长 12.1%。朝阳、丰台、石景山、昌平和大兴等 5 个区县的农业总产值 1978 年至 1983 年翻了一番，粮食亩产量突破 800 斤大关。蔬菜品种增加、数量充足，奶牛比解放初增长 17.6 倍，70% 以上农田实现机耕，社队企业快速发展，农民年人均收入达到 506 元。

在北京市昌平县商品交易会上，购买电视机、自行车等高档品和成套家具的社员。

---

① 北京市地方志编纂委员会编著：《北京志·农业卷·农村经济综合志》，北京出版社 2007 年版，第 103—104 页。

三、开展致富大讨论

为贯彻中央提出的大力发展多种经营和社队企业的指示精神，针对农民想富、因存在"左"的思想又怕富的思想顾虑，市委和区县委从端正指导思想和确定主要任务入手，从1980年开始，在京郊农村党支部中开展了数次致富大讨论，进一步明确了开展多种经营、发展社队企业与促进农村经济、改善农民生活的关系，使以经济建设为中心、走共同富裕道路的思想深入人心。

第一次致富大讨论

在普遍推广农业生产责任制改革的同时，郊区干部群众身上的"左"的思想包袱依然是沉重的。从上到下，各级干部的眼光依然局限在土地上。单一的粮食生产，收入十分微薄，有的生产队一天的劳动日值只够买个鸡蛋。农业生产的广度在哪里？深度在哪里？一个十分尖锐的问题摆在郊区领导的面前：党的十一届三中全会确定党的中心工作转移到经济建设上来，允许农民劳动致富是党在农村的一大政策。郊区应该怎么办？[1]

为了调动广大干部群众的积极性，加快农业现代化发展步伐，从1980年春开始，北京郊区广泛开展了一场如何使农村尽快富裕起来的讨论，以解决广大干部群众的疑虑。[2]

昌平、顺义等郊区县组织本县干部群众围绕"敢不敢富""让不让富""能不能富"开展了劳动致富的大讨论。讨论的主要内容有：一是敢不敢富。通过大讨论使广大干部、群众明确，富是"四化"的要求，是社会主义生产的目的，领导群众致富是共产党员的天职，"富则修""穷光荣"是错误的。

---

[1] 《京郊农村能够更快地富起来——北京昌平县访问记》，《人民日报》1982年9月25日第2版。
[2] 北京市农村经济研究中心编：《北京市农村改革发展60年大事记（1949—2009年）》，中国农业出版社2009年版，第108页。

二是让不让富。主要是澄清和处理好几个方面的关系，即摆正国家富、集体富和个人富的关系；眼前富和长远富的关系；一部分人先富起来和共同富裕的关系；粮食生产与多种经营的关系；发展工副业与农业的关系；基础副业与社队工业的关系，从而纠正和克服想得太窄、限得过死以及脱离集体，搞个人单干的偏向。三是能不能富。指出只要思想解放，政策对头，群策群力，坚持从本地区实际出发，扬长避短，充分发挥集体经济的优越性，广开生产门路，努力增收节支，是完全能富起来的。

关于如何展开讨论，有的县提出：一是要认清意义。认真学习和领会中共中央书记处的四项指示精神及中央和北京市委关于农业发展的有关文件，然后采取先党内后党外、先干部后群众的方法，开展讨论，形成一个群众性议富、想富、抓富的良好态势。二是总结经验。总结本地区集体富、队富、个人富的先进典型，启发大家解放思想、树立劳动致富光荣新风。三是制订规划。制订到1985年人均分配达到350—400元的致富规划，从而使干部抓富有目标、农民致富有方向、社队比富有尺度，在全县掀起议富、比富、学富、赶富、帮富的热潮。四是将讨论和搞好当前生产相结合，把群众积极性引到搞好生产上来。有的县对搞好致富讨论的标准作出明确规定：思想上，肃清极"左"路线的流毒，干部、群众思想解放，觉悟提高，从而想富、敢富；政策上，正确的得到执行，错误的得到纠正，过去的、卡得较死的加以放宽、调整；从实际出发，制订出致富的近期和长远规划；促进了增收节支，推动了当地生产和各项工作；按照新时期的用人标准，把坚持社会主义道路、有能力、有专长、会经营管理的年富力强的干部选拔充实到领导岗位。

在这次讨论中，顺义县委、县政府还专门召开了人均收入创千元座谈会。29个公社书记和68个大队的党支部书记参加会议。各级干部普遍认为通过致富大讨论，在解放思想的基础上调动了农民的生产积极性，使所有的公社、大队、企业和一部分农民、职工的经济收入有较大提高，全县统一了思想，真正做到了解放思想致富，发展商品生产会富，比学赶帮，千方百计致富。

通过讨论，广大干部群众卸掉了背负多年的"穷革命、富变修"的包袱，开始向富裕之门迈进。大家表示，过去，乱批乱斗，斗穷了；割"尾巴"，割穷了；"吃大锅饭"，吃穷了；闹无政府主义，闹穷了。现在要反其道而行之。推行联产到组、到劳和包干到户的生产责任制，专治"吃大锅饭"；签订各种形式的生产合同，有奖有罚，奖罚分明；鼓励发展社员家庭副业。

京郊各乡（镇）普遍提出，要拿出不嫌小、不嫌稀、不嫌脏、不嫌累的"四不嫌"劲头，争取城市工业下放产品，当好城市工业的助手。市、区、县有关部门组织各方面力量，为发展社队企业献计出力，形成了一股强有力的支持力量。市属各工业部门动员城市工业积极向农村扩散产品，扩大工业支农队，500余家城市工业企业派往农村工业支农队的技术和管理人员达到1400余人，实行厂社挂钩，开展帮设备、帮技术、帮管理、帮培训的"四帮"活动，对社队企业的发展起到了很大的推动作用。

致富大讨论再次兴起

1981年，北京市委提出"服务首都，富裕农民，建设社会主义现代化新农村"的指导方针。为了全面贯彻这一方针，一些郊区县围绕坚持"两不变""三兼顾"，即坚持社会主义农业集体化道路、公有制长期不变，坚持国家、集体、个人利益三者兼顾，就"如何使农村富起来"再次兴起致富大讨论，进一步解放思想，促进社队企业发展。

昌平县委在这次致富讨论中，通过总结推广富社富队搞活经济、正确处理三者利益关系的经验，狠抓基层领导班子建设，大胆起用人才，改革干部管理制度，引导党政机关健全岗位责任制；狠抓粮食生产，号召群众广开致富门路，大搞副业生产，走多种经营综合发展的道路；强调用经济的办法管理经济，逐步实现企业化、专业化管理，不断提高经济效益。昌平县委认为，凡是符合党的十一届三中全会路线、方针和政策的，他们坚决支持。养鸡专业户刚刚发展起来的时候，有人对县委支持银行给养鸡户贷款不满意，说："国家拿钱让个人养鸡赚钱，这是本末倒置。"昌平县委在各种会议上让大家反复讨论，并举例说，国家给北七家公社一位46岁的妇女孙桂英贷款7500元，她一年就还清了，还给国家交了上万斤鲜蛋，给集体投肥3万多斤，这有什么不好？让大家弄明白了发展家庭副业，过去是短腿，现在要大发展。全县推行联产到组、到劳和包干到户的生产责任制以后，有人说："这是倒退，兔子尾巴长不了！"昌平县委明确指出："这是前进，是解放生产力的有效措施。"当社队企业发展较快时，有人借打击经济领域犯罪活动之机，大嚷："社队企业是搞不正之风的祸根。"昌平县委立即组织调查组，调查全县社队企业的情况，结果770多名干部，有这样那样问题的只占3%。在事实面前，大家划清了发展社队企业与反对不正之风的界限。①

在实际工作中，昌平县高度重视发展社队企业。1981年，县委主要负责同志带领社、队干部先后去四川省广汉县、广东省南海县考察。广汉县改革经济管理体制，试办农工商一条龙经营以及南海县把农村经济搞活的经验，给他们很大鼓舞。在这次致富讨论中，干部群众去除了自满或无所作为的思想观念。尤其是沙河公社，采取公社、大队、生产队"三匹马一起拉车"的办法，推动公社、大队、生产队企业一齐上。1981年，该公社人均收入增加100多元。昌平县委及时总结和推广了沙河公社的经验，使全县社队企业产值比1980年增长11.4%，人均分配比1978年增加近一倍，达到230元。②市委为此提出在发展社队企业方面各区县学昌平、各公社学沙河的口号。

通过讨论，广大干部群众在思想上也纠正了队与队、人与人之间的平均主义倾向，在生产发展的基础上，承认差别，允许一些公社、生产队和个人先富裕起来，形成鼓励先进、鞭策落后的局面。如昌平县养鸡专业户孙桂英，1982年养鸡1000只，向国家交售鲜蛋1.1万斤，收入1.1万多元，成为全县2300多养鸡专业户和重点户的"排头兵"。南邵公社四合庄二队，1982年人均收入762元，是昌平县分配水平最高的生产队。

农村富裕后，收入提高，基础设施也大幅改善。昌平县城关公社邓庄大队，村里铺了宽敞的公路，安上了自来水，家家制造沼气，利用太阳能，洗澡、烧水、做饭比城里还方便。新房宽敞明亮，庭院干干净净，邻里团

---

① ② 《京郊农村能够更快地富起来——北京昌平县访问记》，《人民日报》1982年9月25日第2版。

| 城乡经济体制改革起步

结友爱。北七家公社兴建一座养鸡4万只的半机械化养鸡场，从1982年9月破土动工到1983年3月进鸡饲养，只用了半年时间。每天产蛋2700斤，到1983年底可产蛋50万斤，纯收入30多万元。1982年昌平县社办半机械化养鸡场的收入，占全市此项总收入的1/3还多。不少社队还利用山场、坡地、坑塘、沟边、四旁等闲散土地，发展了一批新的种植项目，如果树、蘑菇、草莓、花卉等，仅标准化果园全县就建了5500多亩。昌平县崔村公社的大辛峰大队建起一个560亩的大果园，栽上新品种的桃、李、苹果1.6万多棵。①

1984年，北京市昌平县踩河新村建设的楼房。

致富大讨论不断深入

北京郊区县委不断把致富大讨论引向深入。1983年9月后，郊区围绕"服务首都，富裕农民"和"增产、增收、增贡献"再次开展致富大讨论。

---

① 《京郊农村能够更快地富起来——北京昌平县访问记》，《人民日报》1982年9月25日第2版。

第二章 | 走出农村改革的京郊之路

1985年初，北京郊区昌平等县组织开展"使农村尽快富起来"的大讨论。这次大讨论，广泛宣传致富、发展商品经济和对外开放联合的思想。结合典型引路，将沙河乡踩河大队、马池口乡马池口大队、黑山寨乡南庄大队作为试点，大力推广农村致富的新经验，巩固农村致富成果。同年11月，北京郊区农村配合整党和财务整顿，在广大干部群众中开展致富大讨论，重点解决致富的方向问题，克服有的地方把坏人当"能人"、有的地方追求分配而忽视积累等问题，强调党员要带领农民走共同富裕的道路。

致富大讨论消除了农民的思想包袱，迅速充实了农民的钱袋子和家底子，使农民过上了好日子。海淀区永丰乡原是海淀区出了名的穷乡，党的十一届三中全会前全乡70%都是超支户，每年人均欠集体60多元，劳动日值只有5分钱。社员们说："干一天活，还不如老母鸡一红脸，母鸡下个蛋还毛把钱呢！"承包，给永丰人民带来了希望。从小段包工开始，到1984年粮、菜、畜全都实行大包干。水稻种植面积从原来的9000多亩增加到2万亩。全乡一半以上的劳动力从土地上分离出来，开始从事工副业和家庭经营活动。全乡专业户发展到3017户，占总户数的78%。如郊区著名养鸡专业户大牛坊大队社员郑玉兰，1982年还欠队里600元，1983年饲养1.2万只肉鸡，年收入4万元，相当于其前12年经济收入的总和，当年获纯利1.1万元。欠债户一年变成了万元户。1984年春节，中央政治局委员宋任穷、农林渔业部部长何康亲自到郑玉兰家祝贺。[①]

一些生产责任制改革较好、集体经济较强的大队、生产队，在致富大讨论中进一步探讨如何贯彻市委"服务首都，富裕农民，建设社会主义现代化新农村"指导方针，寻找适合本地实际的致富发展之路。

大兴县留民营大队是市委、市政府表彰的"两个文明"建设先进单位。早在1975年，留民营的粮食产量就"过了长江"（即达到长江以南亩产超400公斤的标准），当年留民营上缴粮食50万公斤，这个数字在当时相当于

[①] 中共北京市委党史研究室、北京市海淀区党史区志办公室编：《海淀建设史》，北京出版社2008年版，第260页。

| 城乡经济体制改革起步

一个公社集体上缴的产量。1981年，全大队粮食亩产达到1300斤，人均年收入405元。在成绩面前，留民营大队干部群众并没有骄傲自满、停步不前。在讨论如何进一步致富时，有人说"要发家搞翻砂"，"要致富搞电镀"，还有人提议："咱村那么多稻草，建个造纸厂吧！"大队干部们认为，办这些厂好是好，但大量污水没处打发，一旦造成污染会累及子孙。如何寻找一条既可发展又不贻害子孙、养地又养人、实际又可靠的适合留民营发展的路子，成了大队干部们思索的头等大事。

正在这时，一个难得的机遇降临留民营大队。1982年，北京市环境保护科学研究所的生态学专家们来到留民营考察，分析了这里的地理位置、自然环境、经济基础等各种因素后，感到在这里进行生态农业科研试验项目很理想。留民营大队党支部书记敏锐地意识到生态农业是一种机遇，决定进行这一试验。在一批专家的指导下，留民营改变单一的农业生产结构，新建了鸡场、兔场、鱼塘、奶牛场、瘦肉型猪场和饲料加工厂、蘑菇房，初步形成生物能源和物质重复利用的良性循环系统，实现了农、林、牧、副、渔全面发展的生态平衡。留民营大队的生态农业试验，不仅促进了物质文明建设，还调动了社员学文化、学科学的积极性，加快了精神文明建设。由于各种家禽牲畜粪便被全部收集利用，人们在这个村的街道上和庭院里难得看到鸡屎、牛粪，环境整洁卫生。这个大队成为全市精神文明标兵和卫生先进单位。[①]1984年8月，中央领导同志在一份材料的批示中指出：留民营大队的生态农业试验，在全国是第一个，体现了社会主义农业发展的方向。

四、丰台黄土岗探索政社分设

计划经济向有计划的商品经济转变，特别是联产承包责任制的实行，使农民有了生产经营等自主权。各种形式的农业生产责任制建立后，人民公社

[①] 《北京市环保所和留民营大队共同进行生态农业试验 显示了多方面的优越性》，《人民日报》1983年11月29日第2版。

"三级所有，队为基础"的基本制度和"政社合一"的管理体制，越来越不适应农村经济的发展。实行政社分离，乃至废除人民公社重建基层政权组织成为历史的选择。在这种背景下，全国一些地方开始了撤社建乡的试点。1979年，四川省广汉县向阳人民公社进行试点改革，第二年4月正式将人民公社改为乡政府。

人民公社体制改革的问题，引起了中央高层的重视。1980年5月，邓小平在同中央负责工作人员谈话时，就人民公社体制明确指出："一九五八年'大跃进'时，高级社还不巩固，又普遍搞人民公社，结果六十年代初期不得不退回去，退到以生产队为基本核算单位。在农村社会主义教育运动中，有些地方把原来规模比较合适的生产队，硬分成几个规模很小的生产队。而另一些地方搞并队，又把生产队的规模搞得过大。实践证明这样并不好。总的说来，现在农村工作中的主要问题还是思想不够解放。"[1] 邓小平的讲话在关键时刻拨开了农村改革发展的迷雾，为改革人民公社体制打开了闸门。

1981年夏，民政部部长程子华受全国人大常委会副委员长彭真的委托，前往四川省广汉县进行撤社改乡的调查。此后，全国人大常委会法制工作委员会组织调查组，对人民公社体制问题进行专门调查，并形成了《关于人民公社政社合一问题的调查报告》。

黄土岗公社体制改革探索

四川省广汉县的先行经验吸引全国各地纷纷前往考察学习。早在1979年4月，北京市副市长就带领丰台区、黄土岗公社干部赴四川省广汉县、双流县，考察学习当地实行政社分开的经验。考察回来后，北京市、丰台区政府决定以黄土岗公社为试点，对人民公社管理体制进行改革。

北京市丰台区黄土岗公社，是一个以生产蔬菜为主，兼营粮食、林果、花木、畜牧、工副业等，经济比较发达的近郊公社，有101个自然村，1.06万农户，3.92万农业人口，2.15万劳动力；耕地4.1万亩，其中菜田2.9万

---

[1] 《邓小平文选》第二卷，人民出版社1994年版，第316页。

亩，粮田 5000 万亩。全社有 12 个大队，1 个农场，115 个生产队，还有 1 个种子科技站，1 个水管站，1 个畜牧改良站，12 个社办企业，1 个花圃。①

党的十一届三中全会以后，黄土岗公社认真推行各种形式的联产承包责任制，特别是分散承包到组、到劳、到户，使农民的生产积极性空前高涨，农村经济开始大幅度上升，社员生活水平明显提高，各项改革逐步推开。农民说："实行联产承包责任制是农村改革的突破口，讲改革，首先应该给责任制记一功。"

生产责任制改革给农村经济带来巨大变化的同时，也带来了一系列新情况和新问题。突出的问题，一是随着联产承包责任制的广泛实行，农村出现了越来越多的剩余劳动力，在每个生产队范围内安排多种经营项目，一则有困难，二则项目重叠，每个生产队内部又形成小而全、多而杂，影响经济效益的提高，阻碍商品经济的发展。二是农、林、牧、副、工等各业各项生产已有了冲破生产队界限，在更大范围组织协作，进行分业分项生产的势头。从经营管理到生产技术、产品销售方面，都急需行家里手、专门人才。三是商品性生产大发展的势头，急需一个专门领导经济工作的、高效率的、不受行政区域限制的职能机构。同时，黄土岗地处京城近郊，居民和农民混居，整个地区的民政、民事、社会治安、卫生、计划生育、村镇建设等地区日常行政管理工作，也急需有专门机构统一管起来。党的工作和党组织自身的建设也急需加强。总之，政权建设、经济建设、党的建设远远适应不了生产和经济发展的客观要求，迫切需要将人民公社的行政管理职能和经济管理职能分离开来。

公社党委从逐步实行生产责任制的实践中，认识到两个问题：第一，联产承包责任制的实行，确实是农村生产关系的重大调整，是一场深刻的变革，有力地促进了农业生产的发展，是农业全面改革的开始。事实证明早改早见效，迟改迟见效，不改不见效。只有改革，才能前进。第二，人民公社"政社合一"的体制，越来越不适应社会主义现代化建设，严重阻碍农业生产高

---

① 段柄仁主编：《北京市改革十年（1979—1989）》，北京出版社 1989 年版，第 239 页。

速度发展，特别是政权组织与经济组织不分，过分地使用行政手段领导经济、干预生产，使集体经济组织的发展失去动力，既不利于经济建设，也不利于党的建设和基层政权建设，很有必要从体制上进行根本性改革。

1979年5月，丰台区政府提出要黄土岗公社党委和革委会研究制订体制改革试点方案。7月，彭真在北戴河召集北京市、丰台区和黄土岗公社相关负责同志等座谈人民公社体制改革工作。与会人员向彭真汇报了黄土岗公社进行政社分设改革的设想。彭真与参会同志就如何搞好农村政治和经济体制改革问题进行了深入探讨。

1980年，黄土岗公社党委提出企业化经营管理，把生产、计划、财务、劳动管理有机结合起来一起抓，全面推行各种形式的联产承包责任制。通过"包"字，把责、权、利三者紧密结合起来，在农、林、牧、渔、工各业，实行专业承包、联产计酬到单位、到作业组、到小组。干部和财会人员实行岗位责任制，坚持每月进行经济活动分析。

经过长期调查研究和探索，1981年3月，黄土岗公社召开第七届人民代表大会第一次会议，正式通过改革人民公社体制、实行政社分设的决议，进行政社分设和农工商综合经营的试点。具体方案是：在党委的统一领导下实行政社分设，在黄土岗公社的行政范围内成立黄土岗乡人民政府，在各个生产大队的行政范围内成立村民委员会。作为社区型集体经济组织的黄土岗人民公社继续予以保留。这次大会选举产生了黄土岗乡乡长、副乡长和黄土岗人民公社管理委员会主任、副主任。在公社党委统一领导下，党委委员进行分工合作，乡政府干部负责全乡行政管理，公社干部负责经济工作。在实行政社分设的基础上，制定了《黄土岗乡人民政府工作条例》，明确了乡政府的职能和权限。

黄土岗人民公社作为黄土岗乡全乡范围内的社区型集体经济组织，主要职能是全面领导农、林、牧、副、工等各项经济工作，对上接受国家经济计划，并行使经济行政职能。公社管辖21个企事业单位，包括公社工业公司、园林花卉公司、12个生产大队、葆台农场、种子站、畜牧改良工作站、污水管理站、农机站、科技站、卫生站和党校。各生产大队不再担负政权行政的

城乡经济体制改革起步

工作，集中精力抓好经济。各大队都是农工商联合经营的经济实体，用企业的办法进行管理，实行社员代表大会下的队长负责制。

1984年3月，经市政府批准，同意丰台区撤销黄土岗公社和新村街道办事处2个行政建制，建立黄土岗地区办事处，作为区人民政府派出机构，以原黄土岗公社和新村街道办事处的区域范围为地区办事处的行政区域，下设12个乡、1个镇、28个居委会。

1982年，国务院副总理万里在北京市领导陪同下先后两次来到黄土岗乡视察工作，听取汇报，肯定了政社分开的做法，并着重指明了经济改革的目的和意义。

随着农村改革、对外开放的不断深入，为进一步搞活农村经济，1982年12月18日，黄土岗人民公社管理委员会向丰台区委、区政府提交了《关于正式成立黄土岗农工商联合公司的请示报告》。获得区委、区政府批复后，1982年12月30日召开黄土岗农工商联合公司成立大会，将农业公司、工业公司和商业公司等合并为农工商联合公司，下设蔬菜、畜牧、工业、建筑、商业、农机运输、农业技术、花卉、食用菌等9个专业公司。将原来的大队改组为联合公司的分公司，以避免出现平调现象。分公司根据生产专业分工的实际，下设若干个专业经营管理站，不再保留生产队的组织形式。[1] 为体现黄土岗地区悠久的花卉栽培历史和改革开放以后花卉产业迅速发展的现实，1984年10月，黄土岗农工商联合公司改名为花乡农工商联合总公司。[2]

在行政体制改革方面，1983年3月，原黄土岗乡人民政府与所在镇街道办事处合并，成立丰台区人民政府黄土岗办事处，作为区政府的派出机构，统一管理农民和居民工作。

---

[1] 《黄土岗公社政企分开成立公司》，《人民日报》1983年1月6日第1版。
[2] 王瑞华、黄中廷主编：《光辉的历程》，中国农业科学技术出版社2009年版，第225—226页。

发展农工商综合经营

黄土岗的改革探索在北京市乃至全国备受关注。1983 年 1 月 1 日，《北京日报》头版刊登题为"黄土岗农工商联合公司成立今起营业"的报道，指出："黄土岗公社认真贯彻党的一系列方针政策……他们进一步解放思想，大胆探索加快改革步伐，在原来的经济基础上，成立了黄土岗农工商联合公司。"1 月 6 日，《人民日报》在头版转载这条消息。农工商联合公司由此作为一种经济组织形式在全国推广开来。

黄土岗积极发展农工商综合经营，调整农村经济结构。中央对北京城市建设总体规划方案的批复指出：北京"农业的发展，应以面向首都市场，适应首都需要为基本方针"。根据这一要求，黄土岗公社狠抓经济结构的改革。他们瞄准北京拥有 500 万城市人口这个大市场，努力实行三个转变，即由单一抓蔬菜生产，忽视多种经营，转变为以菜为主，粮、林、花卉、畜牧、工副业等多种经营、全面发展；由单一经营农业转变为农、工、商综合经营；由只靠集体"一条腿"转变为集体、个人一起上。在调整蔬菜生产结构方面，过去不搞市场调查，历来以大路菜为主，从 1979 年开始重视市场调查，了解城市人民需要，逐月分析上市品种、数量、收入，增加上市品种，适当减少春夏叶类菜，增加瓜果种类，加强冬季生产，增加高、中档商品菜生产。1981 年加温中棚比上年增加 117 个，达到 402 个；春菜花种植面积达到 2039.5 亩，总产 271.5 万公斤，比上年增加 114 万公斤。在开展多种经营方面，利用原有花卉业基础大力发展鲜花产业，新建公社花圃，恢复黄土岗、草桥、樊家村 3 处花卉基地，在市里建了 3 个鲜花门市部，实行自产自销。1981 年花卉收入比 1978 年的 7.9 万元增加 3 倍。在工副业方面，注意发展灵活对路的队办企业，1981 年企业收入比上年翻了一番。

黄土岗发展农工商综合经营，努力发展商品生产，把经济搞活。进行政社分开试点后，按照企业化、商品化、专业化、社会化的要求，初步建立了工业公司和天坛农商联营菜蔬公司，成立了贸易货栈，又把供销社回归公社，促进了经济联合和农、工、商综合经营。此外，还跨区和崇文区菜蔬公司办

城乡经济体制改革起步

了联营公司，跨省市和四川省广汉县、本市崇文区3家公司在市区联办了花竹餐厅。1983年公社改为农工商联合公司以后，各专业公司和分公司，狠抓商业服务业，城近郊办商业服务业的优势得以充分发挥。

1980年，黄土岗公社在市内阜成门外开店售鲜花。

黄土岗公社根据生产力发展水平和群众意愿，改革集体经济管理体制。1981年开始政社分设和农工商综合经营试点后，公社的管理体制试行社员代表大会下的主任负责制，各大队都成为农工商联合性质的经济实体，实行社员代表大会下的队长负责制。全公社普遍实行联产承包责任制，62%的生产队作业组承包、纯收入买分（即按纯收入记分）；18%的生产队专业承包、四定加奖罚；20%的生产队定额管理，重点作物责任到小组或个人，超产奖励。1982年，公社进一步完善各种形式的联产承包责任制，提出要加强经济核算，搞好行之有效的利润提成、限额开支、车间班组核算等办法。同时，注意把责任制和专业化方向联系起来，根据不同专业、不同单位的不同条件、不同利润率，制定不同的任务、不同的计工标准、不同的提成比例、不同的开支限额等，以合理平衡各业人员之间的报酬，在生产管理上对专业化集中的，就不要求过于分散，以推动农工商的联合和专业化的发展。到1982年，全公社总收入达到 7474.8 万元，比 1978 年增加了 2.5 倍；人均收入达到 476 元，比 1978 年增长了 1.2 倍。蔬菜、林果、畜牧、啤酒花、花卉、工副业等几项主要产品商品率达 99%以上，从而带来了生产结构和劳动力从业结构的重大变化。

在专业化改革过程中，按系统落实了统一经营、专业承包、包干分配责任制，改变了原来统收统支的管理办法，取消工分，实行包干上缴或包干补贴，按"六专"[①]层层签订专业包干的经济合同，促进了专业化改组和专业化生产，同时，专业化也促进了各业的经济核算，各业以提高经济效益为中心，把会计统计工作和管理工作联系在一起，运用层层包干、层层核算的方法，既充分发挥了集体经济的优势，又调动了每一个劳动者或经营者的个人积极性，从根本上解决了吃"大锅饭"的问题。[②] 仅花卉收入方面，1984 年 1 月至 7 月就达到 188 万多元。在集体花卉生产迅猛发展的同时，有 2000 多户农民在自家庭院养花，占全地区农民总户数的 1/5。草桥、玉泉营、于家胡同等 13 个村，几乎家家栽培花木，户户建有花房，成了庭院养花专业村。

黄土岗大力发展农、林、牧、副、渔业，走农、工、商综合经营的道路。农工商联合总公司工业公司有自己的食品厂，生产"花乡熏鸡"、"旅游乐"汽水，也有花乡服装厂生产的呢料大衣、木器厂生产的全套新式家具。有的分公司还发展了印塑装潢、纸制品加工等多种加工业。商业公司积极扶持集体和个体经商户，到 1984 年国庆节前夕，集体商业网点由原来的 9 个发展到 17 个，个体经商户由 14 个发展到 79 个，同时还新建了小酒馆、小饭馆、小旅馆和各种修理服务点等 47 个。畜牧公司搞起了生猪自宰自销试验，一年时间就在本地销售鲜肉 34 万多斤、获纯利 8000 元，减少了中间环节，群众吃上了新鲜肉。他们还调整了种植结构，全地区 3.88 万亩土地中有 2.85 万亩栽培着蔬菜，成为首都的蔬菜基地。花地发展到 2000 亩，拥有 23 个鲜花产销站，并在日坛、东单和阜成门三处建立了鲜花门市部，直接为首都市民服务。1984 年国庆节前夕，黄土岗建成了一个大型花乡路风景游览区，使黄土

---

① "六专"，即专业公司、专业经营管理站、专业队、专业组、专业户、专业人。
② 段柄仁主编：《北京市改革十年（1979—1989）》，北京出版社 1989 年版，第 240—243 页。

岗成为名副其实的花乡。

全市政社分设体制改革的完成

黄土岗公社体制改革前后，全国一些省、自治区、直辖市相继开展了政社分开、建立乡政权的试点工作。1983年1月2日，中共中央印发《当前农村经济政策的若干问题》，指出："政社合一的体制要有准备、有步骤地改为政社分设，准备好一批改变一批。在政社尚未分设以前，社队要认真地担负起应负的行政职能，保证政权工作的正常进行。在政社分设后，基层政权组织，依照宪法建立。""原来的公社一级和非基本核算单位的大队，是取消还是作为经济联合组织保留下来，应根据具体情况，与群众商定。"[1] 为了推进政社分开和村民委员会的建立，4月21日，《人民日报》发表《进一步做好民政工作》的社论，认为实行政社分开，通过试点逐步建立起乡人民政权，是一项关系巩固我国基层政权组织，健全社会主义民主和法制，巩固人民民主专政的大事。[2] 10月12日，中共中央、国务院发出《关于实行政社分开建立乡政府的通知》，要求各地有领导、有步骤地搞好农村政社分开的改革，争取在1984年底以前大体上完成建立乡政府的工作。

根据中央部署，京郊各区县相继开展政社分设、建立乡政府的工作。在试点先行的丰台区，1983年3月撤销5个人民公社建制，建立乡政府，同时建立乡党委。公社、大队和生产队作为经济组织，分别改为农工商联合总公司、公司和分公司。[3] 同年，北京郊区县大多数公社召开乡镇人民代表大会，建立乡镇人民政府（或区公所），同时成立基层经济组织，实现政社分设，宣告人民公社体制终结。随着1984年11月海淀区聂各庄乡人民政府的成立，京郊区县人民公社政社分设体制改革宣告全面完成。京郊原263个公社建立

---

[1] 中共中央文献研究室编：《十一届三中全会以来重要文献选读》下册，人民出版社1987年版，第622页。
[2] 《进一步做好民政工作》，《人民日报》1983年4月21日第1版。
[3] 中共北京市委党史研究室、中共北京市丰台区委党史资料征集办公室编：《丰台改革开放30年》，中央文献出版社2008年版，第10页。

乡政府350个、区公所4个、新建镇1个,建立村民委员会4423个;原公社级经济组织,大部分组建为农工商联合总公司。

由于各地经济发展水平不同,地理环境差异较大等多种原因,一些地方对政社职责划分做了一些调整,有的把农业管理工作和机构划归乡政府,乡合作经济组织只负责经营管理乡村集体企业。

在实行政社分设、建立乡政府的同时,原来269个人民公社都作为合作经济组织保留下来,其中226个公社改称农工商联合总公司,43个公社当时仍沿用人民公社管委会名称。在职责划分上,乡政府不再直接管理经济。[1]

随着农村经济发展,乡合作经济组织内部也发生了很大变化。凡是已经明显分工分业的地方,相应建立了专业生产和服务组织,一般设有农业服务公司、多种经营服务公司、工业公司、经营管理站等,对村合作经济和个体经济进行多方面的服务和指导。海淀区四季青、东升、玉渊潭、海淀等乡由于商品经济较为发达,打破大队和生产队界限,在全乡范围内实现了统一经营和专业化生产,按照菜果粮畜牧机械运输、工业、商业等行业组织专业公司,大的专业公司中又分成小的专业单位,在产前、产中、产后的专业单位之间紧密协作,相互服务,形成了比较完善的专业生产体系,保证了经济的发展。

政社分设后,村级也相应地进行了改革,即按行政村范围建立村民委员会,同时把生产大队变成单纯的合作经济组织。这项工作从1982年开始试点,至1984年底结束。4171个村合作组织中有80%仍沿用大队管委会名称,10%改为农工商联合公司,2%改为经济合作社,其他名称的占8%。大部分采取村民委员会和村合作组织分立的办法,少数规模小、经营单一的村,实行村合作社与村委会一套班子、两块牌子。

由于联产承包责任制的改革和乡村两级集体经济的发展,生产队作为基本核算单位的地位发生了变化。不少地方实行包干到户以后,生产队将管理和服务的职能移转到合作组织,不再是经济主体,逐渐解体。有些地方由于

---

[1] 《中国农业全书·北京卷》编辑委员会编:《中国农业全书·北京卷》,中国农业出版社1999年版,第223页。

分工分业的发展，打破了生产队的界限，在村合作组织范围内组织专业化生产，建立各种专业生产组织，将生产队建制取消。1982年，京郊共有生产队1.2816万个，据1987年统计，作为合作组织独立存在的生产队减为6967个。[1] 如昌平县，为了使发展起来的各业经济走上专业化生产轨道，相继成立县、乡"农工商联合总公司""社队企业经济委员会""多种经营办公室"等。上面实行分工负责专业化领导，下面实行专业包干，承包者既抓生产又抓经营，劳动者各自向着专长方向发展。沙河乡从1979年到1983年，大田占用的劳动力由4000多人减少到1000多人，土地向着种田能手集中，其余劳动力按各自专长转向多种经营或其他专业化生产。沙河乡1983年同1978年相比，总收入增长2.8倍，纯收入增长4.6倍，三级集体人均分配600元，增长3倍。到1984年9月，全乡17个大队中已有10个实行专业队直接领导承包户的专业经营体制。乡里设10个专业公司分别负责各业的领导和服务工作。专业化生产和管理体制的相应改革，大大提高了劳动生产率和经济效益。

政社分设是农村基层政权建设和管理体制的一项根本性改革，进一步理顺了农村管理和生产关系，使农村经济组织有了更多经营自主权，有力地促进了生产力发展，在农村经济体制改革中具有重要意义。

五、海淀四季青专业化承包、农工商综合经营

海淀区四季青公社位于北京西郊，香山脚下，颐和园畔。由于长年都能生产新鲜蔬菜，故以"四季青"命名。改革开放初期，该公社占地面积72平方公里，居民、农民混住，工农交错，城乡交错。公社有1.3万多户，4.5万多口人，2.5万多个劳动力；集体耕地3万多亩，其中菜田2.2万亩，粮田8600亩，另有果树7600亩。

该公社从实际出发，逐步改革经营管理和完善生产责任制，因地制宜调

---

[1] 《中国农业全书·北京卷》编辑委员会编：《中国农业全书·北京卷》，中国农业出版社1999年版，第223页。

整农业内部的生产结构和农作物布局，重视发挥科技人员的积极作用，走出了一条"统一经营、专业生产、层层承包、包干分配"的路子，农、工、商各业生产发展迅速，收入、分配大幅增加，社员生活显著改善。

发展专业化生产与专业化承包

"文化大革命"结束后，四季青公社面临的农业问题是：不能因地制宜、发挥优势，导致平原有果树、山上有菜粮，作物种植结构严重不合理；社队企业设备不全，产品质量不高，没有竞争能力；资金不能形成拳头，急需的没有钱，有钱的没处花。每个方面都是"小而全"，盲目投资，重复建设，造成严重浪费，纯收入的增长速度长期低于总收入的增长速度，生产成本高，经济效益差；人才的浪费也很严重，技术人员不能归队，学非所用，不能发挥一技之长。先进的科学技术和生产手段的应用也受到很大限制。形成以上情况的原因，归纳起来主要有4条：一是"三级所有"的行政管理体制把商品经济的广泛性、社会性割裂开来，不能按经济规律办事。二是"小而全"的生产方式和经营方式不能扬长避短，趋利避害。三是分散经营造成每个单位的劳力、资金、技术、设备不能得到充分有效利用，带来了不必要的损失和浪费。四是分配上存在着吃"大锅饭"的现象，挫伤了干部、社员的积极性。

对于四季青这样一个以菜为主、农林牧副渔全面发展、农工商综合经营的首都近郊副食品基地来说，大队作为分配单位太大，作为经营单位又太小，这就需要调整生产关系的具体形式，该集中的必须集中统一，该分散的就要分工分业，使之适合生产力的发展。这样才能充分发挥集体经济的优越性，调动社员个人的积极性。为此，四季青公社的西冉大队、香山大队尝试区域化种植和专业化生产，实现了粮食、蔬菜、水果的大幅度增产。

经过较长时间的酝酿，在思想准备、组织准备、干部准备逐步成熟的基础上，1977年，四季青在全公社推广西冉和香山两个大队的试点经验，在大队范围内实行按行业组织生产的改革。将3.6万亩土地划为三大作物区：将距离市区较近的土地划为菜地，由8个蔬菜大队生产经营；将西山脚下的土地划为果园，由果树站管理；其他土地划为粮区，由粮田管理站经营。合并

城乡经济体制改革起步

8个农机队,由农机管理站统一管理。同时,在尊重群众意愿的基础上,打破原来的大队界限,根据蔬菜、水果、畜牧、粮食、工业、肥料、水电、机械运输、绿化修路、托幼教育、医疗保健和清洁卫生12个行业的需求,组建30多个专业公司,下设分队、分场等,初步建立起"统一经营、专业承包、分级核算、分级管理"的经济体制,形成配套的区域性专业化生产体系,初步扭转了生产经营上的"小而全""多而杂"的不利局面。四季青乡的这种做法得到了党和国家领导人的肯定。

由于农业内部开展多种经营、发展社队企业需要占地,四季青耕地面积大幅度减少。农民人均占有耕地由1965年的1.5亩,减为1978年的1.2亩,人多地少,农业赖以生存的条件发生变化。这是海淀区调整农业结构、发展多种经营的资源要求。人均耕地面积,呈现出大城市近郊区的特点。

与此同时,大城市近郊农村经济指导方针发生了变化,从20世纪五六十年代后期强调"以菜为主",到"文化大革命"期间执行"保菜增粮"方针,再到1978年市政府提出近郊要"以菜为主,多种经营,全面发展",由于农业收入在全区经济收入中的份额越来越小,农村的发展发生变化,同时,改革开放使海淀区农民致富的愿望进一步增强,这成为调整农业结构的战略依据和思想动力。

随着专业化生产的不断推进,四季青公社在蔬菜种植方面的传统优势得到充分发挥。各蔬菜专业公司根据人力、地力、物力的不同情况,合理调整种植结构,科学安排农作物,提高了蔬菜产量和质量,保障了首都蔬菜的市场供应。1979年8月23日,海淀区委、区革委会向北京市革委会上报四季青、玉渊潭、东升三个公社实行以公社为基本核算单位取得生产进步的报告。10月10日,报告得到北京市革委会批复同意。

1980年以后,中央要求各地根据实际情况,发展多种经营,实行联产承包责任制。海淀区11个公社的生产力水平接近,但经济基础各不相同,经营体制也不一致。根据以往人民公社核算要求,结合海淀区实际情况,玉渊潭公社保留一级核算,四季青和海淀、东北旺公社的部分大队实行大队核算,其余的均为生产队核算。山前4个公社的生产力水平接近,推广四季青经验,实行统一经营、专业承包。山后的其他社、队仍稳定当时的核算单位，继续探索适合本地的承包经营责任制。由于完善各种形式的联产承包，农村中出现了统分结合、双层经营的特点，相继出现农村专业大户和承包大户。海淀区对于这类大户给予政策支持，推动农业的专业化生产向深层次发展。

1982年家庭联产承包责任制在全国推广时，四季青公社作为专业化生产的集体经济代表，也面临着如何落实责任制的选择。四季青公社总结几年来专业化生产和区域化种植的成功经验，确立了实事求是、因地制宜进行农业经济体制改革的探索路径。针对公社乡镇企业迅速发展、农村劳动力40%已转移到非农产业、劳动力结构发生很大变化的客观实际，四季青公社首先在常青、玉泉两个大队进行"专业承包、责任到劳"的经济承包责任制，旨在解决生产"大拨轰"，男女同工不同酬和分配上的"大锅饭"问题。

1981年，北京市四季青公社社员准备把西红柿运往城里。

蔬菜生产，计划性强，技术要求高，活茬复杂，既需要分工，又需要协作，机械化、水利化程度都比较高，这就要求统一计划，统一制种，统一育苗，统一植保，统一使用大型生产设备和统一上市。由于"统"的成分大，

"五定"到队、到组的就多，对社员个人相应地实行定额计件的田间管理包工制。这种形式，干部使得顺手，社员乐于接受，蔬菜生产得到较快发展。1982年，136个蔬菜生产队中，亩产值在1000元以上的有38个，900元以上的有10个，800元以上的有28个，700元以上的有38个，650元以上的有12个，在全区平均水平以下的只有10个。

公社所属的工业企业，一般有5个层级结构，即公司、企业、车间、班组、职工。公社对公司、公司对企业实行"利润包干，超额分成"的办法。企业内部实行党组织领导下的厂长分工负责制，职能科室根据八项经济指标建立岗位责任制。对车间、班组的责任制，主要有工时定额、班组核算、评级记分三种形式。对职工个人有两种形式，一种是定额计件，一种是评级记分。根据各自完成任务的情况，计分计奖，多劳多得。这种形式，责任明确，简便易行，干部、职工都有积极性。1982年25个工业企业劳均销售收入11593元，劳均税后利润1566元，在全区是最高的。另外，还有一个商业门市部，公社对公司、公司对门市部实行"利润包干"。门市部对职工实行"任务到组，责任到人"。根据商品销售的不同季节，以组为单位，按人定日营业额。参照工作年限、业务水平、服务态度，月评分、季计奖、年总算，有效地调动了职工的积极性。1982年46个职工提供净利润5.5万元，人均1222元，也是全区社办商业经营得较好的门市部。

1983年3月，四季青召开全社农业经济体制改革动员大会，两个试点大队分别介绍"专业承包、责任到劳"的经验。四季青党委要求干群自愿、因地制宜，不搞一刀切，允许各种形式并存的改革原则，由此出现了多种形式的责任制。在机械化比较高的粮田队，干群不同意承包到劳，认为不能发挥农业机械的优越性；果树队也不同意承包到劳，觉得承包者只顾当年收入，忽视长远利益，致使承包合同被终止，双方为此打官司；蔬菜生产单位实行了三种责任制，即专业承包、责任到劳，劳力自由组合承包、单元式经营，"包、保、挂"集体承包责任制，三种责任制都在统一经营的前提下进行，后来发现第三种效果最好。"包、保、挂"，即包利润上缴，保蔬菜上市，利润与分配挂钩、积累与奖金挂钩。在生产资料集体所有前提下，以生产队为单位，由实行聘任制的队长带头，与国营菜店签订供销合同，对承包者实行全奖全罚。1979年至1984年，该公社总收入年均递增25.8%，纯收入年均递增28.4%，税金年均递增42.4%，积累年均递增23.6%，人均分配年均递增26.6%。

探索农工商综合经营

四季青境内及周围大专院校、科研单位众多，有着得天独厚的科技资源优势。1982年底，四季青作出"引进技术、引进资金、引进人才、走横向联合，发展外向型经济"的决定。各专业公司从事多种经营的积极性空前高涨，与大专院校、科研单位进行横向联合的力度不断加大，外向型经济取得突破和发展。

1983年底，四季青公社政社分设，更名为四季青乡党委和四季青乡人民政府。为加快经济发展，四季青乡党委、乡政府根据"宜统则统、宜分则分、有统有分、统分结合"的改革原则，在实行专业化生产的基础上制定了"一业为主、多种经营、适当开放"的政策，即各专业单位在搞好本专业的前提下，允许兼营其他项目，搞活自己的经济，解除过去只能公社办企业、不准大队办企业的束缚。

四季青乡首先与新加坡香格里拉大饭店管理集团合作，投资8000万美元，创建了北京第一家农民与外商合营的香格里拉大饭店。该饭店1984年11月19日奠基，1986年开业，建筑面积达7.13万平方米，是改革开放以来海淀区域内第一家高规格、高品质的涉外旅游饭店，也是北京市第一座全钢结构、国际一流水平的合资饭店。[1] 四季青乡还与港商联合创办"腾达公司"，与美国、联邦德国、日本、荷兰、瑞士等国联合开发项目，走上了更高层次、更多元化的发展道路。[2]

---

[1] 《幻想的天堂——我的中国之梦记北京香格里拉饭店》，《北京日报》1987年12月6日第2版。

[2] 海淀区委、区政府研究室，四季青乡党委、乡政府：《四季青乡是怎样跨入"全国最佳乡镇"行列的?》，《学习与研究》1991年第7期。

| 城乡经济体制改革起步

1984年，四季青乡与中科院计算中心联合创办了"四通公司"，公司章程规定，"本公司是由四季青人民公社提供地点、资金和其他条件，聘请首都科研单位、高等院校和产业部门的科技人员提供技术和管理的集体所有制企业"[①]，实行董事会制。四通公司的创业者依靠新技术和出色的营销手段，从对M2024打印机进行开发并投放市场起步，主要从事微电脑的技术开发、服务和电子产品销售以及新技术科研开发。四季青乡还在海淀区中关村为四通公司解决了面积4.5亩的用地，建设了四通公司大楼，注册资金1亿元，成立北京四通集团公司。

1984年11月，北京四季青农工商总公司成立，大队改成农工商公司（或林工商公司），各专业管理站改成专业公司，总公司对各专业公司实行经济承包，并不断扩大各专业公司在产供销、人财物上的自主权，改变了公社之前的"一统"局面。各乡镇企业的积极性也因此得以释放。

四季青农业发展模式解放了生产力，实现了生产要素的合理组合。首先，实现了农业生产全程机械化和产前、产中、产后的配套服务，经济效益和劳动生产率不断提高。蔬菜向优质、多品种方向发展。其次，各行业协同发展，产业结构发生显著变化。农业总收入由1977年的968.7万元增加到1986年的1773万元，占全乡总收入的比重由25.46%下降到6.3%；畜牧业总收入由1977年的102.9万元提高到1986年的1456.2万元，比重由2.7%上升到5.19%；乡镇企业总收入由1977年的2031.8万元增加到1986年的2.115亿元，比重由53.4%上升到75.48%。1986年，全乡总收入达到2.8亿元，是1977年的4倍，人均纯收入达到2600多元。

受四季青等专业化生产的启示，1984年，位于半山区的海淀温泉乡在大队范围内打破"小而全"的生产队界限，实行专业化生产和管理，即以大队为单位，在原来专业组的基础上，按专业将各队的蔬菜、粮食、畜牧、果树、工副业组织起来，成立30个专业管理站，下设138个专业队（场），原有的

---

① 中共北京市委党史研究室、北京市海淀区党史区志办公室编：《海淀建设史》，北京出版社2008年版，第286页。

菜粮专业组改称为专业队，猪、鸡、渔场和工厂的名称不变，直接由大队各业的管理站领导，形成了大队—管理站—专业队（场、厂）的专业化生产和管理的体制。大队对管理站、管理站对专业队签订两层承包合同，专业队下面有承包到组、承包到劳的责任制形式，专业队再同专业组或劳动力签订合同，实行适度规模经营。这种探索具有操作简单、社员易接受、适应一般生产力水平等特点。他们的经验很快被经济情况相对一致的山后各乡所接受，永丰、北安河等乡也逐渐形成了具有自身特色的专业化生产和管理形式，加快了农业发展速度。[1]

经过不断探索实践，海淀区各乡镇根据不同特点先后进行不同形式的农业改革，使海淀区农业集体经济内部出现多种经济成分、多种承包形式、多种经营方式并存的局面。从总体上看，北京农村改革的"京郊之路"模式，其核心仍是从生产力发展水平出发，实行多种形式的农业生产责任制，赋予农民生产和经营的自主权，因地制宜，开展多种经营，进而壮大集体经济。这条道路是适合当时京郊实际的。

六、房山窦店"社会主义现代化新农村的雏形"

房山县窦店村位于北京市房山县西南，距北京城区38公里。全村有5300亩土地，有1100多户4100多人，居住着汉、回、满、蒙等民族，是一个多民族共居的平原村。改革开放后，窦店村逐步成为京郊农村改革的一面旗帜，被誉为"社会主义现代化新农村的雏形"。

发展机械化、专业化生产

党的十一届三中全会前，窦店农民在兴修农田水利、平整土地等方面付出了艰苦的劳动，用汗水换来了"土地平整，百亩一井"的成就，全部耕地

---

[1] 中共北京市委党史研究室、北京市海淀区党史区志办公室编：《海淀建设史》，北京出版社2008年版，第260—261页。

实现了水利化。党的十一届三中全会后,窦店村进一步改善生产条件,将地上明渠改为地下管道,铺设新管道,全面整修田间道路。

为了适应科学种田的需要,把劳动力从土地上解放出来,1976年,窦店党支部书记仇振亮就冒着与"臭老九""同流合污"的风险,将房山县农科所所长请进村指导农业生产。1977年又请进市农科院7位科技人员。他们白天一起搞试验,晚上一起商量聊天。仇振亮认识到,粮食产量低就是运用科技不够,必须克服各种困难,把科学试验搞好。为此,他顶住各方面的压力,开始在200亩优质土地上搞起40个项目的试验,取得了30多万个数据,其中试种的20亩新品种玉米,每亩多收200公斤左右。新技术打响了,反对的人认输了,观望的人信服了,热爱科学、尊重人才的风气在窦店开始兴起。

接着,窦店村又在科学技术人员指导下,根据日照、积温条件,改革耕作制度,把实行多年的"三种三收"改成小麦、玉米两茬平作,为实现农业机械化铺平了道路。他们还定期普查土壤肥力,打破了"粪大水勤,不用问人"的传统观念,因地因苗施肥,看天看地浇水,建立病虫害测报防治队伍,农业科学成了决定产量的重要因素。1978年粮食亩产超过500公斤,此后稳定在750公斤左右。

在尝到科技甜头后,窦店村开始了发展机械化的大胆尝试。他们根据本地实际情况,坚持"三个结合",即农机与农艺相结合、引进与改革相结合、农业与工副业相结合,有计划、有步骤、有选择地引进一批先进农机具,村里同时成立农机改革小组,进行了几十项农机改革试验,收到了良好效果。研制改造的小麦复式作业播种机,一次可完成深耕、平整、施种肥、播种、盖土、整压等6道工序,既争取了农时,又减少了轧地次数,从而提高了效率,降低了成本。

经过几年努力,至1982年,窦店全村5300亩土地,从犁到耙、从化学除草到中耕施肥、从播种到收割全过程,初步实现了机械化。到了农忙季节,只需100多人干活,五六天就可完工,不像过去全村所有劳动力都在田里,劳动生产率比以前提高了十几倍。1978年田间占用劳动力1102人,到20世纪80年代中期降到180人,仅占劳动力总数的10.9%。[①] 人均种地由1977年的3.5亩增加到33亩。到1985年,农业劳动生产率比1977年提高了13倍,种植业占用劳动力由1977年的1102人减少到180人,人均种地29亩,年生产粮食17.5吨。

1982年,家庭联产承包责任制在京郊推广,包括窦店邻村在内的不少队都实行了分田到户。当时北京市和县里的干部对此看法不一,有些主张分地到户,认为这是和中央保持一致,是党性问题。有的干部说,要实事求是,根据本村的实际情况定。当时,窦店的经济已有很大发展,全村工农业总收入591万元,比1978年的134.6万元增长近3.4倍,集体固定资产总值达310万元,是1978年的4倍。农业机械化程度已达田间作业的76%,1100多名劳动力转移到村办企业和其他各业。在地里干活的只有240人,经济结构、生产结构、劳动力结构都发生了很大变化,社员集体分配达403元,比1978年的123元提高近2.3倍,集体经济形势较好。

窦店村党支部认真学习中央1980年9月印发的《关于进一步加强和完善农业生产责任制的几个问题》文件和邓小平1980年5月发表的"关于农村政策问题"的谈话。中央文件中提的是实行多种形式的生产责任制。邓小平谈话指出,总的方向是发展集体经济,集体经济应具备的条件是:机械化水平提高了;管理水平提高了;多种经营和商品经济大大发展了;集体收入增加了[②]。这4条,窦店已具备。为此,窦店村党支部从实际出发,组织群众围绕"应该实行哪种形式的责任制",开展了为期一个月的大讨论。

经过讨论,村民一致希望发展专业化、机械化、社会化的大生产,把单一的种植业转向种植业、养殖业、工商企业等全面发展。因此,窦店村党支部决定以粮食生产的商品化、专业化和现代化为突破口,实行"专业承包、联产计酬"责任制,并根据田间作业的综合机械化水平和承包者的个人经营

[①] 国务院办公厅调查研究室编:《中国社会主义新农村的雏形》,长征出版社1987年版,第37页。
[②] 中共中央文献研究室、国务院发展研究中心:《新时期农业和农村工作重要文献选编》,中央文献出版社1992年版,第52—53页。

能力，逐步扩大集约化经营的规模。全村 14 个生产队，有 10 个生产队实行联产到组，超产奖励，组内按劳分配；有 2 个队实行包干到组，组内按劳分配；还有 2 个队试行小段包工，采用工资制。

1983年，京郊窦店大队小麦丰收，人队的联合收割机正在抢收小麦。

窦店村还积极发展工副业，与农牧业互促互补，使该村经济形成了协调发展的良性循环。1978 年窦店村有上百万斤余粮，有的人主张高价出售以取得十几万元的收入。村干部经过分析研究，认为土地必须增加有机肥。因为随着粮食产量逐年提高，土壤中的有机质消耗很大，有机肥含量下降。畜牧业的发展可为土壤提供必不可少的有机肥料。为此，决定用余粮发展畜牧业，走农牧结合、"过腹还田"的农业生态良性循环之路。

窦店村首先在一队、十队搞起了快速育肥法养猪试验。用几种饲料配方同时试验，结果发现市农科院的配方效果最好，一头 20 斤重的小猪，四个半月出栏，毛重可达 180 斤以上，一级特级率 94%，成为北京的免验猪，成本降低 40%，每头猪过去赔 10 元，现在可赢利 20 元。通过推广，仅 1980 年一年就使全村集体养猪扭亏为盈，走出了养猪赔钱的窘境，并从 1980 年起，每年向国家交售商品猪 2400 头。1980 年，窦店村从内蒙古引进 23 头杂交一代架子肉牛进行育肥。试验结果显示,肉质合格,每头牛饲养6—8个月可赢利100元,这样农民养牛的积极性大为提高,肉牛饲养量逐年增加。1984年,窦店村又建起3座万只半机械化蛋鸡场。同时,农民家庭饲养业也有了较快发展。从1983年起,全村养殖业产值超过种植业,畜牧业由此成为大农业的重要组成部分。

窦店村积极发展畜牧业,不仅发挥了服务保障功能,还促进了土壤良性循环,保证了高产,提高了经济效益。1980年,为北京市民提供商品猪1500头,肉牛1800头,鸡蛋40万斤,牛奶30.7万斤,鲜鱼1.47万斤;该村生产的分割牛肉除供应北京几家高级饭店外,还实现了部分出口。

不断完善生产管理体制

在农业机械化初具规模、农林牧副渔工商运建服务业迅速发展,综合型经济开始形成的情况下,原有的"大队—生产队—作业组"小而全的封闭型的管理体制,已经不能适应专业化、商品化、现代化的需要,主要表现在管理的指导思想仍然停留在那种缺乏价值、成本、价格、利润观念的管理水平上。新的产业结构、新的责任制,呼唤新的管理体制。

1982年下半年,窦店村建立了以党总支为核心,农工商总公司和村委会分工负责、协调配合的领导体制。其中,党总支为领导核心,村委会负责行政事务,总公司管理经济工作,拥有生产计划、财务管理和重大项目的决策经营权。总公司下设农、工、商三个分公司,分公司共有67个专业承包单位,实行经济独立核算。专业承包单位根据各自特点,年初与总公司签订经济合同,确定不同形式的责任制。比如,农业方面,实行"六定一奖"[①];畜牧业方面,推行利润包干责任制;工副业方面,采取定额计件方式。

这种专业化生产管理体制,实现了责权利相结合和机械化、规模化、科学化相结合,提高了农业现代化水平,打破了平均主义的"大锅饭",调动了社员的生产积极性。全村农牧副业的总收入由1977年的97.4万元上升到1982年的591万元,村民和集体劳动所得也由1977年的人均收入79.6元一

[①] 即定地块、人员、投资、农活质量、产量、报酬,视出勤天数、贡献大小进行奖惩。

城乡经济体制改革起步

跃到 1982 年的人均收入 403 元，农牧业有了较大发展，群众生活有了改善，初步形成了相互促进、相互补充的粮食、畜产、工业、商业四大发展领域。①

在生产体系方面，粮食、畜牧、工业、商业四大行业是窦店村生产体系的支柱。新管理体制的建立，使得这 4 个行业既相互依赖、相互促进，又各自形成了"一条龙"发展模式，为进行更大规模的商品生产提供了良好的载体。粮食生产从良种繁育、种植、管理到收获、储藏，形成了一体化生产，然后进入综合加工厂进行面粉加工和饲料加工，最后再把面粉加工成馒头、挂面进入市场。畜牧业方面，形成了种源供应、饲养、屠宰、鲜肉分割、冷藏、运销的"一条龙"生产。工业领域也是如此，比如，以建筑队为中心，同它配套的有砖厂、水泥构件厂等建材业，并配有自己的运输队，这样就形成了建材、建筑、运输的"一条龙"生产体系。生产体系的形成，使窦店村初步实现了"三个转变"，即从封闭的自给自足的自然经济向开放型的商品经济转变，从小生产向专业化、社会化大生产转变，从以狭隘经验为基础的传统农业向以科学为基础的现代农业转变。

在服务体系方面，初步建立了种植、畜牧和群众生活等三个服务体系，使农牧业生产的产前、产中、产后服务和指导得到进一步加强，群众生活更为方便。窦店村成立的农牧工商总公司不是行政性公司，也不是农场和村办企业的"婆婆"，而是全村各业生产的"服务中心"。总公司为了做好粮食生产的服务，一是通过科技组、农机队等向农场提供良种、土壤测量、天气预报、合理施肥、中耕、收割等一系列专业服务。以防疫组、配种站为主体的畜牧业生产技术服务系统，从畜禽种源、科学饲料配方、疫病防治到繁殖的技术指导，提供了一套较为完备的服务，做到了无病早防，有病早治，保证了牛、鸡、羊等养殖数量逐年稳步增长。另外，窦店利用该村是集镇和地处京保公路等优势，通过商业公司的形式，把旅店、饭店、商店、大车店、综合修理部、贸易货栈以及肉联厂、粮油加工厂等组织起来，形成一个门类比

---

① 国务院办公厅调查研究室编：《中国社会主义新农村的雏形》，长征出版社 1987 年版，第 40 页。

较齐全的商业服务体系，既面向社会，又服务全村，村里人的生活部分实现了社会化，解除了群众后顾之忧。

窦店村从实际出发，根据形势不断改革，既坚持了集体的优越性，又极大地发挥了农民个人的主动性、积极性和创造性，取得了显著成绩，初步形成了相互促进、相互补充的粮食、畜产、工业、商业四大发展领域，为农业生产的发展开辟了新的道路。

经过不断深入改革，房山窦店建立了适应现代化大生产要求的农牧工商联合企业，实行了统一经营、分级管理、专业承包、联产计酬的责任制度，各项生产从技术到管理基本实现了专业化和社会化。生产方式的变革，带动了产业结构的调整和经济建设的迅速发展。1985年，全村10.9%的劳动力种地，6.5%的劳动力搞养殖，82.6%的劳动力从事工业和第三产业。全年工农业总收入1139万元，比1977年增长10.7倍；公共财产累计1387万元，增长12倍；人均收入920元，增长11倍多。窦店的农民走上了共同富裕的道路，窦店村成了具有一定生产力水平和管理水平的社会主义现代化新农村的雏形。

第三章

开拓城乡联合的"白兰之路"

随着农业生产责任制的落实,北京市郊区有限的土地难以容纳众多的劳动力,部分农民从土地上分离出来,一些有一技之长的开始奔走于城乡之间,开展多种经营,兴办工副业,促进了社队企业[①]的迅速发展。以北京洗衣机厂等为主要代表的城市工业企业与农村社队企业联合,以大援小、以小补大,发挥各自优势,相互促进,开拓了一条城乡联合协作的"白兰之路",成为当时突破城乡交往壁垒、推动城乡同步发展的典型之一。

一、鼓励社队办企业

党的十一届三中全会明确提出"要积极发展农村社队工副业",为发展社队企业铺平了道路。社队企业迎来了大发展的春天。

陆续出台鼓励和引导政策

20世纪五六十年代,中央提出要逐步实现公社工业化,实行工农业并举

---

① 社队企业,即人民公社的三级集体(公社、生产大队、生产队)出资兴办的工业、农业、建筑、运输和商业(含饮食、服务业)等企业的总称。1984年起改称乡镇企业。

的方针，一大批"五小工业"①也相继上马，社队企业兴起。京郊在城市工业的支援下，办起了一批农机修配厂、土化肥厂、农产品加工厂、砖瓦厂、小造纸厂、制酒厂等，到1960年京郊社办企业的总收入达到7217万元，占当年人民公社三级总收入的19.9%。②之后，受城乡二元体制制约和"文化大革命"的影响，加之认识的不统一，社队企业的发展一直起起落落，基本处于自发、缓慢、艰难的曲折发展阶段。

1979年7月，国务院颁布《关于发展社队企业若干问题的规定（试行草案）》，充分肯定了社队企业的作用，明确了社队企业是社会主义集体所有制经济。这是新中国成立以来，国家用法规形式颁布的第一个关于发展社队企业的指导性文件。同年9月，党的十一届四中全会通过的《中共中央关于加快农业发展若干问题的决定》中，指出："社队企业要有一个大发展，逐步提高社队企业的收入占公社三级经济收入的比重。凡是符合经济合理的原则，宜于农村加工的农副产品，要逐步由社队企业加工。"③这一时期，中央的政策非常明确，并在经营范围、经营方式、贷款、税收等方面提出了明确要求，社队企业进入了一个新的快速发展时期，逐步突破"三就地"④原则的束缚，改变了"围绕农业办工业，办好工业为农业"的依附型产业地位，逐步发展为独立于农业之外的农村经济支柱产业。

根据中央的政策精神，1978年，北京市革委会在平谷县召开了全市社队企业工作会议，提出"1980年郊区社队企业总收入占公社三级总收入比重要比全国提前5年达到50%左右"的要求。这实际上也是一次进一步发展社队

---

① 即技术落后、浪费资源、产品质量低劣、污染环境、不符合安全生产条件的小炼油厂、小火电厂、小钢铁厂、小玻璃厂、小水泥厂。

② 北京市地方志编纂委员会编著：《北京志·农业卷·乡镇企业志》，北京出版社2004年版，第4页。

③ 中共中央文献研究室、国务院发展研究中心编：《新时期农业和农村工作重要文献选编》，中央文献出版社1992年版，第39页。

④ 即就地取材、就地加工、就地销售。

企业的动员大会。这激发了县（区）、乡、村和农民的积极性。[①] 部分农民从土地上分离出来，一些有技能的或原来就干瓦木匠的、城里做过工的，奔跑于城乡之间，开始发展多种经营，联络渠道，兴办工副业。一些社队干部也主动组织农村富余劳动力，掀起了大办社队企业的热潮。1978年，全市郊区社队企业发展到4075家，职工人数22.6万人，分别比1973年增长了39.4%和178%；总收入达到7.9亿元，比1973年增长了2.7倍，占农村三级总收入的比重由1973年的22.5%上升到41.9%。

北京市加强了对社队企业的领导，设置专门机构，配备专门负责人。继1978年各县、区组建人民公社企业局后，1979年3月，北京市人民公社企业局成立。同时，积极推动城市工业下放社队企业的扩散工作。1979年1月21日，市委农村工作部负责人在市委工作会议上提出，要在城市工业调整的背景下，落实下放扩散产品、帮助社队发展工副业的计划，1979年完成117个下放企业的任务，特别是抓好20个"白点公社"[②]。社、队要大力发展农副产品加工工业，凡是能由社、队加工的农副产品，就不要拿到市、县加工；过去由农村调原料在市、县加工的农副产品，也要创造条件，逐步下放给社、队加工。社、队要就地取材，就地加工，积极开辟工副业门路，根据市场需要安排试制新产品。通过以上门路，1979年社队企业总产值要占社队三级总收入一半以上。计划部门、商业部门和物资部门要作出安排，帮助社队打通产供销渠道。外贸部门要加强对社队工副业的指导，不断增加出口商品。[③]

根据首都工业发展规划，北京市进一步组织城市工业向农村扩散下放产品和零部件。1979年、1980年召开的两次全市社队企业工作会议有力推动了城市工业下放给农村一批产品。很多国营工厂将产品的零部件扩散到社队企

---

① 北京市地方志编纂委员会编著：《北京志·农业卷·乡镇企业志》，北京出版社2004年版，第5—6页。
② 指没有社队企业的社队。
③ 王景铭：《贯彻执行中央〈关于加快农业发展若干问题的决议（草案）〉的意见——在市委工作会议上的讲话》（1979年1月21日），北京市档案馆馆藏，档案号182-3-451。

业。当时全市生产的服装，3 件当中有 1 件来自农村；全市生产的皮鞋，有一半来自农村；全市生产的地毯，有 2/3 来自农村；全市盖房用的楼板、砖瓦、灰、砂石基本上来自农村。在"厂社挂钩，定点支农"基础上，北京市根据国家政策，对社队企业的帮助开始发展到在财政、税收、信贷等方面给予支持。

社队企业的调整、整顿与快速发展

1981 年，正值中央对城市工业、建筑等行业重点进行"调整、改革、整顿、提高"，并取得初步成效之际，国务院下发《关于社队企业贯彻国民经济调整方针的若干规定》，指出社队企业已成为农村经济的重要组成部分，符合农村经济综合发展的方向，并对社队企业调整提出明确方向，"社队企业的调整，不是调下来，而是为了更好发展"。

北京郊区社队企业在各级政府的领导下，认真贯彻落实中央方针。市委、市政府领导非常重视社队企业的发展，多次讲话明确，"社队企业是农村经济的支柱或命脉"；"社队企业支援农业离不开，农村经济翻番离不开，农业现代化离不开，农民致富离不开，服务首都离不开"；"社队企业将成为城市工业的第二战线"。这些讲话和表态，充分肯定了社队企业的重要地位和作用。在社队企业调整和整顿过程中，坚持克服"等靠要"[①] 思想，探索走市场调节的路子，努力做到在调整中整顿，在整顿中发展。在实践中坚持了以下做法：产销兴旺的企业，集中人财物重点发展；产品有销路的企业，积极发展；原材料无来源、技术不过关、产品销路有困难的企业，坚决调整直至下马。

从 1982 年到 1984 年 3 年间，郊区调整、整顿了 3660 家社队企业，占当时企业总数的 85.6%，重点整顿了煤炭、水泥、电镀和铸造等四大行业，关停并转了一些企业，提高了企业生产水平。[②]

[①] 指等城市工业下放产品、靠城市工业供应原料和商业收购产品、要求纳入国家计划。

[②] 北京市地方志编纂委员会编著：《北京志·农业卷·乡镇企业志》，北京出版社 2004 年版，第 7 页。

| 城乡经济体制改革起步

　　社队企业的调整和整顿措施，也引发了当时社会上一些误解和否定社队企业的观念和说法。这些错误观念认为，社队企业是"以小挤大"，"以落后挤先进"，"与大工业争能源、争原料、争市场"；"社队企业是不正之风的根源"；等等，这也使社队企业干部和职工产生了思想疑虑。对此，市委、市政府主要领导明确表示，"北京社队企业60%是为城市工业加工配套，是补大于挤，还应大力发展"；"社队企业在经营活动中的一些不正之风，要在整顿中制定一些政策界限，加以解决"。市委农村工作部、市政府农林办公室联合制定下发了《关于目前农村一些经济问题的暂行规定》《关于社队企业在整顿中若干问题的暂行规定》。这些文件明确了一些政策界限，解除了干部和职工的思想疑虑，调动了积极性，促进了社队企业的发展。

　　在党中央、市委的一系列方针政策指导下，北京郊区社队企业在调整和整顿中，得到了进一步发展。1983年，全市社队企业收入23.6亿元，每年递增21.7%，占郊区集体经济总收入的56%以上，成为集体经济的重要支柱。更值得一提的是，社队企业的产品打开了销路，其中有些产品跻身全市前列，有的成为当时的全国名牌产品。海淀区玉渊潭公社永安机械厂生产的"古塔"牌管子绞板，质量优良，畅销国内外，产量占全国同类产品的75%；朝阳区高碑店公社羊毛衫厂的产品，荣获《国际羊毛局质量合格证书》，年产40万件用于出口；顺义县南法信公社研制成功的防冷、防潮、防热、防腐的无木"四防"活动房，深受用户欢迎。[①]

　　到1984年底，全市社队企业已发展到14274家，职工72.4万人，完成总收入37.6亿元，占农村集体经济收入的63.4%，实现利润总额7.1亿元，拥有固定资产（原值）15.1亿元，分别比1978年增长了2.5倍、2.2倍、3.8倍、2.2倍和3.7倍。[②] 北京第一次出现了3个固定资产上亿元的乡。从山区到平原，到处可以看到社队企业。密云县政府在县城安排了一条街，每个乡

[①] 赵兴林：《农村集体经济的重要支柱——记发展中的北京社队企业》，《人民日报》1984年3月26日第2版。

[②] 北京市地方志编纂委员会编著：《北京志·农业卷·乡镇企业志》，北京出版社2004年版，第8页。

办一个门市部；通县城关乡和县供销社联营，成立了京东贸易中心。各种各样的字号，五花八门，商品生产、交换十分活跃。让郊区农民倍感自豪的是，北京城里有 34 家农民办的旅馆，共有 6500 个床位。最引人注目的是丰台区花园大队办的侨园饭店，1983 年接待了 121 个会议、24 个华侨旅行团、40 个国家的游客。1984 年国庆节前夕，农民投资、农民兴建的紫玉饭店在海淀开张，饭店古色古香、中西结合。

特别是海淀区，因为大力发展社队企业，1983 年荣获全市"五个第一"，人均总收入、人均纯收入、人均交税金、人均积累、人均集体分配在京郊区县中均名列前茅。为了表彰海淀区所取得的成绩，1984 年 1 月，市委、市政府给海淀区颁发了一个光彩夺目的景泰蓝奖杯。到 1984 年 10 月，海淀区乡镇企业从 1978 年的 192 个，发展到 542 个。职工总数达到 3.85 万人，占海淀区劳动力总数的 47.3%。玉渊潭、四季青、东升三个乡，从事企业劳动的人数占到了劳动力总数的 60%以上。乡镇企业的快速发展，促进了海淀农村经济的发展。农民富裕之后，电视机、洗衣机、电冰箱、收录机、摩托车等当时的高档商品大批进入农家。

社队企业的改革探索

社队企业因为"小"，具有运转灵活的特点，在干部调配管理和劳动力使用，以及利润分配方面，企业可以自行解决。当时，有 770 家社队企业领导班子得到调整和充实。一些有文化、懂经营、会管理的年富力强的干部充实到企业中来，并实行了"聘任制"，初步打破了经营者的"铁交椅"。

在海淀区，1982 年 4 月，苏家坨公社机械厂聘请该厂多面能手职工于永兴担任厂长。当时的机械厂连年亏损，职工工资都发不出来。工人挣不到钱，有的磨洋工不干活，有的干脆回了家。于永兴上任后，上级要求厂子不但要扭亏为盈，年底还要上缴 7 万元利润。他大胆决定："要扭转局面，必须在短时间内搞出新产品，这样企业才会振兴，工厂才会有出路。"于是，他和北京煤矿机械厂建立联系，在对方的帮助下生产出了液压支架新产品。结果，第一个月职工工资就拿到 100 元。到当年年底，全厂上缴利润 10 万元，超缴了

3万元，每个职工收入1600元。自此，于永兴获得了领导和群众的信任。

1984年初，海淀区苏家坨乡决定新建一个阀门厂，但是只有6台车床，5个车工、2名电工、气焊工，而且还规定这个厂年内要完成40万元产值，上缴10万元利润。重任再次落到于永兴肩上。于永兴有一个坚定的认识："八十年代搞企业，靠什么？要靠信息、靠科学、靠新技术。"在这种思想支配下，他买来《工商企业名录》一书，又对市场进行了历时两个多月的调查，了解到当时广泛应用在各部门的低压乙炔发生器，特别容易产生碰撞火花，引起爆炸事故。如果能生产出新产品替代旧发生器，对焊工安全和保护国家、集体财产，都十分有利。于是，他找到北京市劳动保护研究所，经过双方密切合作，终于研制成了具有安全、方便等特点的低压乙炔发生器和高效回火防止器。北京当地以及武汉、兰州等全国各地纷纷订货。1984年底，燕京阀门厂投产的第一年就完成产值67.5万元，超出计划指标27万多元。为了表彰于永兴在乡镇企业改革和管理中作出的突出贡献，苏家坨乡奖励他一辆崭新的"铃木"摩托车。

昌平县对社会上自学成才、有一技之长和会管理的各种人才，采取"选聘制""招聘制"等形式吸收到社队企业中，同时从农村知识青年中选拔具有一定农技知识的人，经过培训考试合格，聘用为农业技术员。到1983年底，此类技术员已有300多人。这些举措使昌平县的农村经济连续4年取得了"七增一降"的好成绩（粮食总产、提供商品粮、总收入、纯收入、公共积累、人均分配、社员口粮增加，开支比例下降），受到市委、市政府的表彰。例如，沙河乡党委从城乡综合改革的全局出发，不仅允许高薪聘请外地的能人，而且允许本乡人才的合理流动。1983年至1984年，该乡有14名懂经济、会管理的年轻干部到大队和企业任职；允许干部停薪留职，被大队或企业招聘。

在经营制度方面，社队企业开始试行经理（厂长）承包责任制。1983年的中央一号文件《当前农村经济政策的若干问题》第一次提出："社队企业也是合作经济，必须努力办好，继续充实发展。要认真进行调整和整顿，加强民主管理和群众监督，建立多种形式的生产责任制。有的企业可以试行经理（厂长）承包责任制。"[1] 北京郊区社队企业根据中央文件精神，在总结推广房山县琉璃河公社和怀柔县北宅公社做法的基础上，参照农业联产承包责任制的经验，对企业实行"五定一奖"（定人员、定收入、定开支、定工资总额、定利润，一奖惩）承包经营责任制，有条件的企业实行了以集体承包（厂长负责）为主，有的是厂长承包，一些小规模的企业还承包给了个人，充分调动了经营者和职工的积极性。

社队企业在管理制度方面的改革，基本上改变了过去"统收统支"（全部上缴，企业需要时经批准再返回）的办法，初步扩大了企业自主权，进一步调动了企业积极性。

社队企业在分配制度上也勇于打破"大锅饭"。海淀区玉渊潭公社永安机械厂，虽然是个有着20多年历史的老厂，却处处展现出青春活力。这个厂实行统一经营，专业承包，联产到劳，累进计奖，把产量、质量、消耗、文明生产和安全生产等指标，都列入考核内容，使国家、企业、个人三者都得到了好处。1983年全厂实现产值1200万元，税利480万元，职工人均可分配收入1600元。[2]

社队企业在改革中逐步摸索出了市场调节的路子。市、县（区）人民公社企业局和部分乡（镇）成立了供销公司，多次举办展销会、订货会，帮助企业采购原材料，推销产品。供销合作社系统帮助京郊农村社队发展了一批商品生产基地。为了进一步搞好农村商品生产的产前产后服务工作，供销社还和一些社队、专业户、重点户实行多形式、多层次的联营。截至1984年7月，全市和供销社联营的农户达到14.98万多户，和供销社联营的专业队、专业组、联合体以及乡镇企业增加到3600多个。联营品种有120多种，既有农副产品，也有轻工产品、食品、建材和手工业产品等。在搞好联营的基础上，市供销社开始探索把供销社办成供销、加工、仓储、运输、技术等综合

---

[1] 《中共中央国务院关于"三农"工作的一号文件汇编（1982—2014）》，人民出版社2014年版，第27页。
[2] 赵兴林：《农村集体经济的重要支柱——记发展中的北京社队企业》，《人民日报》1984年3月26日第2版。

| 城乡经济体制改革起步

服务中心，一些区县供销社建立起了果树技术服务站、畜禽防疫服务站等机构，为农民服务。在改革中发展的供销社，恢复了经营上的灵活性，购销业务和服务领域不断扩大。在供应工作中，不少基层供销社直接到市二级批发站进货，或同工业生产单位直接挂钩，实行多渠道进货，大大增加了商品货源，拓展了商品销路。社队企业的产品逐步遍及城乡，有151种产品进入了国际市场，有15种产品被评为优质产品。

1984年，十八里店村农民喜购电冰箱。

随着社队企业经济的发展壮大，京郊不少集镇，相继增添了文化馆、电影院、饭店、旅店和科教卫生机构，这些集镇开始繁荣起来。社队企业吸引了城市里的闲散劳动力和待业青年，甚至一些在城区工作的职工看到农民住房比较宽敞，年收入也逐年增加，开始申请到乡下落户。

北京乡镇企业的快速发展得到了中央领导同志的高度肯定。1984年9月2日，中央领导同志万里听取了北京市关于发展乡镇企业情况的汇报，参观了北京市乡镇企业展销会，并就城乡结合、积极发展乡镇企业问题发表了重要意见。万里强调，北京城市工业要有组织、有步骤地向乡村扩散，与乡镇企业结合，以大支小，以小补大，发挥各自的优势，相互促进，共同富裕。这样，既解决了两者争原料、抢市场的问题，又可以逐步形成城乡之间有分工的、多层次的产业结构，还可以控制和减少北京城市人口。这是建立具有中国特色的社会主义新型的城乡关系、缩小三大差别的重大战略措施。[①]

二、白兰牌洗衣机探索城乡联合之路

在日益深入的经济体制改革中，跨行业、跨地区、跨部门的横向经济联合是一个重要环节，运用这一新的经济机制是加快发展我国社会主义现代化工业的客观需要。北京洗衣机厂在加快生产白兰牌洗衣机的过程中，突破思想框框，克服小生产经营的陋习，大胆与农村社队企业联合，探索出了一条城乡联合之路。

摆正"龙头"和"龙尾"的关系

1978年以前，家用洗衣机生产在北京是项空白。在北京二轻工业企业结构调整中，原北京市五金机修厂根据国家"凡非标准机床厂生产通用设备的企业一律下马改产"的指示精神，在进行多方面的市场调查和多次可行性分析之后，决定停产通用设备，改产洗衣机。北京市洗衣机厂应运而生。转产洗衣机的决策，适应了新时期人民生活需求，也让企业找到了出路。这类产品一经问世，便成了供不应求的紧俏商品。

由于产品适销对路，很快打开了生产的新局面，由以前的"吃不饱"变成现在"吃不了"。1979年，这家洗衣机厂生产了6934台"白兰"牌洗衣机，产品畅销，供不应求。1980年产量增长到5万台，供求矛盾依然紧张。为缓解供求矛盾，根据市场的需要，1981年计划生产20万台，至少需要增加投资750万元，扩建20000平方米的厂房，招收1000名工人。对于一个年盈

---

① 《城市工业要有组织有步骤地向乡村扩散》，《人民日报》1984年9月10日第2版。

利40多万元的企业来说，增产与增地、增产与投资、增产与增人的一系列矛盾难以解决。他们尝试投资买了几十台冲床、6台注塑机，准备再增加冲压件和塑料件的生产能力。但仅仅干了一年就出现了很多问题，主要是厂房拥挤，产品吞吐量大，车间道路阻塞，厂容卫生极差；设备密度大，影响安全生产，经常发生工伤事故；仓库面积有限，到处是露天仓库，造成丢失零件和保管不善等严重浪费现象。

搞"小而全"行不通，走专业化协作才是唯一出路。在市有关部门领导帮助下，北京洗衣机厂摆正了"龙头"和"龙尾"的关系。"龙头"，即洗衣机总厂，负责生产主体部件和整机组装，腾出人力、财力搞技术革新和产品更新换代；把"龙尾"摆放在农村，让社队企业加工生产零部件。

在城乡联合中获得大发展

北京洗衣机厂采取"一厂一角大家抬"的办法，逐步把98%的零部件扩散到郊区乡镇企业生产，大胆与62家企业开展联系紧密、利益相关、统一调度的新型社会化协作，自己集中力量抓关键的组装等四大工序和新产品的开发。

所谓"一厂一角大家抬"，就是把"白兰"牌洗衣机的部分零部件扩散安排给其他一些工艺相近、设备相似的工厂生产，依靠大家的力量把产量提上去。在实际操作过程中，北京洗衣机厂采用的不是单纯的外加工办法，而是综合考察所联合的对象，一经选定，长期稳定。同时，本着"薄利多销、共同富裕"原则，与联合的企业协商利益分配，并且组织专门力量，为联合的企业提供设备、材料供应和技术、管理服务。这种新型联合体的诞生，将北京白兰实业公司与各个联合企业结为一体，各方齐心协力、共同奋斗。

从1980年到1983年，北京洗衣机厂在6个省市发展了36个协作点，其中大部分在北京郊区县，为洗衣机厂协作生产的职工有1000多人。① 在不增加厂房、工人的条件下，洗衣机产量由1979年的0.7万台增至1984年的28

---

① 贡发信：《白兰之路》，《人民日报》1984年10月27日第2版。

万台，6年增长了39倍。由单一品种发展到4个品种，其中"白兰"牌Ⅲ型洗衣机1983年被评为北京市和轻工业部优质产品，"白兰"牌荣获著名商标称号，双缸Ⅰ型洗衣机1984年又获国家经委颁发的优秀新产品奖。[①] 每台成本也由原来的250元下降为141元，实现利润为1979年的50倍。[②]

1981年2月，北京洗衣机厂组装车间工人在组装白兰牌Ⅱ型洗衣机。

以联合前自有产能10万台为基数测算效益，与乡镇企业联合后，北京洗衣机厂新增效益约900多万元。由于经济效益逐年提高，不仅为国家作出了应有的贡献，职工的收入和福利也有了进一步改善。与北京洗衣机厂协作的乡镇企业也产生了可喜的变化，以平均销售利润率20%计算，乡镇企业从中获利1100万元左右。昌平县羊各庄大队原是有名的低产和贫困村，自承揽洗衣机的搪瓷件生产后，1984年人均收入达到1400元，摆脱了贫困。[③]

在推动城乡联合过程中，为了缓解供需矛盾，扩大生产能力，增强技术

[①] 贡发信：《白兰之路》，《人民日报》1984年10月27日第2版。
[②] 赵兴林：《农村集体经济的重要支柱——记发展中的北京社队企业》，《人民日报》1984年3月26日第2版。
[③] 段柄仁主编：《北京市改革十年（1979—1989）》，北京出版社1989年版，第415页。

城乡经济体制改革起步

储备，1981年初，北京市二轻局将北京市民用炉厂与北京洗衣机厂合并，分为洗衣机东厂（原北京洗衣机厂）和西厂（原北京市民用炉厂），都生产洗衣机产品，以满足市场日渐增长的需要。1982年4月，为了适应洗衣机行业发展的需要，增强企业的进取精神，北京市二轻局决定由北京洗衣机厂和北京洗衣机电机厂共同组建北京市洗衣机总厂，将原北京洗衣机西厂改为总厂的直属车间。这个车间占地4.9万平方米，建筑面积3.1万平方米，这对扩大洗衣机生产规模是极为有利的。伴随北京洗衣机总厂的建立，北京洗衣机行业进入了一个新的发展时期。①

在实现洗衣机产量快速增长的同时，北京洗衣机总厂更是认真关注产品质量。1981年7月、8月，北京洗衣机厂几乎天天接到群众的来信或电话，反映"白兰"牌洗衣机漏水，要求维修和退换。群众的呼声让厂领导坐卧不安。为查清原因，厂里立即组织人力到用户家里检查，并给全国各地的维修点拍发电报，要求帮助调查。结果发现，许多洗衣机轴套断裂，拨水盘出现故障。这仅仅是工作上的疏忽，对产品把关不严吗？经过反复分析研究，发现症结是用于轴套的材料不合格，刚性和强度都比较差。为此，全厂停产整顿，进行质量攻关。增加了轴套的强度，延长了使用寿命。与此同时，赶制了大批配件，派人送到用户家里，把发生轴套断裂的洗衣机全部进行更换。边远地方去不了人的，厂里负责发件，告诉维修方法，由用户自己解决。他们还在报纸上公开登出通知：凡是购买该厂1981年6月至8月生产的"白兰"牌洗衣机，如果发现轴套断裂，一律免费予以更换。超过保修期的，现在没坏，将来坏了，也负责更换。事情总算比较圆满地解决了。但是痛定思痛，仿佛一记重锤敲在北京洗衣机厂的干部和工人身上，使他们的头脑冷静下来。

树立质量第一的思想教育工作在全厂深入展开。厂长在各种会议上反复讲："我们的'白兰'刚刚飘香，就要枯萎了，这说明什么？说明我们的心

---

① "当代北京工业丛书"编辑部编：《当代北京二轻工业》，北京日报出版社1990年版，第214页。

里少了三个字——'老百姓'。"副厂长也大声疾呼:"我们买自行车都愿意买'凤凰''永久'的,这是什么道理?一句话,质量好。"思想教育只能解决思想问题,技术上的毛病还必须用技术手段来解决。厂领导在局、公司的支持和帮助下,恭恭敬敬地跑到清华大学、北京化工学院、北京621研究所、北京625研究所、北京家用电器研究所、塑料研究所、粉末冶金研究所和橡胶五厂等单位,请来了专家和技术人员,又集中解决了几个质量问题,使"白兰"牌洗衣机的质量比过去明显提高,经全国家用电器工业测试站多次测试,各项性能指标完全达到部颁标准。

全厂还普遍修订了岗位责任制和质量奖惩制度,加强产品检验和抽验,严格质量管理,不合格的产品绝不允许出厂。厂领导在全厂大会上公开宣布:如果再发生重大质量事故,首先扣发我们的奖金,以诫后人。为了对用户负责,提高产品信誉,北京市洗衣机总厂1982年5月还决定,1981年11月1日以后出售的"白兰"牌洗衣机,除整机保修一年外,机上的4种主要部件——电机、电容、定时器、轴套的保修期延至三年。[①]

为了尽快使产品性能质量达到国际先进水平,走向国际市场,1983年,北京市洗衣机总厂组织技术力量,对国外多种洗衣机机型反复进行研究和筛选,择优引进了日本"SD-100"型喷淋双缸洗衣机的生产技术。在引进过程中,根据实际需要,只引进了一些必要的关键设备,全套图纸1983年12月到达总厂,1984年初即开始进行技术消化。在"引进—吸收—创新"的方针指引下,仅用了一年半的时间,花了40万元人民币就实现了零部件的国产化。1985年正式投产,定名"白菊"牌,当年生产8万台,经全面鉴定,产品性能指标达到了日本同类机型水平,一经投放市场,供不应求。年获利440万元,基本实现了当年投产、当年收回投资(全部投资为446万元)。同年,"白菊"首次跨入国际市场,出口5000台,创汇47.5万美元。截至1985年,北京市洗衣机总厂共有职工3881人,其中工程技术人员340人,约占职工总数的9%;有生产加工点170个。其主要产品有单双缸洗衣机、洗衣机电

[①] 《"白兰"花更香》,《人民日报》1982年5月17日第2版。

机和空调器四大类 26 种；主要产品产量为洗衣机 55 万台，空调器 5655 台；年总产值 21543 万元，利润 1892 万元，固定资产净值 2588 万元；主要设备 780 台，大型生产专用线 10 条。[①]

北京市二轻总公司所属北京洗衣机厂，以横向经济联合推动洗衣机生产快速发展，带动了系统内横向经济联合的普遍开花。实践证明，北京洗衣机厂的白兰之路，对于增产适销对路产品，提高经济效益，打破城乡壁垒，建立新型的社会主义城乡关系，都有积极的意义。

三、二轻工业企业推进城乡联合

北京第二轻工业局所属工业企业是在手工业集体经济基础上发展起来的。北京历史上是个消费城市。和平解放后，市委、市政府根据中央提出的"恢复、改造与发展生产"和"变消费城市为生产城市"的号召，着手恢复和发展工业生产，对手工业采取积极扶持政策，手工业生产发展较快。从 20 世纪 50 年代到 80 年代，北京二轻工业面貌有了极大改观，实现了机械化、半机械化生产。特别是在党的十一届三中全会后，在"调整、改革、整顿、提高"方针指引下，北京二轻系统通过积极改革，推广城乡联合，推行现代化管理，又实现了新的发展。

在调整中发展

在企业整顿中，二轻工业系统着重进行了领导班子的整顿。首先调整、充实、配齐了 18 个公司（总厂）的领导干部，而后解决先进企业、重点企业以及三类企业的领导班子；充实了领导力量和专业技术干部，实行了党委领导下的厂长负责制；对三类企业，区别不同情况进行了整顿，取得了明显的成果。在整顿中，由于认真解决了思想认识的问题，绝大多数企业的领导班

[①] "当代北京工业丛书"编辑部编：《当代北京二轻工业》，北京日报出版社 1990 年版，第 213 页。

子出现了团结一致、大干"四化"的新气象。到1979年,全系统已有260多个企业实行了党委领导下的厂长负责制,进一步发挥了以厂长为首的生产指挥系统的作用,使企业管理有了改进。

在调整工作中,北京市二轻工业企业根据长远规划,取长补短,发展了新兴行业和重点产品。从1978年开始,市二轻局对国内外市场进行了调查分析,对那些既畅销、原材料又有来源的产品,组织扩大生产;对销路不好、任务不足或没有前途的产品,采取合并和撤销企业的办法,腾厂房,发展市场急需的产品。到1979年末,全系统共合并了26个工厂;将产品方向不固定或原材料、销路有问题的19个工厂,改为生产市场急需产品;关闭了5个没有固定产品、只承担一道工序加工的企业;调整了33个企业的生产方向。如根据市场对民用电器产品的需求情况,1979年市二轻局将部分企业改产民用电器产品。原来的北京市五金机修厂,由生产通用机床改为生产洗衣机;北京市民用炉厂改为生产空气调节器;北京市红光五金厂、北京市毛衣针厂等改产电风扇。1979年5月,北京市电冰箱厂划归市二轻局管理后,形成了一个具有一定规模的民用电器行业。随之成立了北京市民用电器工业公司,为发展北京的民用电器产品打下了基础。到1985年末,北京二轻工业在国内已经成为自成体系、门类齐全、花色品种繁多,并拥有一批名优产品的轻工业生产基地之一。[①]

推广城乡联合

在改革开放之初经济蓬勃发展的新形势下,北京二轻工业企业特别是二轻集体企业普遍面临着资金实力弱、生产规模小、技术水平低、工艺装备差、原材料短缺等困难,孤军作战难以发展。为破解发展困局,北京二轻工业企业大力推广经济技术协作和城乡联合。

北京二轻工业企业是北京市开展经济技术协作比较早的单位之一,其与

[①] "当代北京工业丛书"编辑部编:《当代北京二轻工业》,北京日报出版社1990年版,第1—2页。

地区间的经济技术协作，早在"文化大革命"前就已开始。当时主要是从支农这个角度出发，最初是扩散产品的工序加工、零件加工，进而改为小商品下放。随着国民经济建设的发展，人民生活水平的提高，市场对北京二轻工业企业提出了新的要求，就是改变产品结构，发展中高档产品。为适应这一形势，北京二轻工业企业采取向农村社队企业下放产品、扩散工序、发展加工点的办法，推广城乡联合，开辟"第二战场"。到1979年末，全系统在北京、河北、天津等地的广大农村发展加工协作点2958个（包括特种工艺品行业），从业人员达14万。其中有134个企业，可独立生产147种产品，产值达1.14亿元，获利润1080万元。其余加工点，为北京二轻工业企业60%的产品加工零部件和工艺性协作。仅1979年，这些加工厂点的加工收入就达到8653万元，增加了农民收入，支援了农村生产。[①]

通过城乡协作，北京二轻工业企业腾出了厂房、设备、技术和资金，发展紧俏商品的生产和不少高档的日用工业品，改变了二轻工业产品结构。如北京市五金工具一厂，把紧线螺丝、瓦工大铲下放给延庆县靳家堡公社生产后，集中精力生产市场急需的"自动套筒扳手"，填补了市场空白。又如，皮革行业将生产皮鞋的制帮、绷楦、砸鞋眼等工序扩散到社队企业，本厂集中力量于"统一下料、模压成型"等机械化生产，使皮鞋的年产量增加到650万双，比1977年增长了31.4%，缓和了市场供需矛盾。北京电扇厂（原北京按扣厂）将按扣生产下放后，改产电风扇，经过几年的努力，该厂生产的北京牌电风扇在市场上赢得了较好的声誉，提高了企业的经济效益。当时他们把这种做法称为"开辟第二战场"。

根据白兰牌洗衣机厂的生产经验，北京二轻工业企业把向农村扩散的加工点和下放的产品由过去的"君子协定"，发展到用经济合同形式固定下来；由过去的行政性干预，变为经济联合，并经过法律公证。到1985年，二轻系统共有厂外加工协作配套厂、加工点1500多个，农业的从业人员达7万多

[①] "当代北京工业丛书"编辑部编：《当代北京二轻工业》，北京日报出版社1990年版，第64页。

人，年加工费达2.1亿元。在1500多个加工点中，北京郊区的加工点就有1000多个，52600多人，占67%；年加工费1.5亿元，占71.5%。[1]

随着北京二轻工业企业的不断发展，有的企业生产能力急需扩大；有的企业产品需要升级换代；有的企业不符合城市建设总体规划要求，需要停办。工业的出路在当时环境下，只有面向农村，走经济联合的道路，而与农村联合的道路也从过去初级的协作生产阶段逐步发展到城乡共同投资、联合办厂阶段。这是城乡经济联合发展的一个飞跃。到1985年末，北京二轻工业企业已与北京郊区县、乡镇联合办起23个工厂，19个实现投产。当年，这些厂实现工业总产值达1亿元，创利润1200万元。

在这些联合企业中，发展较快较好的是北京市泡沫塑料厂通县分厂。这个厂与通县城关镇共同投资500万元，占地76亩，建筑面积7860平方米。北京市泡沫塑料厂通县分厂以引进的先进设备、技术和部分现金作为投资，城关镇把土地和厂房作为投资，生产聚氨酯泡沫塑料。1984年3月签约，6月破土动工，1985年7月正式投入生产。一个年生产能力为1万吨聚氨酯泡沫塑料的工厂，在当时这么短的时间内投入生产，是罕见的。投产后的当年，就生产聚氨酯塑料制品710吨，产值853万元，企业获利75.58万元。

走城乡联合道路的还有北京羽绒制品厂。北京羽绒制品厂生产的"伊里兰"牌羽绒服以其款式新颖、用料实在而闻名全国。但高密度纺织面料和优质禽羽绒两大材料却得不到稳定供应，造成供产脱节。为此，该厂与商业部茶叶畜产局联合，由对方筹集外汇每年进口120万米优质羽绒服面料，并投资分成。同时，与北京草桥养鸡场等单位联合，稳定和扩大了禽羽绒来源。这两项联合业务，一下子就解决了该厂生产发展中的两大"拦路虎"。虽然让了利，但解除了后顾之忧，使该厂在全国羽绒行业中站稳了脚跟。

北京开关总厂与昌平县沙河乡协作，在该乡建起昌平分厂，由该乡分厂生产高低压柜。总厂提供技术、图纸、部分原材料，包销产品；乡出劳动力、

---

[1] "当代北京工业丛书"编辑部编：《当代北京二轻工业》，北京日报出版社1990年版，第79页。

场地，并投资建厂房。利润分成，总厂只提取5%，其余全部归分厂。沙河乡坚持走城乡协作的联营之路，农民的日子一天比一天红火。1984年集体收入达336万元，净利润120万元，分别是1982年的5.5倍和4倍。在沙河乡，村村队队都在找国营企业攀亲戚、搞协作。

北京还有一些企业采用取长补短、向经营优势发展的联合模式。对于城市工业来说，企业打破封闭，和乡镇企业联合，能够在更广大的空间中尽快建立起巩固的基地，变一个厂的积极性为几十个甚至更多厂的积极性，使扩大再生产成为可能。而广大农村要进一步致富，也要借助城市工业的力量才能开拓新的生产领域，在更大范围交流中形成新的生产力。

北京百花音像公司是录音节目带的专业生产厂，在改革不断深入的推动下，经济效益有了显著增长。但由于工厂没有录音节目出版权，生产上时常要"等米下锅"，非常被动。公司通过广泛开展经济联合，经营越来越主动。他们与北京出版社联合成立录音部，双方根据出版和生产需要共同选定节目，使编、产、销一条龙，深受群众欢迎的录音节目及时上市。他们还与北京市第三中学等单位联合办厂、兴建录音棚，扩大了1700平方米厂房，获得了500万元投资，解决了场地狭小和资金短缺等困难。公司还与北京女子垒球队进行广告联营，每年付给实力强、成绩好的北京女子垒球队5万元活动费，由女子垒球队佩戴该公司特制徽标参加国内外一些比赛，既收到良好的宣传效果，又为体育事业做出贡献。

经过几年的横向经济联合实践，企业管理者深刻体会到：加强横向经济联合是开放企业门户，借助社会各方面人力、物力、财力、智力和行业性地区性优势的新路子。集体企业一方面条件差，但另一方面自主权多，经营、转向灵活，加强联合正是扬长避短的一个方向。根据这个精神，北京二轻总公司制定颁布了《关于促进经济联合工作的暂行办法》，鼓励企业在科学的可行性分析基础上，大胆地、广泛地开展横向经济联合，使一批名牌优质产品扩大了产量、提高了市场覆盖率，一些企业找到了财源、料源，一些企业输出了技术，换得了效益，一些企业由衰变兴，进入了良性循环状态。

推动跨地区、跨行业联合

跨地区、跨行业的横向经济联合，是企业在 20 世纪 80 年代初开始探索发展经济的新路。

以生产出口裘皮为主的北京新艺裘皮厂，是 1982 年由北京皮毛三厂的一个车间和轻工业部、中国土畜产进出口总公司、中国土畜产进出口总公司北京分公司 4 个单位联合兴办的。四方共同投资 700 万元。北京新艺裘皮厂成立后，企业的生产发展很快，产品质量不断提高，出口不断增长，取得了可喜的经济效益。1982 年，北京新艺裘皮厂投产后当年就出口创汇 4.6 万美元，1983 年创汇 135 万美元，1984 年出口创汇达 274 万美元，比 1983 年增加了 1 倍多。一个只有 219 人的小厂，平均每个工人为国家创外汇竟达 1.16 万美元。上述情况表明，走工贸联合的道路，对发展工业生产，发展外贸出口和为国家创造更多外汇都大有裨益。

地膜产品是北京塑料制品厂的一大优势，北京塑料制品厂与新疆生产建设兵团石河子下野地塑料制品厂联合，在当地生产地膜。由北京塑料制品厂负责租用进口设备，提供全部的生产技术，联合生产北京的地膜，供当地销售。产品投放新疆市场后，很受当地欢迎。这一合作，促进了地膜在新疆的应用，推动了新疆长纤维棉和其他农业的发展。

北京还有一些电机企业采取输出先进技术和管理、扩大名优产品产量的方式提升效益。全国三大牌号洗衣机采用的"环宇"牌洗衣机专用电机，是北京环宇电机厂（原北京洗衣机电机厂）几年来技术进步的结晶。该厂经过多项工艺技术改造、引进日本先进技术、应用价值工程等现代化管理方法，使环宇电机成为国内成本最低、效率最高、质量最好的洗衣机专用电机，也成为不少厂家的免验配套电机。随着洗衣机生产迅猛发展，名牌电机供不应求的局面促使该厂走上联合发展的道路，与北京市红光五金厂，密云县、大兴县及安徽、四川等地的企业联合生产洗衣机电机和其他家用电机。一方面，该厂扩散 40% 的零部件到乡镇企业专业化生产；另一方面，该厂突破部门、地区界限，果断地向外地企业全盘输出技术和管理，将环宇电机"移植"出去，"生根、开花、结果"。该厂与安徽省合肥市元件九厂和四川省自贡市微电机厂签订经济技术协议，正式成立环宇电机安徽分厂和四川分厂。环宇电机厂向这两个联合企业有偿输出电机制造技术、工装、管理和商标，并参与直接投资，按比例提取技术转让费。这项联合业务，不仅扩大了产品的生产规模，使环宇牌电机产量增长了一倍，而且促成了先进技术的共享，提高了产品的全社会产量，具有显著的经济效益和社会效益。

北京第四金属制品厂过去只能生产简单的铁皮水桶，在产品转衰的情况下，厂房、资金、人员出现闲置。后来，该厂同四川省西南铝加工厂联合成立了京川联合公司，利用对方的材料和本厂的人力、物力、财力及位居首都的有利条件，联合生产铝制品，获利分成。对方以平价供应了优质异型铝材，该厂通过改造工艺，瞄准市场，积极生产适销对路的铝门窗、铝柜台等多种铝制品，使企业由濒临亏损的边缘转向效益稳定增长，已经实现了35万元利润。

在"白兰之路"的推动下，乡、村集体企业在为城市国营、城镇集体企业加工协作（加工生产零部件）的基础上，同城市工业企业共同投资兴办的联营企业开始发展起来。1981年，顺义县南法信乡与北京衬衫厂联营，通县郎府乡与北京市大华衬衫厂联营，成为乡、村集体企业中第一批联营企业的两家。据统计，1982年北京市乡、村集体联营企业发展到56家，职工6553人。[①] 到1985年末，北京洗衣机厂、长城风雨衣公司、北京衬衫厂、北京市大华衬衫厂、北京塑料制品厂等对外横向联合的企业，人数有的已与本企业职工人数大体相当，而工业总产值和产量有的已超过本企业的数倍。这些企业都已初步具备了新的联合群体或集团的雏形，开始显示出新的活力。除此之外，北京二轻集体企业还与大专院校、科研单位开展了联合技术攻关，与乡镇企业共同投资办厂或扩散产品，与国外企业展开合资、合作业务，迈出了更广阔的横向经济联合空间。

---

① 北京市地方志编纂委员会编著：《北京志·农业卷·乡镇企业志》，北京出版社2004年版，第163—164页。

"白兰之路"不仅给城市企业带来了巨大利益,而且是发展乡镇企业的一条重要道路。城市工业和乡镇企业联合,工人和农民相结合,组成繁荣经济的联合体,以工支农,以农扶工,这是城市办企业、推动乡镇企业发展的一大改革创新。到1984年底,北京市有602家中央在京企业和市属工厂同乡村挂钩,派出支农队员1000多人常驻乡村,帮技术、设备、管理,带徒弟;有5000多个工厂向农村扩散零部件;摩托车、122汽车、130汽车生产厂家同郊区县成立了三家工农联合开发公司;占乡镇企业总收入76%的工业企业收入中,有近一半是为城市工业加工配套创造的。[①] 实践表明,城区工业企业不需要增加投资、扩建厂房、增加招工名额,社队企业可以起到"以小补大,以小帮大"的助手作用,双方只要真正联合生产,则相得益彰。

"白兰之路"的做法,投入少、产出多,既可振兴地方工业,有助于发展农村经济,发展小城镇,又可减轻大城市人口增长带来的困难。万里很赞成"白兰之路"的做法,他从建立新型的社会主义城乡关系角度进一步指出:北京的城市面貌要大变,农村的面貌要大变,就要有组织、有步骤地向农村扩散某些工业项目,与乡镇企业结合,以大支小,以小补大,发挥各自的优势,相互促进,共同富裕。这样,既能解决两者争原料、抢市场的问题,又可以逐步形成城乡之间有分工的、多层次的产业结构,还可以控制和减少北京城市人口。这是建立具有中国特色的社会主义新型的城乡关系,缩小三大差别(工农差别、城乡差别、脑力劳动与体力劳动差别)的重大战略措施。[②]

[①] 中共北京市委党史研究室、中共北京市委农村工作委员会编:《京郊五十年》,北京出版社1999年版,第189页。

[②] 万里:《万里文选》,人民出版社1995年版,第354—355页。

第四章
探索国企改革之路

党的十一届三中全会之后,改革的春潮涌动在中华大地上。作为国民经济支柱的国营企业,在高度集中统一的计划经济管理体制下,被重重捆缚手脚,陷入困境。困则思变。全市国企改革从扩大企业自主权入手,"摸着石头过河",开展利润留成、以税代利等改革试点探索。首钢实行承包制改革,天桥商场推进股份制改革,调整企业领导班子等,较大地提升了企业效益,激发了企业活力,为此后进一步推进国有企业改革提供了宝贵经验。

一、试行利润留成,扩大企业自主权

改革开放前,特别是经过社会主义改造之后,我国逐渐形成了单一公有制经济结构,全民所有制企业(时称国营企业,现统称国有企业)和集体所有制企业在国民经济中占据绝对优势。以工业为例,1978年北京市工业总产值为1931610万元,其中全民所有制企业总产值为1616851万元,占比83.7%,集体所有制企业总产值为314759万元,占比16.3%,[①]这种结构对于推动社会主义工业化建设、稳定经济秩序,起到了积极作用。但结构僵化

[①] 北京市统计局编:《北京四十年 1949—1989》,中国统计出版社1990年版,第179页。

的一面也越来越显现出来，严重抑制了企业和职工的积极性和创造性。[①] 邓小平对这一问题有着深刻的认识，他强调"各个经济战线不仅需要进行技术上的重大改革，而且需要进行制度上、组织上的重大改革"。[②] 经济管理体制的问题在于权力过于集中，因此"应该有计划地大胆下放"，"让地方和企业、生产队有更多的经营管理的自主权"，"使每一个工厂和生产队能够千方百计地发挥主动创造精神"，[③] 以充分发挥国家、地方、企业和劳动者个人4个方面的积极性，提高劳动生产率，这为国企改革指明了方向和思路。

扩大企业自主权试点

在计划经济管理体制下，扩大企业自主权绝非企业一家的事情。在日常的经营管理中，国企头上"婆婆"众多，多个行政部门都能对其发号施令；在产出效益上利润全部上缴国家财政。企业有了自主权，也就意味着有了"自主钱"，势必会对原有的管理体制作出改变。[④] 因此这一改革便涉及财政部门、行政部门以及企业自身多个主体。改革的艰巨性、复杂性可见一斑。

实际上，早在1978年10月，重庆钢铁公司、成都无缝钢管厂、宁江机床厂、四川化工厂、南充丝绸厂、新都县氮肥厂等6家企业就率先进行扩大企业自主权、加快企业生产建设步伐的改革试点。这是全国最早的城市经济体制改革尝试，很快取得了显著成效，并对全国企业产生了震动。与此同时，全国范围内的国企改革也在酝酿之中。

1979年4月，中央工作会议明确国营企业要扩大企业自主权改革。5月，国家经济贸易委员会联合财政部等其他5部门正式发布《关于在京、津、沪三市的八个企业进行企业管理改革试点的通知》，明确指出在首都钢铁公司、北京内燃机总厂、北京清河毛纺厂等8个企业进行企业管理改革的试点，为

---

① 中共北京市委党史研究室编：《北京改革开放实录》（一），北京人民出版社2018年版，第231页。
②③ 《邓小平文选》第二卷，人民出版社1994年版，第135—136、145—146页。
④ 袁宝华：《袁宝华回忆录》，中国人民大学出版社2018年版，第374页。

| 城乡经济体制改革起步

逐步全面推行企业管理改革提供经验。① 由此拉开了北京市国营工业企业改革的大幕。

扩大企业自主权主要包括10个方面内容：由财政部、中国人民银行对有关企业实行"五定"，即定产品方向、生产规模、燃料动力、主要原材料来源和协作关系；企业的人财物、产供销，由企业主管部门综合平衡，统一安排；主管单位安排生产建设计划时，对所需物质条件必须保证；试行企业利润留成，具体办法按国务院关于国营企业利润留成办法的规定执行；从当年开始，折旧基金的70%留给企业；除重大新产品外，新产品试制费用可以根据实际按一定比例从利润中留用；职工提出合理化建议有明显经济效果的，在生产活动中有突出贡献的，企业可以给予奖励；企业在定员定额内，有权决定机构设置；等等。②

相应的配套措施也很快制定出来。7月，国务院发布相关文件，要求国营工业企业必须在保证完成国家下达的各项经济计划的基础上扩大经营管理自主权；所有实行独立核算的企业，经营有盈利的，可按国家核定的比例留用一部分利润；国营工业企业的固定资产实行有偿占用，开征固定资产税；企业的流动资金逐步改由人民银行以贷款方式提供；从1980年起提高国营工业企业的固定资产折旧率，企业提取的固定资产折旧费，70%由企业安排使用。③ 所有试点企业都要根据上述规定推进改革。

首钢的前身是石景山钢铁厂，后发展成集采矿、烧结、焦化、炼铁、炼钢、轧钢于一体的钢铁联合企业。1979年3月，首钢党委在党的十一届三中全会精神鼓舞下，向北京市政府和冶金部上报《关于在首钢进行扩大企业权限试点的请示报告》，申请把首钢列为经济体制改革的试点。经批准成为首批

---

① ② 中华人民共和国国家经济贸易委员会编：《中国工业五十年：新中国工业通鉴 第六部 1976.11—1984》（上卷），中国经济出版社2000年版，第885、887—888页。

③ 参见1979年7月13日国务院发布的《关于扩大国营工业企业经营管理自主权的若干规定》《关于国营企业实行利润留成的规定》《关于开征国营工业企业固定资产税的暂行规定》《关于提高国营工业企业固定资产折旧率和改进折旧费使用办法的规定》《关于国营工业企业实行流动资金全额信贷的暂行规定》等。

试点企业后，8月6日，首钢便向北京市经济委员会（以下简称市经委）上报《关于首钢实行利润留成试点的请示报告》，建议企业的利润留成比例为实现利润总额的11.4%，折旧基金的80%留给企业。11月，北京市经委、市财政局通知首钢，经核定，首钢利润留成的比例为8.3%，即以1978年实现利润2.99亿元为基数，基数利润的8.3%和增长利润的10%留给企业。① 有了这一"甜头"，让企业和职工更加有"奔头"，职工工作更加有动力，企业也更加有活力。为了提高效益，首钢实行了工作职责、考核标准、评分计奖"三位一体"的岗位责任制，把赶超国内外先进指标分解、落实到个人，把科室的各项业务工作都形成办事细则，车间各生产岗位有操作规程，都订出具体的考核标准；考核评分与奖惩挂钩，鼓励创一流水平和最佳操作，使管理和生产实现科学化、标准化。实行评分计奖，按劳分配，有奖有惩，使职工积极性高涨，管理水平、生产效益显著提高。②

实行利润留成的当年底，首钢铁矿石、铁、钢材等主要产品产量全面提前超额完成国家年度计划，实现利润比1978年递增22%，16项技术经济指标夺得同行业冠军，圆满完成国家要求首钢增加上缴利润1000万元的任务。③到了1980年，首钢实现利润比1979年增长了20.25%，企业利润留成比1979年增长了83.95%。④ 1980年首钢基数利润留成比例仍为8.3%，增长利润留成比例提高到20%。

北京内燃机总厂原为农业机械制造厂，1965年改名为北京内燃机总厂（以下简称北内），是我国大型内燃机专业制造厂家之一。北内的扩权试点则以1978年的实现利润为基数，按9.1%的比例提成，超额利润部分按15%的比例提成。利润留成主要用于职工医药卫生补贴、兴办各种职工集体福利事

---

① 北京市委宣传部、北京市统计局编：《北京改革开放二十年 1978—1998》，中央统计出版社1998年版，第115页。
② 中华人民共和国国家经济贸易委员会编：《中国工业五十年：新中国工业通鉴第六部 1976.11—1984》（下卷），中国经济出版社2000年版，第2753页。
③ 首钢党委组织部、首钢档案馆编：《首钢足迹：1919—2009》上，中央文献出版社2009年版，第217—218页。
④ 张用刚主编：《中国企业史·现代卷》中，企业管理出版社2002年版，第19—20页。

业、职工奖励和教育。① 北内还建立起了"指标分解、核定资金、内部结算、自计盈亏、奖金挂钩"的全面经济核算制，中心是自负盈亏，充分发挥价值规律在生产领域中的作用，调动全体职工关心经济效果。也正是由于有了留用利润自行支配使用的权力，企业在经营管理上围绕实现"三多"（即国家多收、企业多留、职工多得）的经营目标，关心配套厂家的需求，以此来确定计划外产品的品种、产量和技术革新改造的方向及重点；将扩权、留利、加强质量管理有机结合在一起，实现了增产增收。产品质量也得到大幅提升，企业利润显著增长。1979年和1980年，实现利润分别为4458万元和5250万元，分别比1978年增长了25.37%、47.64%。② 北内的经验也在全市重点企业中得到推广。

此外，清河毛纺厂在全厂实行经济核算的基础上，还在车间实行了利润留成，对重点车间采用目标管理，签订内部经济合同，提高了薄弱环节的生产能力，1980年全厂利润增长了21.6%。③

企业有了一定的资金，为自身改善生产条件提供了物质基础。首钢、北内、清河毛纺厂三个试点企业，1979年利润留成总额有31.5%，共808万元用于发展生产，他们把这笔钱同设备折旧费等捆起来使用，企业可自主动用的资金共有6900多万元，三家企业当年安排126项重点措施，对加快企业发展和技术改造起到了推动作用。④

除了以上三家国家层面上的试点单位外，1979年下半年，北京市共选取了110个重点企业进行扩大企业经营管理自主权的试点，后又扩展到366个国营企业试行北京市规定的利润留成办法。⑤ 改革很快取得了成效。北京第四制药厂努力增产增收，提前78天完成国家计划；北京光华染织厂改变"吃

---

① 《北京工业志·北内志》，中国科学技术出版社1997年版，第198页。
② 张用刚主编：《中国企业史·现代卷》中，企业管理出版社2002年版，第20—21页。
③④ 中华人民共和国国家经济贸易委员会编：《中国工业五十年：新中国工业通鉴 第六部 1976.11—1984》（下卷），中国经济出版社2000年版，第2753、924页。
⑤ 国家经济体制改革委员会企业体制司、国务院企业管理指导委员会办公室编：《中国企业改革十年》，改革出版社1990年版，第329页。

大锅饭"现象，三季度利润比 1978 年同期增长 27%；北京化工二厂利用利润留成为职工办好事，大大提高了职工的积极性。①

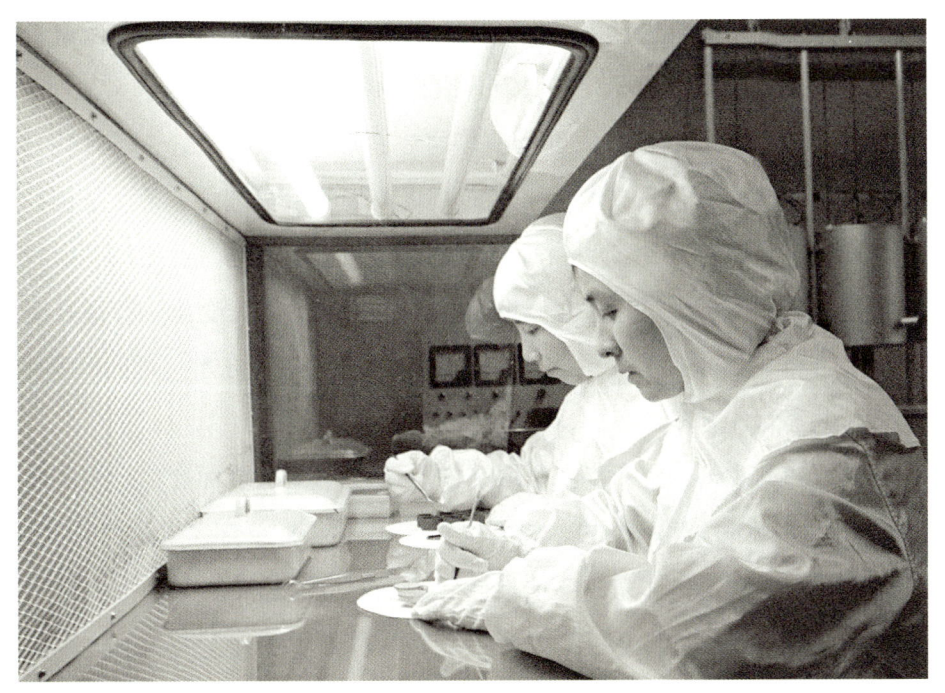

北京整流器厂自力更生搞好技术改造

为了进一步搞好试点工作，保证完成国家财政收入任务，兼顾国家、企业和职工个人三方面利益，1980 年 1 月 22 日，国务院批转了国家经委、财政部修订的《国营工业企业利润留成试行办法》。7 月，市政府作出关于贯彻执行这一办法的具体规定，对试行利润留成的范围、核定留成比例办法、三项基金比例、奖金发放等作出详细规定。② 1980 年上半年，将试点企业调整为 342 个，实行了基数利润留成和增长利润留成办法。这些企业占全市工业总产值的 71%，上缴利润占全市工业企业上缴利润的 94%。③

---

① 《试行利润留成以后》，《北京日报》1979 年 11 月 22 日第 1 版。
② 段柄仁主编：《北京市改革十年（1979—1989）》，北京出版社 1989 年版，第 333 页。
③ 国家经济体制改革委员会企业体制司、国务院企业管理指导委员会办公室编：《中国企业改革十年》，改革出版社 1990 年版，第 329 页。

| 城乡经济体制改革起步

西单百货改革新招

北京市商业系统也进行了利润留成、扩大企业自主权的改革,西单百货商场(以下简称西单百货)便是具有代表性的一例。

西单百货是北京市著名的百货商场之一,形成于20世纪30年代初期。最初这里是清代的一个马厩,后来逐渐形成商场,由福德、玉德、慧德、厚德和福寿等6家小商场组成,主要经营日用百货、小吃食品、旧货书摊等。新中国成立后,商场经过几次修缮改建,面貌发生了巨大变化。特别是经过1978年的扩建,商场拥有5层大楼,营业面积1万余平方米,可同时容纳1万多人,共经营3万多种商品。

西单百货的改革也是一步步争取来的。1979年,西单百货实行的是商业部、财政部所规定的奖励办法,职工奖金并不与企业经营成果的好坏挂钩,而是与工资总额挂钩,即完成各项指标后按职工工资总额的15%提取经理基金,其中2/3用于职工奖金,每个职工平均每月得奖6元左右。但这种奖金分配方式依托工资总额,在发放时并不能体现多劳多得,因此挫伤了职工的积极性。要想激发职工的积极性,光靠思想政治工作是不够的,还要运用一定的经济手段。因此,为了"更好地贯彻处理好国家、企业和职工个人三者的关系,切实做到多劳多得、按劳取酬,更好地调动职工积极性",[①] 1980年1月30日,西单百货向北京市一商局申请从该年2月起试行"全额利润留成"的办法。这一诉求开始时并未得到主管部门同意,但西单百货并未放弃。

与西单百货经营规模不相上下的北京市百货大楼(以下简称百货大楼),早在1978年就建立健全了经济核算制,试行"多超多奖",1980年又成为北京市扩大企业自主权改革的试点单位。[②] 由于实行超额利润奖,职工每月平均领取奖金15元。相比之下,西单百货职工在同等劳动强度情况下,平均奖

---

① 《北京市西单百货商场关于申请在我场试行"全额利润留成"办法的报告(80)场字第5号》,北京市档案馆馆藏,档案号316-002-00255-00001。
② 中共中央宣传部办公厅编:《民族振兴之路——来自全国改革开放先进典型的报告·企业卷》(下),学习出版社1994年版,第275页。

金却只有6元左右，都不到百货大楼职工平均水平的一半，如此"同工不同酬"，职工肯定不满意。当西单百货号召职工学习百货大楼先进经验、提高服务质量、改进经营管理时，职工们就说："我们可以把工作搞好，可是学百货大楼应该全面学，为什么光叫我们学习百货大楼经营管理，不学大楼的奖励办法呢？"当西单百货打算把奖金条件搞细一点，除去经营管理上规定应奖励的项目外，在服务质量、服务态度方面也规定有奖有罚，使奖励工作越做越细时，职工却对这一做法并不认同，他们说："就是这点钱，搞好了奖金不会增多，别费那个事了。"个别人还不在乎地说："工作搞不好，奖金全扣了不就那几块钱吗？"①

因此，6月9日，西单百货再次给北京市第一商业局打报告，申请试行全额利润留成（企业全部利润按照一定比例留成）与超额利润留成（超额完成基数利润而取得的留成）奖励办法，使奖励与工资脱钩，和企业经营效果挂钩。12日，也就是报告打上去没几天工夫，西单百货再次对标百货大楼，向市一商局申请进行扩大企业自主权的试点，在经营管理、劳动力调配使用及奖金分配上多一点自主权，从而更好地发挥职工积极性。市一商局最终批准了西单百货实行"利润包干，超利润留成"，利润指标计算办法以1979年、1980年两年利润的平均数为1981年的计奖利润计划。② 根据市一商局的批复，1981年西单百货也开始试行经济责任制。

当时，由于全国经济形势好转、市场出现了多种成分的商业经济形式，打破了20多年统一市场和独家经营的官家号买卖，使西单百货销售工作面临挑战。为了应对销售领域的竞争，西单百货发扬自身影响大、信誉好、进货渠道多的优势，进一步广开进货渠道，多地区、多渠道、多单位、多品种地组织货源，同时开展零售兼批发等多种形式的销售业务，用商品式样新颖、

---

① 《北京市西单百货商场关于吁请领导批准在我场试行全额利润留成与超额利润留成奖励办法的报告（80）场字第30号》，北京市档案馆馆藏，档案号316-002-00255-00014。

② 《北京市西单百货商场关于"利润包干，超利润留成"指标的意见（81）场字第59号》，北京市档案馆馆藏，档案号316-002-00318-00001。

城乡经济体制改革起步

价格合理、品种齐全、保质保量,多种形式优质服务的良好声誉,吸引顾客到商场来,扩大购销。

为了改变职工中长期存在的"独家经营""皇帝女儿不愁嫁"等观点,西单百货实行权、责、利相结合的经济责任制,破除铁饭碗、大锅饭和平均主义,贯彻落实按劳分配、多劳多得的原则,把企业经营效果和职工切身利益挂起钩来,把奖金和贡献挂上钩,促使职工主动、热情、礼貌、周到地为顾客服务,做到"一热三主动",即热情接待顾客,主动打招呼,主动双手递商品,主动介绍商品。

此外,当时销售还存在前紧后松问题。上午柜台人齐货好效率高,但到下午和晚上人少货差效率低,基本上处于看摊守柜状态,柜台有什么就卖什么,即使仓库有货也不愿提,造成顾客需要但柜台没货、柜台有的顾客不需要的现象。好商品在仓库睡大觉,严重影响了销售任务的完成。为此,西单百货将扩大推销任务落实到人。各商品部任务到组,落实到人,每个售货员实行销售金额、数量包干定额,不能分清金额数量的包干到片。责任明确后,工作动力也就足了。例如,纺织部呢绒小组一共50个人,为了扩大销售,他们把这个组分为两个小组,实行早晚两大班制,并把任务落实到组和人。由于实行了岗位责任制,这两个组展开了竞赛。大家积极提货上货,热情主动介绍商品,使一个月60万元的销售任务,20天就完成了,全月完成91万元,超额完成50%。通过这一改革,有效改善了只卖半天货的问题。

经过持续努力,西单百货各项工作均取得了较大成绩。1985年商品销售额超过3.7亿元,实现利润2757.6万元,比1984年同期分别增长31.7%和13.2%。[①] 1985年西单百货被商务部评为全国商业系统先进企业。

企业通过扩权让利改革,将国家、企业、职工个人三者的利益有机统一起来,激发了企业和职工的积极性,增强了职工的主人翁意识,提高了生产

[①] 北京市第一商业局史志编纂组编:《北京市第一商业局史料汇编(1949—1985)行业卷》,1988年版,第341页。

效益。从 1979 年到 1980 年 6 月底，北京试点企业的利润达到总利润的 94%。[①]

万事开头难。坐着想，都是问题；放手做，都是办法。国企改革终于迈出了第一步。这一时期的企业扩权改革取得了一定成绩，但仍然存在问题，需要改革，如给企业扩大的权利仍有很多不应有的限制等。但改革中产生的问题，仍然需要改革来解决，这也促使改革进一步深入。

二、试点以税代利、自负盈亏

通过试行利润留成、扩大企业自主权的改革试点，企业获得了生机与活力，财政状况也有好转，但存在"苦乐不均"的情况，甚至还出现了企业增收、国家没有多得的现象。为了解决这些问题，国家试图通过税收杠杆来理顺国家和企业的分配关系。因此，在继续推行利润留成改革试点的同时，国企改革又迈出了新的步伐。

以税代利新探索

从 1979 年开始，上海市在上海柴油机厂、上海轻工机械公司，四川省在川棉一厂、成都电线厂、重庆钟表公司、重庆印制三厂和西南电工厂等 5 家企业，以及财政部税务总局在广西柳州市开始进行"独立核算、国家征税、自负盈亏"的试点，企业不再像以往一样上缴利润，而是按照规定缴纳相关税费后，税后利润归企业支配。试点取得了良好效果。企业经济效益提升，生产成本下降，上缴的税费远高于此前上缴的工商税和利润，职工的收入也有较大增长。1980 年 8 月，国家经委转发上海、四川、广西柳州的办法，要求各地区、各部门从实际出发，因地制宜，制定本地区企业试点办法，抓好试点工作。

---

① 中华人民共和国国家经济贸易委员会编：《中国工业五十年：新中国工业通鉴第六部 1976.11—1984》（上卷），中国经济出版社 2000 年版，第 923 页。

城乡经济体制改革起步

北京市积极响应。11月，市政府印发《北京市国营工业企业试行独立核算、国家征税、自负盈亏的办法》，批准首钢公司、北京内燃机总厂、北京清河毛纺厂、北京第二毛纺厂、北京手表工业公司、北京革制品厂、北京地毯五厂、北京光学仪器厂、北京化工二厂、北京光华木材厂、北京电冰箱厂等11个国营工业企业作为实行独立核算、国家征税、自负盈亏的试点单位。这次试点是为了进一步扩大企业自主权，把企业搞活，使企业成为相对独立的经济单位，为整个经济体制改革打好基础；用税收的形式把国家和企业利益分配的比例固定下来，使国家的财政收入更加及时、稳妥、可靠；在提高劳动生产率的基础上，逐步改善职工福利，增加职工收入，调动各方面的积极性。后续试点单位有所调整。1981年7月28日，经北京市经委、市财政局同意，首钢公司将"以税代利"的办法改为"上缴利润递增包干"的办法，自负盈亏。因此，试点企业由11家变为10家。①

以税代利的具体办法是国家向企业征收工商税、调节税、城市建设税、所得税，企业向国家缴纳固定资金占用费、流动资金占用费，企业缴纳"四税两费"后，余下利润由企业自行支配。

工商税仍然按当时办法征收。工商税的税额按照计税金额和适用的税率计算。计税金额不同行业有着不同规定：从事工业生产的行业，按照产品销售收入和加工业务收入计算；从事交通运输、邮政电讯的行业，按照经营业务的收入计算；从事农产品采购的行业，按照纳税产品的收购金额计算；从事进口贸易的，按照进口商品总值计算；从事商业经营的行业，按照商品零售收入计算；从事服务性业务的行业，按照业务收入计算。不同行业工商税的税率也有不同规定，例如煤炭工业是8%。同一税目下根据不同征税范围也有不同的税率要求，例如在电力工业中，生产电力的企业或者供电企业，税率为15%，生产热力的企业则为5%。

调节税是为了调节企业之间由于价格等客观原因造成的苦乐不均而征收

---

① 1982年12月，北京市地毯五厂因不再独立经营核算，调整为北京市服装三厂。1984年，北京手表工业公司解散，调整为北京开关厂。

的一种税，税率根据企业的具体情况每年核定一次。城市建设税按调整后利润的5%征收。所得税按调整后利润的40%征收。流动资金占用费按企业占用国拨流动资金月率4.2‰缴纳。固定资金占用费按企业占用国拨固定资金月率2‰—5‰缴纳。其中石化、纺织、轻工和国外引进成套设备等工业企业，月率为5‰；冶金、化工、机械、电子、仪表、医药等工业企业，月率为3‰；农机、煤炭、矿山开采、建材等工业企业，月率为2‰。

完成缴纳"四税两费"后的企业支配资金，更多地用在修建职工宿舍和必要的生活设施，以及治理三废污染、节约能源、安全生产等方面。用于奖金的部分一般控制在10%—20%。此外，实行自负盈亏的企业，国家除基本建设和特定的新产品试制、科研项目拨款外，就不再拨给挖潜、革新、改造等资金，也不再增拨流动资金。企业支付的各种福利、奖金（除国家规定的节约奖、技术改进奖以外）以及各种罚金，均应在税后利润中支付。

"四税两费"分三个环节征缴，第一个环节是按企业的销售收入征收工商税和调节税。工商税按国家当时规定征收。调节税放在盈利之前征收是为了鼓励企业降低成本，控制企业变相提高产品价格。企业如果能通过降低成本提高利润而又保持销售收入不变，税后自留利润就会增加；企业如果是通过提高产品价格或增加高档产品比例来增加利润，销售收入就必然要增加，调节税也就要相应多缴。第二个环节是按缴纳调节税后的利润总额征收40%所得税和5%城市建设税，以使企业和国家享盈利，亏损国家不予补贴。第三个环节是从税后利润中缴纳固定资金占用费和流动资金占用费，即不管企业盈利多少，只要占用了国家资金，就要缴纳两费，这样可以既保证国家投资具有一定效益，又促使企业节约资金。[1]

在这一改革中，试点企业获得了更大的自主权，不仅在计划制订、设备原材料采购、产品销售、物价、留用资金使用、工程项目建设、机构设置和人员配备上有了更大的自主权，还可以申请出口自己的产品，发展多种形式

---

[1] 尹光华、王志良：《对北京市"利改税"试点的初步考察》，《学习与研究》1983年第4期。

的联合经营。当然，有权必有责。企业自主权扩大了，相应地也必须承担起更大的责任来。企业要保证全面完成国家计划和执行经济合同，按规定缴纳税费；发生亏损由企业自负，国家不予补贴；还要逐步完善岗位责任制，不断提高经营管理水平、技术水平和生产水平，做到按需定产；认真贯彻按劳分配原则，不断改进奖励制度，逐步改善职工生活；等等。

与利润留成相比，企业试行以税代利，留利比例更高一些，有助于提高企业和职工的积极性。同时，国家不再负责企业扩大再生产的投资，也不再给企业增拨流动资金和技术革新资金，这些钱主要由企业在自留利润中解决，这也促使企业改善经营，提高效益。

北光模式成亮点

在"以税代利"试点改革中，北京光学仪器厂的改革取得显著成就，形成了"北光模式"。

北京光学仪器厂（以下简称北光厂）成立于1962年，由北京市光学仪器厂、北京仪器厂通州分厂、通州光学仪器厂合并而成，主要生产大地测量仪器、物理光学仪器、精密天平、热分析仪器等两大类4个系列近50个品种的产品。在确定为改革试点后，北光厂打出了一套改革的组合拳。

试点改革前的几年时间里，北光厂围绕"以生产为中心"进行了企业的恢复性整顿工作。整顿期间，工业总产值增长77%，实现利润增长134%，全员劳动生产率增长78%，这也为后来的建设性整顿和经济体制改革奠定了一定基础。[①] 从1981年开始，北光厂大力推行"以税代利"试点改革。

面对激烈的市场竞争，北光厂的老产品不能适销对路，由"畅销"变成了"滞销"，企业开支紧缩；再者产品品种单一，服务面窄，加上减产降价等因素，企业损失利润近300万元（占1980年实现利润的一半），后果是职

---

① 《北京光学仪器厂关于"以税代利、自负盈亏"推动了企业全面整顿的报告》，北京市档案馆馆藏，档案号283-001-00063-00011。

工不光没有奖金，连税后的20%工资也拿不到①，企业"转轨"迫在眉睫。北光厂痛定思痛，充分认识到以往那种单纯的生产型管理体制已经完全不适应日益激烈的市场竞争环境，必须将企业管理工作中心放到经营上来，实现由生产型向生产经营型管理的转变。实践表明，生产经营型管理必须既注重生产，又重视市场需要。特别是要认识到，实行"以税代利"政策后，过去那种"计划靠下达、材料靠调拨、产品靠统购统销、财政靠统收统支"的日子一去不复返了。

因此，北光厂确立"以经营为中心，品种质量为重点，经济效益为目的"的办厂方针，把过去那种"生产→技术→销售"的管理，改变为"销售→技术→生产"的生产经营型管理，从根本上解决了过去那种"老产品积压停不下来，新产品需要搞不上去，外协加工和小商品宁愿待着也不愿意干"的状况，大大增强了企业的适应能力。②"企业的各项工作，包括政治工作都要纳入以经营为中心上来，实行以销定产，市场需要什么就生产什么，用户要求什么就改进什么，以满足社会的需要，取得企业全面的经济效益。"③

管理工作的中心任务转移后，相应的组织机构保障和人才队伍建设也要跟上。在领导层面上，北光厂不仅整顿和建设厂级领导班子，民主选举厂长，由厂长提名"组阁"厂长班子的工作，而且按照"四化"要求整顿和建设了中层领导班子。到1983年初，中层领导干部从原来的97人减少到了87人，平均年龄从原来的47.2岁下降到了44.3岁。文化水平上，87名中层干部中，有大专及以上学历的21人，中专学历的13人，高中学历的13人，具有高中及以上文化水平的比例从原来的28.7%提高到了55%。④

在组织机构方面，北光厂大幅压缩非生产人员数量，行政职能科室总数不变，仍为15个，非生产人员从原来的436人减少到366人，占全厂职工总

---

① 《北京市仪器仪表工业总公司销售工作会议材料之五 在"以税代利、自负盈亏"政策推动下，不断开创经营销售工作新局面》，北京市档案馆馆藏，档案号283-002-00049-00097。

②③④ 《北京光学仪器厂关于"以税代利、自负盈亏"推动了企业全面整顿的报告》，北京市档案馆馆藏，档案号283-001-00063-00011。

数的 17.8%。同时，大力进行机构调整与改革。

销售是企业经营的重中之重，特别是对于自负盈亏的企业来说更是如此。此前，北光厂对这个问题并没有给予足够的重视，只是安排一个女同志既管产品销售发货，又兼成品管理。为了加强销售工作，1981 年初，北光厂成立了以厂长为首的经营决策领导小组，设立了销售科，招聘了一批"志愿兵"，组成了 30 人的庞大销售队伍；设立外贸科，抓好国内、国际两个市场，并对外贸科科长实行张榜招贤；成立了产品服务部，搞好用户服务工作；按照设计、工艺和技术服务一统到底、一包到底的要求，将设计、工艺部门按产品系列分为 4 个与生产车间对口的产品室；把一名产品室主任、工程师调到生产计划科任科长，以加强生产指挥，适应产品结构的多变情况；抽调熟悉管理工作的中层干部设立了综合开发室，以研究生产经营型管理中的新情况、新问题。

1982 年，为了进一步适应生产经营型管理的需要，北光厂又一次对组织结构进行了调整和改革。撤销了原生产计划科，成立了综合计划科和总调度室，强化了企业生产的计划性，加强了企业生产经营各项工作的集中统一指挥，减少了扯皮现象；将原销售科、外贸科、产品服务部三个科室合并成了经销部，理顺了市场预测、产品销售、用户服务、对外贸易、市场情报反馈等营销体系；将原教育科和技校合并成教育培训科，为教育培训中心的建设打下基础。

企业投身市场竞争，必须适应市场需要。北光厂不断调整产品结构，坚持"市场需要什么就生产什么，用户要求什么就改进什么"的导向，在发展新产品上坚持情报快、设计快、试制快、上市快的"四快"方针，实现了产品更新换代。例如，煤矿用的坡面经纬仪是经营副厂长深入煤矿调研时用户提出来的，从提出要求到拿出样机只用了 20 多天时间。1981 年和 1982 年两年共试制了新产品 18 项，几乎等于改革试点前 12 年试制新产品的总和，产品结构发生了根本变化。更新换代产品的产值在总产值中的比重，由 1981 年的 26.71%增加到 1982 年的 51%；新产品的利润在利润总额中的比重，由 1981 年的 19%增加到 1982 年的 47.4%，并且 1982 年有 4 个项目获北京市科技成果奖。① 此外，大力发展小商品，生产防盗门镜、高级转椅、米量仪、成套的产品修理工具、自行车筐等适销对路的产品，作为对生产计划的调整和补充。贯彻"品种以多取胜，质量以优取胜，价格以廉取胜，产品信誉至上"的经营思想，狠抓产品质量，开展技术服务工作，赢得了信誉，扩大了用户，打开了销售工作的新局面。

总之，从生产型管理转变为生产经营型管理，不仅转变了企业的经营思想，改善了企业与用户的关系，也从根本上解决了销售工作"谁来卖""怎么卖""卖什么""卖给谁"等重要问题。

如果说实现管理工作中心转变属于顶层设计，机构队伍建设、产品结构更新属于中层配套措施，那么工资改革则是关乎每一位职工切身利益的微观切口。实行"以税代利、自负盈亏"，使得企业不能吃国家的"大锅饭"；而改革工资制度，使经济责任制落到实处，则解决了职工吃企业"大锅饭"的问题。

以往工资和奖励制度存在"升级有比例、级差不合理、升级时间长、等级比较乱，并且与企业经济效益、职工的劳动成果不挂钩，起不到应有的促进作用，影响职工的劳动热情"等问题，因此，北光厂按照"目标管理，留有余地，年终分红，多超多得"的指导思想，试行了厂内工资和浮动工资制。

根据新的工资制度，全厂以1979年实现利润为基数，每两年实现利润累计增长10%以上，厂里就给符合增资条件的职工增一次工资。凡达到条件的就可以增资，不需要评议。每次增资不低于3元。所增工资作为"厂内工资"，职工调离本厂，不予外转，属于"内部粮票"。同时，同步实行"浮动工资"，从每个职工的基本工资中拿出11元（占全厂平均标准工资的20%），与每月人均奖金合在一起，随职工个人劳动成果上下浮动。干部和非直接生产人员的浮动工资，按其所担负的工作责任大小、工作量大小、难易程度和劳动强度，分为5个岗次，分别拿全厂生产工人月平均工资的95%、90%、

---

① 《北京光学仪器厂关于"以税代利、自负盈亏"推动了企业全面整顿的报告》，北京市档案馆馆藏，档案号283-001-00063-00011。

85%、75%、65%。这样一来，职工的基本工资中有11元不再"旱涝保收"了，变成了活工资。①

当然，由于涉及切身利益，部分职工对工资改革制度感到"不放心"，"工资没浮动，人心先浮动了"，有的还说"人吃人"，边骂边干。②对此，北光厂通过学习辩论和思想教育，统一干部群众思想，凝聚改革共识，最大限度减少改革阻力。改革后，北光厂职工工资由底薪工资（就是扣除11元后的剩余工资）、厂内工资、浮动工资、年终分红和岗位津贴构成，全厂职工的人均死工资和活工资的比例达到6∶4。概括起来，就是"浮动工资看当月干劲，年终分红看集体效益，两年增资看一贯表现"。

在全厂努力下，工资改革取得了显著效果。增资没人争。1982年北光厂进行了第一次增资，完全用数据说话，只用两周就完成了，"基本上没有人找领导闹，也没有出现互相争吵现象"。"按劳分配"原则得到体现。从1982年3月至1982年底，全厂参加浮动工资累计平均人数为1782人，因完不成工作任务等原因拿不到浮动工资月平均的占1%；拿11元以下的占2.6%；拿11元至20元的占29.9%；拿20元至30元的占47.3%；拿30元至50元的占15.5%；拿50元以上的占3.7%。职工的生产积极性大大提高。由于个人收入和劳动成果直接挂钩，全厂出现了"不愁任务重，就怕没活干"的局面，1982年产品入库总工时比1981年增长了34%。③

在工时定额管理方面，北光厂采取工时定额加考核系数的办法，在未调整工时定额期间，车间的工时考核基数是上期的人均考核定额数加上一定百分数的系数乘上年计划人数。例如，1983年的各车间工时考核基数是在1982年的人均定额基数上增加了3%—7%的系数再乘上各车间1983年的计划人数，完成基数，发给浮动工资。在劳动调配方面，制定并贯彻了劳动调配制度。采取车间内部改变工种的办法达到生产任务的要求与工种比例的平衡，在车间内部改变工种仍达不到平衡的特殊情况，由车间之间进行调配，以适

---

① ② ③ 《北京光学仪器厂关于"以税代利、自负盈亏"推动了企业全面整顿的报告》，北京市档案馆馆藏，档案号283-001-00063-00011。

应产品结构调整带来的车间工种比例的变化。①

在"以税代利、自负盈亏"政策的有力推动下,北光厂不断开创经营销售工作新局面,1983年各项经济技术指标又达到一个新水平,详见下表。②

项目	1983年数值	年增长率
工业总产值	1967.7万元	7.1%
销售收入	1670.8万元	6.9%
实现利润	610.06万元	6.9%
上缴利润	430.03万元	6.8%
全员劳动生产率	9566元	7.8%

总体来看,北京市10个试点企业的改革取得了显著经济效益,工业总产值三年平均增长率远远高于全市平均水平。③

1982年项目	比1979年增长百分比	1980年到1982年三年平均增长率	全市三年平均增长率
工业总产值	28.6%	22%	13.1%
产品销售收入	25.2%	21.8%	
利润总额	10.2%	23.1%	9.7%
上缴国家的"四税两费"	1.2%	7.4%	
国家净得	9.5%	13.8%	
企业实得(税后留利加国家拨款)	持平	24.4%	
职工实发奖金	20.4%	26%	

---

① 《北京光学仪器厂关于"以税代利、自负盈亏"推动了企业全面整顿的报告》,北京市档案馆馆藏,档案号283-001-00063-00011。

② 《北京市仪器仪表工业总公司销售工作会议材料之五 在"以税代利、自负盈亏"政策推动下,不断开创经营销售工作新局面》,北京市档案馆馆藏,档案号283-002-00049-00097。

③ 尹光华、王志良:《对北京市"利改税"试点的初步考察》,《学习与研究》1983年第4期。

| 城乡经济体制改革起步

前店后厂企业试行以税代利

"以税代利、自负盈亏"改革取得一定经验后，北京市除了在工业企业系统外，后续也在其他系统启动了改革。1982年2月19日，北京市人民政府财贸办公室根据国务院关于小型企业试行"以税代利"的指示精神和在桂香村、浦五房、全素斋试点的经验，[1] 决定在商业系统全民所有制具有名、特产品的前店后厂企业中试行"以税代利"办法。

试行改革的企业需要满足三项条件：一是独立经营、独立核算盈亏的前店后厂企业；二是以自产自销为主，前店销售自制产品的比重应达到50%左右；三是领导班子比较强，管理工作比较健全。符合条件的企业，由区主管部门会同区、县财政部门联合提出上报，经市商业主管局和市财政局共同审查批准后试行。[2]

与工业企业不同，试行"以税代利"办法的前店后厂企业，改上缴利润为按八级超额累进税率征收所得税，但不实行集体企业增长利润减征所得税的规定，并按所得税税款的1%计算缴纳地方附加税。年（季）销售总收入额（包括其他销售收入在内）减销售成本、销售费用、工商税金，加、减营业外收支，再减去按规定应提取的综合奖金，为课税所得额，并应填写企业所得税申请表。固定资金和流动资金占用费以及各种税费的滞纳金和其他罚金均在企业税后利润中支付，不计入成本和费用。固定资金占用费月费率为5‰，流动资金（指国拨资金）占用费月费率为4.2‰。[3]

上级主管部门可以从企业的税后利润中适当集中一部分作为调剂资金，

---

[1] 在试点中，将上缴利润改为征收"两税"，即工商税按门市销货额5%计征，所得税执行手工业的"八级超额累进税"（起点7%，最高55%）的办法，按企业实现的利润净额减去经理（厂长）基金后计征；以及征收"两费"，即固定资金占用费、流动资金占用费。

[2] 《北京市人民政府财贸办公室关于商业系统前店后厂企业试行"以税代利"的通知（82）京政财字第20号》，北京市档案馆馆藏，档案号192-002-00121-00115。

[3] 《北京市财政局关于商业系统前店后厂企业试行"以税代利"具体交纳税费办法的通知（82）财企二字第274号》，北京市档案馆馆藏，档案号192-002-00121-00115。

但大头留在企业。企业留用部分用于建立生产发展基金、集体福利和职工奖励基金，其中生产发展基金部分不少于60%，必须全部用于技术改造、更新设备、改善卫生条件、补充流动资金，不得用于其他支出。三项基金的比例由市商业主管局确定。例如北京市第一商业局规定其主管的试行改革企业，主管部门（包括局、市或区公司）集中的调剂资金最多不超过20%，企业留用不少于80%。企业留用部分建立两项基金。生产发展基金占75%，用于企业技术改造、设备更新、零星固定资产购置、补充流动资金、改善安全卫生条件以及按规定支付各种滞纳金、罚金；集体福利基金占25%，用于职工集体福利设施，如开办托儿所、浴室、理发室的开支，以及用于弥补福利基金和经理（厂长）基金的不足。①

经过短短几年"以税代利"改革，企业获得了更多自主权，有了更大动力去面对市场竞争，促使企业不断进行技术创新，更新产品结构，适应市场需求，实现了"国家多收，企业多留，个人多得"。一位试点企业负责人直言：搞利改税，担子直接压在企业身上，使得当厂长的成天盯着数字，盘算经营，这两年比过去十几年当厂长还要紧张。② 总之，通过"以税代利"，用税收的形式把国家和企业利益分配的比例固定下来，使国家的财政收入可以更加及时、稳妥、可靠；企业的收入有了保障，可以做到"三年早知道"，便于企业自主地安排生产发展规划；各行业、各企业之间的"苦乐不均"问题，可以通过税收的调节，得到适当解决，使企业更加主动地改善经营管理，靠挖掘企业内部的潜力增加盈利。③

随着经济体制改革的推进，1983年6月，国务院在总结试点经验基础上，

---

① 《北京市第一商业局关于前店后厂企业试行"以税代利"有关财务会计账务处理的通知（82）京一商财字第51号》，北京市档案馆馆藏，档案号192-002-00121-00115。
② 马小冈、丁乙：《北京市一些企业负责人谈利改税问题》，《经济学动态》1983年第4期。
③ 《国家经委关于转发上海、四川、广西柳州〈在国营工业企业进行"独立核算、国家征税、自负盈亏"试点的做法〉的通知（1980年8月8日）》，中华人民共和国国家经济贸易委员会编：《中国工业五十年：新中国工业通鉴 第六部 1976.11—1984》（上卷），中国经济出版社2000年版，第684页。

在国营企业中开始普遍推行利改税。1984年10月，又推行了第二步利改税。

三、首钢实行承包制改革

无论是利润留成，还是以税代利，这两项改革虽然进一步扩大了企业自主权，一定程度上激发了企业活力，但并未从根本上改变企业吃国家"大锅饭"的问题。拿首钢来说，首钢试行利润留成，规定利润基数部分留8.3%，增长部分留10%，这就意味着哪怕企业效益没有增长，仍然能留下8个多点的利，而企业效益再好，增长部分的利润也只不过能拿一成，这样的留成比例对企业的刺激作用是有限的。后来实行以税代利，首钢要缴"四税两费"，其中调节税率并不固定，是按一个核定的留利比例（一般为12.9%）事后倒算的，因而企业留下的利润比例仍然偏低，并不能有效调动企业和职工的积极性。

首钢承包制的缘起

到了1981年，形势又有所变化。4月9日，国家经委、计委、物资总局、冶金部联合发出《关于严格控制钢铁产量，压缩"长线"、增加"短线"钢材的通知》，要求首钢生铁减产29万吨，钢减产7万吨，减产意味着降利。首钢经过反复测算，全年实现利润最多只能达到2.65亿元，[①] 比1980年的2.9亿元减少8.6%。

由于政府财政紧张，作为北京市工业企业的"带头兵"，首钢当年的上缴利润要力保达到2.7亿元。在减产的前提下还要保证上缴利润以及职工待遇，首钢先想到的是抓紧企业内部的整顿，尽量减少减产损失。但现实是1981年上半年的经济效益很不理想，仅成本就超支3.08%，全年减产减收似乎已成定局。这说明利润留成或利改税办法，在企业外部条件变化时，无法

---

① 中共北京市委宣传部、北京市思想政治工作研究会、首都钢铁公司编：《首钢改革》（上卷），北京出版社1992年版，第277页。

进一步激励企业和职工千方百计克服困难。① 要想破局，就必须另辟蹊径，找到一种既能保证国家增收，又能激励企业和职工多创收的新办法。于是承包制应运而生。

首钢实行承包制改革，既受当时农村实行家庭联产承包责任制改革的启发，也有对自身经验的借鉴。早在 1958 年，当时还是"石景山钢铁厂"的首钢就实行了投资大包干的办法，中央批准改造扩建的 2.4 亿元给到首钢，这个钱怎么花，包括建设规模、方案等均由首钢来定。这一办法极大调动了企业和职工的积极性、主动性和创造性。石景山钢铁厂的一位负责人后来回忆说："当时木材紧张，我们就到四川去砍竹子，代替脚手杆、跳板和模板，运竹子的同志坐在竹排上顺长江而下，饿了啃干粮，渴了饮江水，七天七夜到武汉，连夜装车运北京；水泥不够，就用高炉水渣磨碎代用，当时号称百台万立，即开动一百台球磨机，一天出一万立方米水泥。"② 正是在这样的干劲下，首钢一年之内就建成了三号高炉、二号焦炉和烧结厂三大工程。这段宝贵经历给了企业以启示：要想效益好，就必须充分调动起每一个人的积极性，发挥每一位职工的主人翁精神。这也是 20 多年后，首钢推行承包制改革的一个重要动因。

首钢实行承包制，也面临着现实问题。以往财政与企业的收支财务关系是收支两条线，即企业上缴税利给财政，企业花钱再向财政申请拨款。财政拨款与企业上缴是两条线的"双轨制"。此后的改革是将收支两条线的"双轨制"改为收支一条线的"单轨制"，即企业向财政上缴税利，财政一般不再向企业另行拨付投资。企业推行承包制，实际上是对以往"双轨制"的改变。

---

① 首钢经济研究所、首钢党委政研室编：《首钢实行专业经济责任制经验汇编》，首钢经济研究所、首钢党委政研室 1983 年版，第 3 页。
② 中共北京市委宣传部、北京市思想政治工作研究会、首都钢铁公司编：《首钢改革》（上卷），北京出版社 1992 年版，第 4 页。

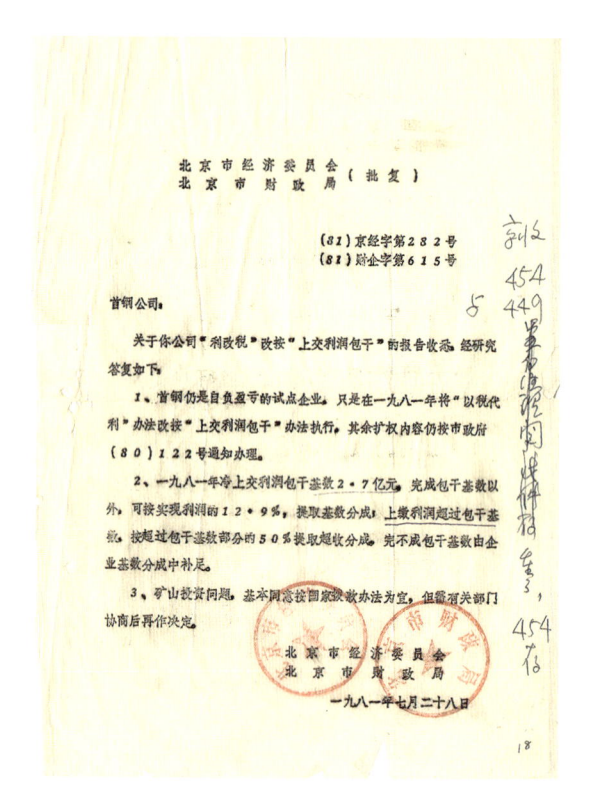

| 城乡经济体制改革起步

1981年7月28日，北京市对首钢实行上缴利润包干的批复（摄影：韩国庆）。

  首钢的这一改革得到了时任国务院副总理万里的支持。1981年7月，首钢向国家经委报送《关于减产增收的报告》，提出依靠职工当家做主，挖掘内部潜力，采取责、权、利相结合的"联产计酬、层层包干"的办法，走减产也要增收的新路。[①] 8月15日，万里在首钢召开的利润包干经济责任制座谈会上指出："社会主义之所以比资本主义优越，就在于工人能当家做主……现在你们这样做，工人参加管理，参加分配，参加决策，当家做主，就有了实际的内容。"他还以农村实行的家庭联产承包责任制做对比："为什么同样的土地，同样的农民，受到那么大的自然灾害，还生产出那么多的粮食，原因是过去农民没有真正成为土地的主人。现在承包了，真正做了主人，能够按照自己当家做主的精神去对待土地。城市改革的核心也是这个问题。首钢

---

  ① 中共北京市委宣传部、北京市思想政治工作研究会、首都钢铁公司编：《首钢改革》（上卷），北京出版社1992年版，第278页。

改革应当使首钢人真正成为企业的主人，人人当家理财，把企业的事情办得比家里的事情还好。"①

两个多月后，万里再一次来到首钢，强调："就是让首钢创出一条办企业的新路子，一条中国式的路子！"有了万里的大力支持，财政部给首钢开了口子，首钢承包制改革开始实行。

首钢实行承包制

首钢承包制主要包括两个方面：一是企业对于国家的承包，主要涉及企业与国家之间的分配关系和企业的基本任务；二是企业内部的承包，主要涉及企业与职工之间的分配关系以及一整套保障企业完成利润目标所需要的工作安排。

首钢向国家的承包是"大前提"，为首钢内部承包制提供基础。1981年，面对既要减产减收，又要保证上缴利润增长、职工收入不下降的矛盾，首钢提出"将上缴2.7亿元利润由期成数变为必成数，实行利润包干"②，在保证完成1981年2.7亿元利润的前提下，超额部分由首钢按4∶3∶3比例自主分配，即40%用于生产，30%用于职工福利，30%用于增加职工收入。北京市经委同意首钢实行利润包干，要求首钢确保当年上缴2.7亿元，包死基数，超包全留。

1982年，首钢实行上缴利润递增包干，以1981年实际上缴2.7亿元为基数，递增率开始定为6%。1983年9月，经首钢全体职工讨论通过，又把递增率从当年开始提高到7.2%，这样，10年就可以使上缴利润翻番。③为了扩大积累，加快技术进步，增强企业发展后劲，超额部分的分配比例也由之前的4∶3∶3变为6∶2∶2，即60%用于发展生产，20%用于职工福利，20%用

---

① 胡景山：《钢铁传奇：百年首钢，百年中国钢铁传奇》，中央文献出版社2014年版，第62页。
② 首钢矿业公司编著：《铁源记忆》第1册，冶金工业出版社2016年版，第106页。
③ 中共北京市委宣传部、北京市思想政治工作研究会、首都钢铁公司编：《首钢改革》（上卷），北京出版社1992年版，第13页。

于增加职工收入。

此外,首钢还实行工资总额与实现利润挂钩浮动,1982年实行的办法是实现利润每增减2%,奖金相应增减0.1个月的标准工资,1985年改为实现利润每增减1%,工资总额相应增减0.8%,企业有了更强的动力。实行部分产品自销,计划内产品留给15%自销,超计划产品由企业自销或留用,进一步扩大了企业自主权。至于承包期限,则实行长期承包,一直到1995年。[①]

首钢的内部承包制就是把企业向国家承包的任务与目标,按照责、权、利相结合的原则,先后实行岗位经济责任制与专业经济责任制,层层分包,落实到人。1981年6月,首钢开始在内部层层实行责、权、利相结合,"包、保、核"到人的经济责任制,并制定了4条原则:一、以经济效益为中心,全面完成国家计划;二、把协作关系作为经济责任的一项重要内容;三、正确处理国家、企业、职工三者利益关系;四、把经济责任制真正落实到每一名职工。[②]此后,首钢还制定了《职工代表大会暂行条例实施细则》和第一个"包、保、核"方案,建立起检查考核、提案工作、规章制度安全检查等委员会,持续完善经济责任制。

首钢实行内部承包制是一个庞大的体系,不仅涉及指标、领导体制、管理体制、分配制度,还涉及思想政治教育、党的建设等内容,但核心内容在于"包、保、核"体系,即"两包、一保、一核"。

所谓"两包"指的是指标承包体系和技术业务承包体系。起初,首钢建立起以标准、考核、奖惩为核心内容的指标承包体系,实行岗位分工承包制。任务是分下去了,技术业务工作没有跟上去,因而最初实行的时候出现了一些问题。这也让首钢充分认识到不仅要承包指标,还要承包为实现指标每个部门和职工应当做的技术业务工作。从1982年11月开始,首钢审定了计划、财务、技术、劳动工资等20多个专业经济责任制方案,对每个专业应该干什么,每项业务应达到什么标准,按照什么程序进行及完成时限要求,由谁负

[①②] 中共北京市委宣传部、北京市思想政治工作研究会、首都钢铁公司编:《首钢改革》(上卷),北京出版社1992年版,第310—311、277—278页。

责、怎样协作，相应考核、奖惩办法等作出详细规定，并于1983年4月开始执行。这样，指标承包体系解决了"干什么"的问题，技术业务工作承包体系解决了"怎么干"的问题，岗位分工承包制解决的是"谁来干"的问题。

所谓"一保"就是把企业内部单位、部门直到每个人之间的协作关系，包括为确保企业总体效益的提高，上下工序之间、前后左右之间的相互协作、主动配合所必须做到的内容，都制定出明确的指标、要求，作为承包任务落实到每个岗位。

所谓"一核"就是对于"两包、一保"的各项任务，规定出考核标准和考核办法，进行严格考核，并同分配挂钩，做到赏罚分明，按劳分配。[①] 在考核上，首钢坚持规章制度面前人人平等，进行严格考核，使考核不仅关乎奖惩，更关乎政治荣誉和主人翁意识，劳动纪律有了很大好转。炼铁厂的一位炉前工主动帮别人吊氧气瓶时发生意外，出了一次重大未遂事故，按规定应扣掉他个人的当月奖金及全炉职工20%的奖金，起初他想撂挑子不干了，但他若是不干意味着其他人将承担更多工作，这使他过意不去，转天仍然按时到岗。

首钢承包制改革使得企业计划管理、技术管理、财务管理、设备管理、劳动管理等方面的业务都分解、落实到个人，有力地推动了企业各项工作的发展。具体来说，由于改革激发了广大职工的积极性，使得首钢党委、职工代表大会等能够充分吸收民意，汇集民智，推动企业进行正确的决策；由于各项工作有着明确的指标体系，因此改革也推动了企业的数据管理；由于改革促使企业由过去单纯生产型转变为生产经营型，促进了各项规章制度建设和管理科学化；由于严格考核，推动了按劳分配原则的贯彻，特别是在奖励方面，"总额不超过""单位不拉平""个人不封顶"，这也进一步推动了劳动纪律的整顿和加强；由于新发展新要求，改革对班子的要求越来越高，极大地推动了企业领导班子的整顿，一大批有开创能力，懂生产技术、业务，会

---

① 中共北京市委宣传部、北京市思想政治工作研究会、首都钢铁公司编：《首钢改革》（上卷），北京出版社1992年版，第322页。

城乡经济体制改革起步

经营管理，有组织能力，有革命干劲，有进取精神的人被选拔到领导岗位上来。

承包结硕果

首钢实行承包制改革后，企业效益大幅提升。1981年下半年实行承包制改革，首钢开始从各方面开源节流，在钢、铁产量分别比上一年减少6%和10%的情况下仍实现利润3.16亿元，比1980年增加9.07%。成本在弥补上半年亏空后，全年比1980年降低2.4%。1981年首钢上缴利润达到2.7亿元，同1980年上缴的2.48亿元相比，增长8.9%，做到了减产增收。特别是1981年8月至12月这5个月，平均月利润水平达到3000万元以上，创造了历史新纪录。[①]

1982年，首钢实行上缴利润递增6%包干制度，进一步调动了广大职工的积极性。这一年，在全国同行业55项技术经济指标中，首钢夺得了32项冠军，其中7项达到或保持了当时国际先进水平。全年增产节约获益3586万元，克服了2600万元外部减利因素，使可比产品成本比上一年降低5.02%，经济效益大幅提高。[②] 铁、钢、钢材产量分别达到291.6万吨、192.3万吨和165.5万吨，比1981年增长8.6%、5.7%、10%，实现利润5.27亿元，企业留利也由1981年的5749万元上涨至1.1514亿元，整整翻了一番。1983年，首钢将递增率改为7.2%，这一年实现利润6.33亿元，提前23天完成向国家上缴4.38亿元利润计划，并且为了支持北京市完成当年上缴国家财政任务，年底首钢又在规定利润缴额基础上多缴了500万元，企业留利1.521亿元。[③] 1984年，首钢实现利润7.78亿元，连续6年实现利润平均每年递增20%，企业留利2.4183亿元。

之所以能够取得这样好的效益，一个直接原因就是通过实行承包制改革，

[①] 首钢经济研究所、首钢党委政研室编：《首钢实行专业经济责任制经验汇编》，首钢经济研究所、首钢党委政研室1983年版，第5页。

[②][③] 中共北京市委宣传部、北京市思想政治工作研究会、首都钢铁公司编：《首钢改革》（上卷），北京出版社1992年版，第284、287页。

极大调动了企业和职工的积极性，使每一位职工能以主人翁姿态去工作，效率自然不同。特别是递增包干办法，改变了国家与企业的分配关系。国家逐年稳收、增收较有保障，企业留利则随着经济效益的高低而浮动，年年有新的压力，年年也有新的动力与活力。具体来说，企业留利的连续增长，使企业获得了大量资金更新技术，扩大生产；再者，由于成本控制，企业能够有意识地提高资金使用效率。以1978年实现利润1.8951亿元为基数，从1979年到1983年，5年间实现利润的增长额共7.8915亿元。其中，靠增加投入多产出而增加的利润为3.5207亿元，占利润增长总额的44.6%；靠提高现有固定资产和流动资金的利用效率，即不增加投入多产出而增加的利润额约为4.3708亿元，占利润增长总额的55.4%。

当时，社会上还有首钢在增长利润中"拿大头"甚至"首钢留利拿了85%"的说法。针对这种说法，1983年初，首钢在向上级的报告中说明："首钢1981年包干基数2.7亿元，比改革前1978年全额利润（历史最好水平）还高42.5%，是冒了很大风险的。如果利润增长部分限定企业拿小头的比例，实际还是利润留成的老办法。对全民所有制企业来说，国家所得不能只计算企业上缴利润这部分，还应包括企业留利所形成的固定资产。在包干基数先进合理的前提下，在不低于国家上年收入并有一定比例递增的前提下，不要怕企业富。"[①]

1984年7月，首钢党委又给万里打报告，汇报了首钢改革以来经济效益及国家与企业之间分配的情况。报告列举以下数据：改革后5年首钢实现利润共17.36亿元（不含1983年并入的原市冶金局黑色冶金企业有关数据），减去国家规定留给企业的环保收益和归还贷款后为17.15亿元，而上缴利润计达13.86亿元，占实现利润的80%；改革后5年，首钢逐年累计新增利润2.89亿元（按环比计算），上缴1.78亿元，占新增利润的61.6%，如果加上新增利润中60%用于发展生产的6665万元，等于向国家贡献2.45亿元，占

[①] 中共北京市委宣传部、北京市思想政治工作研究会、首都钢铁公司编：《首钢改革》（上卷），北京出版社1992年版，第285页。

新增利润的 84.6%。国家从首钢得到"两个大头"①，从而驳斥了"留利 85%"的说法。

首钢经验的推广

尽管存在质疑声音，首钢还是走出了一条靠承包制搞活国营企业的路子。一时间首钢经验成为热点，吸引着无数企业前来参观取经。国务院和北京市通过各种方式积极推广首钢经验。

国务院有关部委举办了各种培训，介绍首钢改革经验。1982 年 2 月 16 日至 27 日，冶金部在首钢举办"首钢经济责任制研究班"，部机关各司局，各大钢铁企业和各省冶金厅领导参加。5 月 5 日至 6 月 25 日，国家经委在北京先后举办 4 期学习首都钢铁公司经验座谈会。参加座谈会的有 28 个省、直辖市、自治区经委主管企业整顿的副主任、企业处长，18 个大中城市的经委副主任，国务院 26 个部级单位有关司局长、处长，地方和部属的 131 个大中型骨干企业的党委书记、局长、经理、厂长和主要科室负责人，以及国务院有关部门、全国总工会、中国企业管理协会、北京市企业管理协会和清华大学、中国人民大学等一些院校的同志，共 880 人。② 1983 年 10 月 12 日，冶金部在首钢举办专业经济责任制研究班，研究推广首钢经验。参加研究班的有各省、直辖市、自治区冶金行业 168 个单位的 537 名同志，其中厅（局）长、公司经理、厂（矿）长、党委书记 134 人，北京市和甘肃省 100 多位企业领导也参加了研究班。1984 年 6 月 10 日至 18 日，全国企业整顿领导小组和国家经委在首钢举办国营工业企业内部经济责任制研究班，28 个省、直辖市、自治区和 16 个工业城市经委的负责人，国务院有关部门以及 135 个企业的负责人近 300 人参加。③

北京市同样重视首钢经验的推广，不仅组织市属各工业局参加市经委在

---

① ③ 中共北京市委宣传部、北京市思想政治工作研究会、首都钢铁公司编：《首钢改革》（上卷），北京出版社 1992 年版，第 289、287—288 页。
② 全国企业整顿领导小组办公室、国家经济委员会企业管理局编：《企业全面整顿经验选编》，企业管理出版社 1983 年版，第 128 页。

首钢举办的学习班，还推动各工业局举办本系统所属公司（总厂）和主要企业学习首钢经验的学习班。一些重点公司（总厂）、主要企业也采取举办学习班、报告会，现场观摩学习等形式学习首钢经验。

1982年5月，冶金工业部与首钢党委合编的《首钢实行经济责任制的经验》一书出版发行，著名经济学家薛暮桥为该书作序，1983年1月，该书又发行第2版，收录了首钢党委和计划处、总调度室、财务处、劳资处等部门的文章，就为什么要实行经济责任制，各部门怎样落实经济责任制做了详细介绍。这本书发行量当年达到40万册，成为不折不扣的畅销书。[1]

首钢从1982年第四季度开始建立专业经济责任制，取得良好成效。1983年底，首钢经济研究所、首钢党委政研室合作编写了《首钢实行专业经济责任制经验汇编》，收录了首钢党委和计划处、经理部、劳动工资处等部门、企业的经验文章，对企业管理科学化作出初步总结。同时，实行专业经济责任制以来，由于各方面纷纷来人来函索要且数量很大，首钢将计划、财务、劳动工资等20个业务系统的专业经济责任制整理汇编成《首都钢铁公司专业经济责任制》，每一个专业管理系统为一分册，整套书共20册，300余万字，作为内部资料供科研部门、院校、企业等有关单位参考。[2] 这套丛书发行25万册。尽管上述两种书是内部发行，但同年由中国社会科学院蒋一苇主编的《首都钢铁公司经营管理考察》公开出版，对首钢的岗位经济责任制、数据管理、计划管理、物资管理等做了详细介绍，使更多人能够了解首钢经验。[3]

首钢还曾将改革的一系列政策、制度和做法编成《首钢承包制试点中的制度和政策》一书，内容涵盖首钢领导体制、民主管理制度、分配制度、职工文化生活等各方面内容。该书起初属于内部发行，目的是给新并入首钢的企业提供必须遵循的规范，也为首钢内部各级领导干部和专业管理人员提供

---

[1] 中共北京市委宣传部、北京市思想政治工作研究会、首都钢铁公司编：《首钢改革》（上卷），北京出版社1992年版，第282页。

[2] 首钢党委政策研究室、首钢经济研究所等编：《首都钢铁公司专业经济责任制》，1983年版。

[3] 蒋一苇主编：《首都钢铁公司经营管理考察》，中国财政经济出版社1983年版。

培训教材,后来一些兄弟企业和经济界人士纷纷到首钢索取。1989年,该书由光明日报出版社公开发行。

首钢经验的不断推广,为全国深化企业改革提供了借鉴。1983年,国家在全国工业企业推广首钢经验,全国钢铁企业普遍实行承包制,钢铁企业自我发展能力不断增强。

四、天桥百货实行股份制改革

在国营企业推行扩大企业自主权、实行承包经营等改革措施同时,北京市一些企业中还试行了股份制改革。其中,成立于1984年7月的北京市天桥百货股份公司敢于第一个"吃螃蟹",成为全市第一家实行股份制的国营商业企业,也是全国国营商业中最早实行股份制的企业。

前进中呼唤新的改革

北京市天桥百货股份公司是在天桥百货商场的基础上组建的。天桥百货商场始建于1953年,最初为中国百货公司北京市公司第四批发部,后改名为天桥百货商场。20世纪50年代,天桥百货商场有着优良业绩,1958年成为全国闻名的红旗单位,曾被命名为"全国第一面商业红旗",在全国掀起"学天桥、赶天桥"的热潮。然而,商场从建立到20世纪80年代初,经营规模总体没有太大变化,自有资金总额不过80多万元。[①] 公司经营自主权也很有限,财务审批权限在10元以下。据当时的经理张继斌回忆,商场花7元钱买两把算盘,他这个经理也无权批;天桥百货商场修个厕所,都要向上级申请。[②]

随着国企改革的起步,天桥百货商场也迈出了改革步伐。1982年8月,天桥百货商场在四个营业组试点的基础上开始全面试行经营责任制,使得各

[①] 段柄仁主编:《北京市改革十年(1979—1989)》,北京出版社1989年版,第433页。
[②] 李幛喆编:《中国股市风云档案》,中国经济出版社2011年版,第33页。

项经济指标达到历史最好水平，全年销售额、利润额以及全员劳动效率均较上年有了小幅增长。转年1月，在前门大街开展试点工作中，天桥百货商场又与上级主管单位——崇文区百货公司签订合同，实行"承包利润基数，超额分成"的经营责任制，进一步扩大了企业自主权，提升了职工积极性，经营效益与服务水平又有了新的提高。①

然而，这些改革只是初步的。当时困扰天桥百货商场发展的最大问题是经营规模。那时的天桥百货是崇文区百货公司下属的一个科级单位，经营场所是一个1400平方米的破旧大棚，一到下雨天还得支上几根铁柱防止倒塌，要想扩大经营规模，改善经营环境，则需要大量资金的支持。而企业的自有资金只有国家每年给商场的拨款50万元，想要多进货却没有资金。

钱从哪里来？1983年4月，北京市体改办与北京财贸学院企业课题小组，对天桥百货商场进行了近一个月的调查，提出可试行股份制改造，解决企业发展所面临资金问题的想法。天桥百货商场也参考国外企业股份制的有关经验，认为发行股票不仅便于筹集经营资金，而且股份公司与上级行政管理部门脱钩，不吃国家"大锅饭"，就可以独立经营、自负盈亏，从而创出一条新路。

"药方"开出来了，但职工却对此看法不一。有人担心，不吃国家"大锅饭"风险太大，弄不好会前功尽弃；有人担心，不端"铁饭碗"，劳保福利没有保障。部分老职工顾虑更多。针对这种情况，商场领导组织全体职工进行学习和讨论，分析30年来商场发展缓慢的原因，展望经济改革的前景，使大家认识到：股份公司是与商品经济相联系的一种企业组织形式。实行股份制，有利于商品经济的发展，有利于商场的开拓进取。② 思想工作做通了，筹备工作也就得以开展了。

---

① 北京市社会科学研究所组编：《北京商业改革文件资料汇编》，中国展望出版社1983年版，第203页。
② 段柄仁主编：《北京市改革十年（1979—1989）》，北京出版社1989年版，第433—434页。

| 城乡经济体制改革起步

摸索中的筹备

试行股份制在当时无疑是一个新鲜事物,大家既缺乏股份制的理论知识,又缺少发行股份的实践经验。经济学家吴敬琏曾提到,当时大家都不太清楚股份制是怎么回事。那时,他曾参加过有关天桥百货商场搞股份制的专题讨论,但当时连自己也弄得不是太清楚,只是在《资本论》上看见过,至于股份制到底具体是怎么回事并不是太清楚。[1]

然而,天桥百货商场突破思想束缚,顶住各种怀疑和压力,选择了"试行股份制的方案"。首先要拟定公司章程,确定公司的性质和宗旨。1984年,我国还没有现成的股份制政策、法规,天桥百货只能"照葫芦画瓢",参考国外股份制企业的经验和对新中国成立前股份制的点滴印象,结合自身实际进行摸索。拟定的章程对公司的宗旨和性质作了如下规定:进一步贯彻"对外开放,对内搞活经济"的方针,认真贯彻国家的各项政策,改革商业体制,实行政企分开,所有权与经营权分离,扩大企业自主权,发挥职工的积极性和创造性,更好地为人民服务。同时,还对"经营范围""股份""公司组织形式""决算与盈余分配"等问题作了具体规定。公司股金总额为1000万元,每股人民币100元;北京市、外省市企事业单位及个人均可购买公司股票。股票经政府有关部门批准,分期、分批由市工商银行代理发行。股票持有者为公司股东,按《章程》规定享有股东的权利和取得股息或红利的权益,并承担以购股额度为限的企业亏损的经济责任。此外,《章程》还对公司股票的继承、转让或进入证券交易市场买卖,以及发行、登记、过户、注册、挂失等手续作了具体规定,从而为招股集资做好了准备。[2]

资产评估工作是在资产评估机构尚未设立的情况下进行的。当时由市财办、市财政局、人民银行北京市分行、崇文区税务局、区税务三所等部门共同对公司财产进行评估。天桥百货商场原国家流动资金和固定资金账面价值

---

[1] 阎嗣烈、张志强主编:《国有资本营运实务》,中国经济出版社2001年版,第136页。
[2] 段柄仁主编:《北京市改革十年(1979—1989)》,北京出版社1989年版,第434页。

85万元、前门分店原国家流动资金和固定资金账面价值44万元,经评估新增34万元,共计资产总额为163万元,全部界定为国家股。① 当时还存在一种做法,就是将企业自身积累的增量资产设为"企业股"以区别于国家股。有人向商场负责人建议设置企业股,认为保不齐国家股抽走了,还有企业股可以安身立命。这一建议被商场经理断然拒绝:"产权不清晰的苦还没尝够吗?设企业股,谁来代表它?"②

办理营业执照时也遇到了问题。企业性质究竟该如何界定?说国营,股票也面向个人发行;说集体,也跟当时的集体企业不大一样;说个人,更不是那么回事。工商局为此讨论了三天时间,最后把企业性质定为"全民、集体、个体合营",才算解决了这个问题。

试行股份制改革

随着筹备工作的不断推进,天桥百货股份有限公司成立的日子也逐步明晰。1984年7月14日,北京市财办、崇文区政府召开会议,决定从当日起成立北京市天桥百货股份有限公司,公司为多种经济成分的联合实体,分三批发行股票总计1000万元,首批发行300万元。原来的北京天桥百货商场有了一个新名字——北京市天桥百货股份有限公司。7月20日,北京市天桥百货股份有限公司正式注册,营业执照号为1434号。7月26日,天桥百货股份有限公司召开成立大会,公布了公司《章程》,并按照《章程》规定,由股东大会选举产生董事会和监事会,由董事会选举董事长,任命了总经理,完成了公司的组建工作。

公司由中国工商银行代理发行了第一批股票300万元,面值分为100元、1000元、1万元三种,由北京印钞厂印制。公司的领导后来回忆说:说老实话,发股票当时我们想都不敢想。我们听说过股票,但是怎么发,怎么分红

---

① 赵林如主编:《什么是现代企业制度 现代企业制度理论与实务》,中国工人出版社1994年版,第274页。
② 田俊荣:《天桥"股"道——全国首家股份制企业"北京天桥百货股份有限公司"寻踪》,《人民论坛》1998年第9期。

城乡经济体制改革起步

1984年7月,北京天桥百货股份有限公司成立。

都不懂。而且当时发股票职工也不情愿买,都不懂嘛,谁敢买。我们动员职工,你是股东了,必须买,我们领导干部带头买500股,当时我们月工资才100元左右。总经理张继斌给公司干部和职工们打气说,改革不怕失败,不行我们可以卖大碗茶去。①

为了打消人们的疑虑,天桥百货发行的股票背面注明:5年还本,除分红外,保证每年5.4%的利息。用今天的眼光看,"保息还本"是天桥百货股票的最不规范之处。但回过头来看,长期浸润在计划经济体制下的普通老百姓,并没有多少风险意识,更不可能轻信一张不还本、不保息的纸。起步阶段的股票发行,带有浓厚的债券和福利色彩,这也是囿于实际的无奈之举了。

这样的保证,显然提高了人们的信心。第一期股票,仅五六天时间就被购买一空。有8个企业、303名个人认购了股票。企业认购最多的为20万元,最少的1万元;个人认购最高限额为2000元,最低为100元。有一对离休夫妇携带上万元现金来公司要求入股,一个大学教师顶着烈日先后来公司四次

---

① 李幛喆编:《中国股市风云档案》,中国经济出版社2011年版,第33—34页。

要求买股票，还有很多外地群众来函、汇款要求入股，公司内部也有半数以上职工认购股票。① 最终股票的发行结果是：国家股占 50.97%（天桥商场和前门分店的全部资金），银行股占 25.89%，企业参股占 19.69%，职工个人入股占 3.46%。②

公司实行董事会领导下的总经理负责制，根据《章程》制定了《董事会章程》和《公司总经理和店经理工作条例》。董事会由九名董事组成，是企业决策的最高权力机构，对政府和股东负责。董事会负责讨论通过企业的年度计划、财务决策、经营决策、干部人选及其他重大事项。总经理是董事会聘任的高级管理人员，直接负责企业的经营管理，组织实施董事会通过的各项决定。总经理有权对企业经营活动进行统一指挥，真正做到有职、有权、有责。这为企业经营机制的正常运转，实现企业的经营目标提供了可靠的保证。总经理任期4年，同中层经理签订任期目标责任书，有权任免企业中层干部，彻底打破了终身制。上述做法对企业领导体制进行了重大改革，冲破了多年来旧的管理体制的束缚。

公司设一室、二部、三科，即总经理办公室、开发部、营业部、财务科、宣传科、保卫科。公司对下属各基层店实行定额、放权的承包经营责任制，对基层店经理制定考核标准，并在各企业内部实行民主管理，下放经营自主权、人事管理权、资金使用权、费用开支权和奖金分配权。在建立健全指挥和服务机构的同时，公司逐步制定和实行了《干部工作条例》《职工奖惩制度》《合同工制暂行条例》《实物负责制》等一整套规章制度。公司实行全员劳动合同制，采取择优汰劣的用工制度，区别不同情况与职工签订短期、中期、长期合同。这实际上在用工制度上彻底打破了"铁饭碗"，公司可以随时招工，并视职工表现给予奖励和辞退。

在分配制度上，公司打破了原来的级别工资制，实行效益与奖金（工资）挂钩的分配制度。公司自行制定企业工资分配办法，取消了旱涝保收的

---

① 朱振江主编：《股份制与企业兼并》，中国经济出版社1989版，第489页。
② 段柄仁主编：《北京市改革十年（1979—1989）》，北京出版社1989年版，第434页。

> 城乡经济体制改革起步

基本工资和固定不变的福利补贴，把每个人的工资、福利、奖金同自己的工作量和服务态度全部捆绑在一起，这样一来干得好的可以拿到全额工资和上百元奖金，干得不好的连基本工资都拿不到。[1]

公司所属企业一律实行独立核算、照章纳税、自负盈亏。税后留利在缴纳能源交通重点建设基金后建立四项基金，即董事会基金（12%），主要用于业务开发、开办经费、会务费、宣传广告赞助费、股票印刷及付息分红的手续费等项目；职工后备保险金（8%），用于购买国库券和在意外情况下保证职工的正常收入；红利基金、企业基金（各占40%）分别用于股金的付息分红和集体福利、职工奖励、增加工资等。[2]

实行股份制取得了良好效果。公司效益有了较大提升，年营业额近7000万元，成立后的三年半时间里上缴国家税利1089万元；[3] 企业留利也大大增加，1984年7月至1985年12月，全公司税后留利132.58万元，扣除红利基金后还有79.55万元，而在此之前企业留利的历年滚存结余仅有33万元，这当中还包括6.7万元作为调剂基金上交区百货公司。[4] 公司资金来源增加，实现了资金的横向融通，也促使入股企业、个人更加关心公司经济效益水平的提高，提升了企业职工的积极性，促进了公司经营服务水平的提高。

天桥百货实行国有资产股份制改造，通过发挥经营自主权，并借助募集社会资金的优势，使公司在规模和效益上很快超过了前30年。在原来天桥商场的基础上，公司通过组合，逐步增加了前门商场、百货批发部、家用电器批发部和副食品批发部，开设了百货商场、副食店，新建仓库，开设招待所，联合开办信用社。经营点迅速增加，业务量不断扩大，出现了交往多、渠道活、效益好的局面。

1985年，天桥百货股份有限公司同全国一些有影响的大型商场共同组建

---

[1] 倪小林、阎振国：《股份制——搞活企业的有效途径——北京天桥股份有限公司董事长张继斌谈感想》，《瞭望周刊》1988年第41期。
[2] 朱振江主编：《股份制与企业兼并》，中国经济出版社1989版，第488页。
[3] 段柄仁主编：《北京市改革十年（1979—1989）》，北京出版社1989年版，第435页。
[4] 朱振江主编：《股份制与企业兼并》，中国经济出版社1989版，第490页。

了"全国新兴商场开发联合会",成员单位达 25 家,进一步开辟货源渠道,密切信息交流。1986 年,会同 22 个省市的 30 家中型百货商店,组建"全国大中城市百货商店联合会",在 9 个城市设立办事处,进行联购分销、联合经营、联合展销、调剂余缺等业务活动。还共同集资 150 万元,开设"北京商业联合总公司",探索投资开发途径,支持乡镇企业发展,获得了较好的经济效益。

天桥百货商场股份制改革的有益探索,从理论和实践上为北京市,乃至全国的国营企业股份制改革起到示范作用。1985 年 10 月 30 日,北京国营工业系统第一个股份制企业——丽源日化股份有限公司成立。12 月,北京天龙股份有限公司、北京旅行车股份有限公司成立。到 1988 年 6 月底,全市实行股份有限公司形式的股份制企业达 9 家。

五、管好企业要靠"明白人"

无论是实行利润留成、以税代利还是承包责任制,国企改革都是从激发广大干部群众积极性,妥善处理好国家、企业与职工个人之间利益出发,目的是打破以往的"大锅饭"体制,改变高度集中的计划经济体制。企业改革发展,关键在于有一个好的领导班子。企业管理是个技术活儿,需要把懂管理、懂经营、懂技术的人放在相应的位置上,让专业人做专业事。若不妥善解决人的问题,再好的政策、方针也落不了地。也正是在这一时期,党中央提出了干部队伍的"四化"方针,即革命化、年轻化、知识化、专业化,为国企改革调整领导班子指明了方向。

企业发展需要"明白人"

北京国企改革刚刚起步时,企业班子水平参差不齐。相当多的老同志和技术干部都还没有回到领导岗位上,有些甚至还在车间打扫卫生,班子里还有不少造反派。北京市列入第一批整顿名单的 258 个企业,共有正副书记、正副厂长 1601 人,文化程度高中及以上的仅占 1/3;有技术职称的 322 人,仅占 1/5。其中有 43 个企业的领导班子文化程度都在初中以下。① 在经委系统 1167 个工业企业领导班子中，普遍存在人员偏多、年龄偏大、文化偏低、专业技术干部偏少的现状。② 这种状况很不适应加强企业管理的要求。

"兵熊熊一个，将熊熊一窝。"许多企业管理不善、效益很差，在很大程度上是由于领导干部文化、技术、业务水平低。企业领导不行，结果就是发展滞后。例如有些小厂是"老大爷""老大妈"当家，橡皮图章和钥匙挂在腰上，来个客人都要找厂长开抽屉拿茶叶，而一些高校毕业生却在推车拉料，根本发挥不了应有的作用。不管是"老娘"还是"老大爷""老大妈"，这类人只管抓权，不懂管理，有如此干部带头，广大职工即便浑身是劲也无用武之地。当时还出现了"墙内开花墙外香"的现象。北京汽车制造厂有一位技术员，水平很高，却不被重用，结果被邻市慧眼识珠挖走了。到了新单位的他如鱼得水，设计改装了 130 型小卡车的结构，产品备受欢迎，在竞争中把北京的同类产品甩在后头。

火车跑得快，全靠车头带。随着改革的持续推进，班子水平的高低对企业发展的影响越来越大。班子水平高，企业效益就好。例如北京半导体材料厂由于起用一个被戴过右派帽子的知识分子参加厂领导班子，改进了经营方针，1981 年比 1979 年产量翻了三番，利润增长 1.7 倍，在全国同行业中名列前茅。北京造纸总厂面对 1980 年下半年出现的产品严重滞销问题，大胆提拔一个中专毕业、在造纸系统工作了 30 年的同志为工程师，由他制订和组织实施调整产品结构的规划，起到了良好效果。③ 北京市无线电元件九厂的领导班子，经过 3 次整顿，当时 5 名正副厂长中 4 名是大专毕业生，1 名是中专毕业生，厂级干部平均年龄从 46.5 岁降到 42 岁。他们朝气蓬勃，企业经济效益不断提高，1981 年比 1979 年工业总产值增长 85.9%，利润总额增长

---

① 《北京市经委副主任王大明在全国企业整顿工作座谈会上说　领导班子配上几个"明白人"　经济效益就能显著提高》，《人民日报》1982 年 7 月 19 日第 1 版。

② 全国企业整顿领导小组办公室、国家经济委员会企业管理局编：《企业全面整顿经验选编》，企业管理出版社 1983 年版，第 420 页。

③ 郝真、王惠敏、王志良等：《"明白人"提出始末》，《中外企业文化》1999 年第 4 期。

26.4%；1982年1月至5月与前一年同期相比，产值增长21%，成本降低19%，利润总额增长43%。①

同样情况的还有北京化工三厂。党的十一届三中全会以后，该厂根据"四化"要求对领导班子多次进行调整和整顿，把大批优秀中青年干部选拔到厂级和中层领导岗位上来，认真落实知识分子政策，有力地推动了生产建设的发展。1981年比1980年产值增长20.4%，上缴利润在原料涨价、产品降价，减利120多万元的情况下，增长13.8%，利税总额增长21.3%。1982年在由于同样原因减利约300万元的情况下，总产值比1981年增长10%以上，上缴利润增长6%以上。②

一反一正，不言自明。要想提高企业效益，就必须提高企业领导班子水平。

"明白人"引发大讨论

"文化大革命"结束后，为了将此前遭受严重破坏的企业管理体制、规章制度、操作规程重新恢复起来，党中央首先开展企业整顿，重新起用技术人员，提高职工文化、技术水平，以加快工业发展。

尽管整顿取得了一定成绩，但从全国来看，"企业整顿工作的进展是不平衡的，整顿得好的是少数，处于中间状态的是多数，没有认真进行整顿、管理混乱、存在严重问题的也是少数"。为了进一步贯彻执行国民经济"调整、改革、整顿、提高"的方针，促进我国国民经济状况的根本好转，1982年1月，党中央、国务院决定从当年起用两三年时间，有计划有步骤、点面结合、分期分批地对所有国营工业企业进行全面的整顿工作，要求企业搞好三项建设，即逐步建设起一种又有民主又有集中的领导体制，逐步建设起一支又红又专的职工队伍，逐步建设起一套科学文明的管理制度，达到国家、企业、职工个人三者经济关系兼顾好，产品质量好，经济效益好，劳动纪律好，文明生

---

① 王大明、苏峰：《回想关于"明白人"的争论》，《百年潮》2009年第7期。
② 全国企业整顿领导小组办公室、国家经济委员会企业管理局编：《企业全面整顿经验选编》，企业管理出版社1983年版，第42页。

产好，政治工作好，成为"六好企业"。① 这次整顿被称为"建设性整顿"。

这一时期，国家经委具体负责中央层面的企业整顿工作。1982年4月，国家经委领导到北京市蹲点调研，了解北京市企业整顿情况。当时，市经委副主任王大明主持北京市的工业企业整顿工作，他陪同袁宝华到北京第二热电厂、北京耐火材料厂、北京第二棉纺厂、北京光学仪器厂等近20家企业进行调研，还在首钢开了几次学习经验交流会。在调研过程中，两人多次进行交流。袁宝华认为企业干部需要学习一些现代化的知识，包括现代企业管理方面的知识与技能等，王大明认同这一观点，提出应当选择有知识、懂经营、会管理的"明白人"管理企业。② 两人达成共识，企业要走上正轨，提升经济效益，首先要用"明白人"。

这个"明白人"不是新词。早在1953年，党中央决定从全国县委书记以上干部中抽调一部分去参与苏联援助的156个项目，毛泽东特意强调每个县至少留一个"明白人"管农业。后来这个词也在人民群众中广泛使用，调研过程中很多群众反映有了"明白人"企业才能搞好，王大明便借用了这个词。"明白人"不唯成分，不唯资格，也不唯学历，就是政治上明白、业务上明白，不能"瘸腿走路"。袁宝华认同这个提法，认为符合邓小平提出的干部要实现"四化"的要求，也可以避免"唯学历""唯成分""唯资格"等弊端，并鼓励王大明在当年的全国企业整顿会上发言。

1982年7月10日，全国企业整顿工作座谈会在北京举行，各省市、地区的经委主任、副主任以及大企业的负责人出席会议。翌日小组讨论会上，王大明借用"明白人"这个词在会上进行发言，汇报了北京市的调查情况。发言引起了与会人员的强烈反响。大会秘书处将王大明的发言以及各种反映整理成第3期《情况反映》上报中央，16日便得到中央领导的批示。批示明确指出："从企业基层单位来说，领导班子配上几个'明白人'，可以说是一个

---

① 国家经济体制改革委员会企业体制司、国务院企业管理指导委员会办公室编：《中国企业改革十年》，改革出版社1990年，第78—80页。
② 《袁宝华同志对王大明同志提出"明白人"问题的回忆》，王大明：《谈国有企业管理和改革》，北京出版社2013年版，第374页。

关键性的问题。改革，整顿，提高经济效益，扭转不良风气，无一不与正确解决干部问题有关。吸收一大批拥护党的路线、有知识、有闯劲、年富力强的'明白人'参加领导班子，现在是下决心的时候了。"[1] 17日，袁宝华在座谈会闭幕会上传达了这一批示。

一石激起千层浪，事情远没有结束。很快，王大明的发言就在报刊与广播上传播开来，一时间赞同者有之，反对者有之，想不通者有之。王大明接到了很多来信，北京的、外地的、拥护的、反对的，都非常多。很多技术、业务人员来信拥护王大明的说法。

有一封信是北京第七机床厂共产党员、食堂管理员写给王大明的。信中开门见山，赞成企业领导班子中应配上几个"明白人"，且北京作为首都在这方面应作出表率，并建议市级领导亲自动手抓，市有关部门抓局，局抓公司，公司抓基层，一级抓一级，坚持不懈地抓下去。信中还特地强调："这是时代的要求，是经济战线职工的渴望。"

1982年9月26日，《北京日报》头版刊登的《食堂管理员王文秀提出建议　企业班子配备"明白人"要落实》一文。

---

[1] 《北京市经委副主任王大明在全国企业整顿工作座谈会上说　领导班子配上几个"明白人"　经济效益就能显著提高》，《人民日报》1982年7月19日第1版。

城乡经济体制改革起步

关于"明白人"的标准，信中认为"明白人"不仅要有知识，年纪轻，关键还要看他有没有事业心，有没有干劲，有没有进取心，有没有相信群众、依靠群众的观点。"明白人"应该是有知识、有觉悟的知识分子，加上知识虽然不很高，但有觉悟、有事业心的人。对于从哪里找这么多"明白人"，认为要把眼睛放在基层群众中，每个角落都有那里的"诸葛亮"，每个地方都有那里的"明白人"。完全靠上级派干部不行，完全靠大专学校输送不够用，必须到群众中去发现、去选拔。实践证明，出好的产品的单位，它必然同时出好的干部；出不了好的干部的单位，它必然出不了好的产品。①

7月26日上午，邓小平同姚依林、宋平谈"六五"计划和长期规划时指出："体制改革，中心应当抓住两条。第一条是建立起管理体制、责任制，制定出规章制度、定额等等；第二条是解决好领导班子，选出'明白人'组成领导班子，这一条可能比第一条更重要。没有'明白人'出来当家，一个单位搞不出什么成绩出来。现在是应该把这个问题讲得更明白的时候了。"② 邓小平的话一锤定音。后来，袁宝华在全国企业整顿定期交流会上传达了邓小平的讲话，这场争论才算逐渐平息。

选拔培养"明白人"

转变思想并不是一件容易的事情。当时争议虽平，但起用"明白人"仍阻力重重。北京市破除陈旧思想观念，按"四化"标准调整企业领导班子，将选拔"明白人"作为整顿企业的关键。

北京市选拔"明白人"要求德才兼备。考察一个干部"德"好不好，主要看是否坚持四项基本原则，是否坚决贯彻党的路线、方针、政策，有无强烈的革命事业心和政治责任心。不能抓住一些生活细节、琐碎问题不放，不从全面的发展的观点去看问题。"金无足赤，人无完人"，"明白人"也是如

---

① 《食堂管理员王文秀提出建议 企业班子配备"明白人"要落实》，《北京日报》1982年9月26日第1版。
② 中共中央文献研究室编：《邓小平年谱（一九〇四——一九九七）》第五卷，中央文献出版社2020年版，第131页。

此。同时，北京市还有着巨大的"明白人"蓄水池。到 1983 年，北京工业系统有工程技术人员 4 万多人，占职工总数的 4.25%。这些工程技术人员中，大学毕业的占 54.4%，中专毕业的占 36%；高级工程师 300 多人，工程师 1.7 万多人。而担任厂处级以上领导干部的只占整个工程技术人员总数的 2.5%。这说明，在企业里不是没有符合"四化"标准的"明白人"，而是没有注意把他们选上来。①

在立标准、明家底的基础上，从 1982 年下半年开始，北京市经委一个厂子一个厂子抓，对全市企业领导班子进行了一次较大的调整，提拔了一大批技术知识分子担任企业领导职务。

北京市坚持稳中求进的方式，循序渐进。有被提拔的就有没有被提拔的，有调整进班子的就有调整出班子的，这个过程中每一个环节、每一个人的工作都要做到位。因此，调整企业班子，任用"明白人"，不是一蹴而就的事。

一般来说，企业班子调整遵循"摸底—考察—调整—善后"的流程。1983 年，北京市友谊公司首先摸清了公司和科级两级班子的年龄结构、文化程度等情况，特别是通过对未来几年离退休情况的预估，使公司充分认识到了调整班子的必要性和紧迫性。考察环节实行群众路线和组织考察相结合，克服选拔干部中存在的手工业方式和神秘化倾向，采取民意测验和民主推荐的办法，广泛听取各方面的意见，由组织部门进行全面考察，党委集体讨论报主管局批准。在充分考察基础上，先完成公司领导班子的调整工作，后调整机关科室和二层单位的领导班子。公司明确规定，"进入领导班子的成员必须有坚定的共产主义信念，坚持四项基本原则，执行党的路线、方针、政策，在政治上同党中央保持一致，有强烈的事业心和责任感，能全心全意为人民服务，艰苦奋斗，不谋私利。'三种人'和反对三中全会以来党中央路线的以及有严重违法乱纪行为的人，都不能进领导班子。那些品质不好，闹派性，搞不团结，没有责任心和事业心的，经教育不改的，进了领导班子也要调整

---

① 全国企业整顿领导小组办公室、国家经济委员会企业管理局编：《企业全面整顿经验选编》，企业管理出版社 1983 年版，第 420 页。

出去。那些毫无原则的'老好人'也不能进领导班子。要保证各级领导班子的领导权真正掌握在政治上可靠的同志手里"。①

除此之外，还有两项重要工作。一是注意发挥50岁至59岁干部的积极性。这一年龄段的干部约占公司中层干部的一半，但为了选拔优秀中青年充实领导班子，必将有一部分50多岁还不到离、退休年龄的同志要把领导岗位让给年轻人，不再担任领导职务。调整班子必须做好这部分同志的思想政治工作，既要使这些同志愉快地离开原领导岗位，又要认真负责地安排他们的工作，以充分发挥他们的作用。公司设立老干部活动室，定期组织老干部活动就是一个较好的措施。二是加强后备干部的考察选拔，建立正规的后备干部制度。调整班子是个广泛发动群众、从群众中发掘干部的好机会，正好趁此机会进行后备干部的考核选拔，把公司和科级后备干部名单建立起来，定期进行考核，加强后备干部的培养。②新近成立的公司同样也经历了班子调整。北京市住宅建设总公司于1983年5月成立，但成立不到两年，便也按照"摸底—考察—调整—善后"的流程重点对壁板厂、住宅一公司班子进行了调整。

北京市不仅选拔"明白人"，而且培养"明白人"。例如，北京红星工业公司所属社办企业有40个，且行业众多，经营不一，管理水平不高，存在着试行经济责任制后个人收入增长大于产值增长幅度的不合理现象。为了提升管理水平，完善经济责任制，公司组织了由有实践经验的企业经营管理干部组成的讲师团，针对存在的问题，有计划、有步骤地加强对社队企业干部的培训。

关于培训对象和培训内容，一是培训各企业统计和会计。先从基础理论知识学起，进一步弄清什么是总产值、销售收入和净产值，如何进行综合经济效益分析以及目标成本等基本概念和问题；再针对存在问题，专门学习研究单位成本中工资应占的比例，防止单位成本中工资含量的增加和奖金过高、乱摊成本等不合理现象。二是重点培训各社办企业厂长和书记，系统学习各

---

①② 《中国共产党北京市友谊公司委员会关于贯彻落实组织工作会议精神搞好两级领导班子的调整的通知》，北京市档案馆馆藏，档案号316-003-00116-00004。

项企业管理知识及企业统计、会计知识,并将其纳入企业领导干部应知应会范围。

关于培训方式,采取理论与实际相结合,借学习培训研究经济责任制的各种形式,分析其利弊,找出适合本企业实际情况的责任制形式。关于考核方式,参加培训的企业经营管理干部对所有社办企业进行一次综合经济效益分析,一方面检验企业厂长、书记、统会人员学习效果,另一方面通过综合效益分析提高经营管理水平。培训企业统计、会计、管理人员,使他们成为"明白人",对加强企业基础工作,进一步健全完善经济责任制,提高企业经营管理水平可以起到很大作用。

1984年,北京市成立企业领导班子建设领导小组,进一步抓好全市大中型骨干企业领导班子的调整工作。经过严格考察和民主推荐,北京市起用了一批有大学学历、熟悉业务、有能力、有威信的技术管理人才,担任厂长和书记。这些措施有力地加强了企业的领导核心,落实了知识分子政策,提拔了相当多政治上和业务上都比较明白的干部,对北京市工业企业的改革和发展起到了很大推动作用。

调整企业班子,任用"明白人",是企业整顿的关键与突破口。北京市通过选拔一批"明白人",提升了国营企业经营管理水平,推动了经济体制改革的深入。

第五章
发展多种经济成分

20世纪六七十年代，全国掀起了知识青年上山下乡运动，大批知青从城市来到农村。"文化大革命"结束后，越来越多的知青返回城里。为了应对知青返城带来的就业问题，北京市大力发展集体经济，推动个体经济的恢复与发展，既安置了大量待业青年，又在一定程度上解决了人民群众的生活难题。同时，在对外开放政策的推动下，积极引进外资，外资经济应运而生。多种经济成分的发展，使得单一公有制经济的一统天下被打破，进一步提升了经济活力。

一、待业青年安置与"大碗茶"

改革开放之初，下乡知识青年大量返城，再加上城里每年的中学生不再下乡成为新的"增量"，以及尚在农村的"存量"知青，三项叠加，就业压力猛增，一时间多出了很多待业青年，返城知青占据相当大的比重。1979年，全国2000多万待业人员中就有回城青年700多万、留城待业青年320多万。如何妥善安置待业青年，成为当时城市工作中一个十分迫切而又非常重要的问题，要是处理不当，就会影响安定团结。

找到安置待业青年的新路

1979年，北京市共有40万城市青年需要安置。在这40万人中，1977届以前的毕业生有 10 万多人，多数已闲散了一两年，长的达七八年之久；1978 届高中毕业生 20 万人；在郊区和农村插队的知青按政策规定需要回城的有 5 万人；大、中专毕业生近 1 万人；复员转业军人 1 万多人；落实政策回城需要安置的 2 万多人；刑满释放，解除劳改、少管等尚未安置的 5000 多人。其中，按计划招工、招生、上山下乡可以安置 20 万人，剩下的 20 万人则需要另想办法。

当时，大量的待业青年没有工作，带来很大的社会问题。最直接的便是给本人和家庭带来经济压力，毕竟没有工作便没有收入。根据 1979 年初北京市对 10 个区的调查，在待业时间比较长的 7 万多名青年中，家庭平均生活费在 15 元以下的有 7000 人，约占 10%。[1] 而 1978 年，北京城镇居民人均消费水平为 450.8 元，[2] 城镇居民家庭年人均收入为 450.18 元。[3]可见这部分人生活之窘迫。一人待业，全家发愁，更何况当时还存在一个家庭同时多人待业的情况。有个老知青发牢骚说："走时一个人，回来 4 张嘴，要吃要喝要穿，可父母挣的工资就那么多，怎么办呢？"[4]

再者，待业青年长期得不到安置，一部分人无事生非，甚至进行违法犯罪活动，对社会主义制度的优越性产生怀疑，严重影响社会的安定团结。据西城区展览路街道的调查，在 1900 多名待业青年中，就有 200 多名沾染上坏习气，有些人走上了违法犯罪的道路。其中，新兴里社区居委会的 28 名待业青年，有 16 人因违法犯罪被公安部门拘留过。当时流传着这么一句话："知青苦，着急在父母；社会不安定，压力在政府。"可谓真实写照。

归根结底还是就业问题、饭碗问题。其实，早在 1978 年 7 月，在北京市委领导下，由劳动、统计、公安、规划局和知青办等部门组成北京市城市社会结构调查小组，对崇文区展开调查，并写出了《从调查城市社会结构入手，

---

[1] 《北京市委、市革委会关于安排城市青年就业问题的报告》，《劳动工作》1979 年第 1 期。

[2][3] 北京市统计局、国家统计局北京调查总队编：《北京六十年 1949~2009》，中国统计出版社 2009 年版，第 54、138 页。

[4] 刘述礼主编：《日照京华——纪念中国共产党成立七十周年》，北京出版社 1991 年版，第 580 页。

城乡经济体制改革起步

统筹解决新成长劳动力的问题》报告,随后又提交了《关于安排城市青年就业问题的报告》。8月,北京市知识青年上山下乡领导小组便提出此后5年城市中学毕业生和下乡知青的安排意见,提出"城镇中学毕业生的安排原则上不再到农村插队,而应当着重在城里安排。在城里安排确有困难的那一部分青年,除在现有农场安排以外,市县两级还可以再兴办一批农林牧渔场。对于当时郊区农村的14余万下乡青年采取每年分配一定招工名额的办法,争取数年内逐步调回分配工作。关于在外地农村的6.7万名知青的问题,对于已经在农村结婚成家、生活问题尚可解决的插队青年,鼓励和支持他们为农业现代化作贡献。今后5年内,按每人每月10元的标准,通过其家庭给本人以经济补助。对于未婚的插队青年,生活有困难且难以长期坚持下去的,经与兄弟省区协商后,在今后几年内分批调回。同时,放宽困退、病退政策,继续执行退休退职顶替的规定。对于在外地农场的知青,有待进一步协商"。[①]尽管出台多种措施,但对于40万待安置的青年来说也是心有余而额度不足。

1979年3月、4月间,北京市又进一步摸查了待业青年的数量、分布等情况。在调查中发现了问题所在:"大批人没事干"和"大批事没人干"同时存在。这种结构性错配为解决就业问题提供了契机,让"没事干的大批人"去干"没人干的大批事"成为选择。鉴于当时的经济所有制结构,以及人们对个体经营的接受度还不高的情况,北京市找到了安置待业青年的新路,即大力发展集体所有制的各种生产服务事业。

1979年3月,北京市首先在崇文区进行试点。在深入学习贯彻党的十一届三中全会精神过程中,崇文区为解决就业难、做衣难、吃饭难、住店难等社会问题,提出了大办集体企业的工作思路。崇文门外街道率先办起了手工毛织、木器加工及刻写誊印等合作社。木工社拿办事处后面的一间旧石棉瓦简易房当办公室兼仓库,先后安排了100多名知青就业。誊印社用的是办事处干部挤出的半间房,设备也都是借街道办的。编织社则是在一间筒子房内

---

① 顾洪章主编:《中国知识青年上山下乡大事记》,中国检察出版社1997年版,第159页。

开了张，解决了80多名知青就业问题。

1979年在崇文区小吃店服务的青年

知青酒馆也为解决知青就业问题蹚出了一条路。当时，茶食居委会的两位干部正在商量如何安置知青的事，忽然听到街上传来两个老人的对话声。一个说："我没别的嗜好，喜欢下了班喝2两酒，可得跑到珠市口去。"另一个说："大馆子咱去不起，商店又不卖零酒。要是这地方有个小酒馆该多好！"他们顿时有了主意，茶食胡同足有3里长，加上周围几条胡同也都没小酒馆，若是开一个小酒馆便能解决部分知青就业的问题。办事处很快同意了他们的意见。

白手起家最是难。居委会腾出办公室用作酒馆场地，桌子是从皮件厂借的，货架是从副食店弄来的，烟酒等商品都是向烟酒公司赊来的，剩下的酒碗、酒坛等物件是大家自行集资购买的，营业人员是他们挨门挨户找的知青。一番紧张忙碌，知青酒馆正式开业了。

开业当天，北京市领导也来到现场，并鼓励大家："过去社会上认为只有端上'国营'的'铁饭碗'才算就业，我看这个旧观念该改改了。事在人为，今天的'泥饭碗'说不定会变成日后的'金饭碗'，今天的知青小酒馆，

城乡经济体制改革起步

兴许变出个大酒楼。"这个知青酒馆也引起了中外人士的关注：市委第一书记、市长林乎加和宋任穷等领导曾经光临视察；国内80多个代表团前来参观学习；美国、英国、加拿大等20多个国家的代表团及驻华使节和记者也来访问。还有外国友人直言之所以不远万里到这儿来，就是想看看中国共产党是怎么解决就业问题的。[①] 起步条件虽然简陋，但着实解决问题。这条路子走通了之后，各街道纷纷组织待业青年，兴办新一代城镇集体经济。

4月，北京市委、市革委会在全市范围内推广崇文区大力发展集体经济的经验，其他各区也积极行动起来。各级干部解放思想，统一共识，注重走群众路线，充分动员退休老工人、老干部、老艺人等骨干贡献智慧和力量，并通过他们的传帮带带动了更多人就业。同时，挖掘潜力，在不新增厂房、不用国家投资的前提下，安排知青到现有街道企事业单位工作，从而增加新鲜血液，扩大了生产。短短几个月时间，广大人民群众发挥艰苦奋斗、自力更生精神，靠自己的双手创造出了意想不到的效益。

由于政策对头，又有典型引路，加上各级党政领导高度重视，知青安置工作很快便取得初步成效。截至当年5月底，在近两个月的时间内，京城近郊10个区，已组织安置4万人就业，占7万多长期待业青年的一半多。新建1200多个生产服务合作社或小组，生产服务项目有120多项。有的充分挖掘现有街道企业的潜力，吸收待业青年参加生产劳动，安排1.5万多人。有的以居委会为单位发展"集中管理，分散生产"的加工小组。已组织的有挑补绣花、打网套、缝皮子、织手套、钩窗帘，以及利用工厂下脚料生产枕套、褥面、椅垫、沙发垫、鞋垫、衬领、玻璃镜架等，共400多个小组，安排3500多人。有的兴办各种生活服务和修理事业，办起来的有修理木器、修理无线电、打竹帘、磨刀剪、照相、刻字、手织毛衣、三轮运输、油漆门窗、粉刷房屋、爆米花、小酒馆、小茶馆等50项250多个点，安排了3000多人。有的向机关、部队、企事业包工包活儿，承揽各种服务和修缮任务，安排

---

① 刘述礼主编：《日照京华——纪念中国共产党成立七十周年》，北京出版社1991年版，第583—585页。

1.6万余人。①

6月22日，北京市委、市革委会向中共中央、国务院提交《北京市委、市革委会关于安排城市青年就业问题的报告》，7月24日，中共中央、国务院转发这一报告，充分肯定了北京市在安置城市待业青年方面的努力，认为北京等城市在解决安置待业青年问题上找到了不少好办法，积累了一些好经验，强调"只要领导重视，解放思想，广开门路，统筹安排，充分走群众路线，城市待业青年的就业问题，是完全可以得到解决的"②。

大碗茶"重出江湖"

大碗茶在北京有着悠久的历史。早年间常能在什刹海、天桥一带碰到走街串巷卖大碗茶的老人或小孩，人们若是渴了，随时来一大碗，实惠又解渴。然而这一行业在20世纪六七十年代却消失了，国营企业又不经营茶水，人们在路上要是渴了连个喝茶水的地方都很难找到。但到了1979年夏，大碗茶的叫卖声又在北京一些热闹的街头响起，顾客络绎不绝，当中还有不少外国人。还是熟悉的味道，还是便宜的价格，这一广大人民群众"喜闻乐喝"的饮品给北京街头增添了几分烟火气。

起初，摆大碗茶摊就是街道为了安置待业青年而想出的一个办法。1979年4月的一天下午，前门大街打磨厂西口的便道上一下子热闹了起来，原来是鲜鱼口居委会的几位大妈在摆茶摊，让过往行人喝上了大碗茶，仅仅半天就卖出900多碗。这让她们有了更大的信心。因为前不久前门街道党委召开组织待业青年参加生产服务性劳动的动员大会，这几位街道的积极分子会后便琢磨着卖大碗茶，这营生不仅能满足行人饮水需要，关键是技术含量低，

---

① 《北京市委、市革委会关于安排城市青年就业问题的报告》，《劳动工作》1979年第1期。

② 《中共中央、国务院转发北京市委、市革委会〈关于安排城市青年就业问题的报告〉的通知（1979年7月24日）》，中华全国手工业合作总社、中共中央党史研究室编：《中国手工业合作化和城镇集体工业的发展 第3卷》（上），中共党史出版社1997年版，第36页。

上手比较容易。她们几个先决定"蹚蹚路",结果首战告捷,当天晚上便分头动员待业青年一起卖大碗茶。

但是,让待业青年们迈出这一步颇为不易,这与当时的经济结构和就业观念有着很大关系。由于旧的经济体制片面追求所有制的"大""公""纯""统",存在着重国营、轻集体的倾向,对城镇集体企业急于"上收升级",使城镇集体经济的发展受到了严重束缚。特别是在"文化大革命"期间,城镇集体经济遭到了更为惨重的破坏。许多地方不顾实际,盲目推动"小集体"企业"升级"为"大集体"企业,"大集体"企业"升级"为全民所有制企业。北京市在20世纪70年代初期,就把1/3的城镇集体企业"升级"为国营企业,甚至在一些行业中搞全行业"过渡"。这一切,打乱了城镇集体企业的生产秩序,破坏了原有的供产销关系,挫伤了集体企业及其劳动者的生产积极性。并且,过去国家安置就业,历来只靠全民所有制单位,人们寻求职业也只奔全民所有制单位。长期以来,社会上形成了不进国营企业不算就业的观念。

在这种集体企业地位不高、家底不厚的背景下,人们很难将其作为就业首选。因此,当前门鲜鱼口居委会干部找到待业青年张占英让她去卖大碗茶的时候,她简直不敢相信自己的耳朵,心凉了半截。在她看来,"一个连对象还没有的大姑娘,到大街上摆茶摊卖茶,多寒碜啊!"[①] 但在当时吃上饭便是最大的体面,这也是待业青年们不得不考虑的因素。

在这个当口上,1979年7月24日,《北京日报》刊发的一篇由新华社记者采写的报道《卖大碗茶也是群众需要的职业》引起了广泛关注。这是改革开放后北京市第一篇关于大碗茶的报道。报道指出,卖大碗茶已经成为受首都人民称赞的一件好事。凡是社会和人民需要的事业,通过组织劳动去实现,并给劳动者一定的报酬,以保证他们的生活和再生产的需要,就都属于就业。卖大碗茶正是社会需要的一种正当职业。而且,茶摊都是街道办的集体经济,

---

① 仲文、郭怡编:《充满活力的事业——北京市崇文区发展集体经济的经验》,新华出版社1985年版,第38页。

不能随便砍掉,它与国营经济并存是社会的需要。① 这一报道引起社会各界的普遍关注,对改变旧的就业观念、推动知青政策的落实、拓宽就业门路、实行多渠道就业起到了很好的作用。

据当年采访的记者徐人仲回忆:"当时,来喝大碗茶的人还真不少,人们议论纷纷,但总地还是以'赞许'的眼光来看的,也有不那么赞成的。就在这大碗茶摊上,我和各式顾客一边聊天,一边喝茶,进行采访,最后,写成了这篇通讯,使这一新鲜事很快成为'家喻户晓'的事,扩大了它的影响,支持了这一新事。"② 徐人仲所采访的茶摊,就是宣武区大栅栏街道办事处的尹盛喜领着待业青年创办的青年茶社,这是小茶摊摆出大名堂的典范。

当时,经常有待业青年来大栅栏街道办事处要求安排工作,"要工作","要饭吃",但招工指标有限,"僧多粥少",根本满足不了他们的需求。担任办事处供销组长的尹盛喜虽然不分管安置青年就业工作,但他是个热心肠,总是给来办事处求职的青年们加油打气。兴许是单位领导看到他的热情,便交给了他一项任务,带领25名待业青年自谋出路找饭碗。③

当时的情况是一无资金,二无场地,三无技术,"三无"条件下如何完成组织上交代的任务,成为尹盛喜那段时间苦苦思索的问题。看着前门熙熙攘攘的行人,有的人渴了只能用嘴对着路边的消防龙头喝自来水,累了也只能铺张报纸在城门洞底下席地而坐,尹盛喜顿时有了主意。儿时的回忆也涌上心头,他打小在前门一带长大,小时候附近便有个简陋的卖茶摊,而且当年北平解放解放军入城的时候,他还给解放军送过茶水。接下来要做什么,他心中也有了底。

于是,1979年6月,尹盛喜"四处化缘",向街道办借了1000元,买了一口大锅,几只大盆,6把茶壶,还有100个粗瓷大碗,在前门箭楼西侧支起

---

① 《卖大碗茶也是群众需要的职业》,《北京日报》1979年7月24日第1版。
② 徐人仲:《新闻的采访——一位新华社记者跨越五十年的采访实践与心得》,光明日报出版社2017年版,第43—44页。
③ 马成翼:《当代茶圣——尹盛喜与大碗茶的故事》,中国国际广播出版社1989年版,第21页。

城乡经济体制改革起步

了茶摊,开办了北京第一家"青年茶社"。据尹盛喜回忆:"按理说,卖茶得有台锅炉,可我们坚持少花钱多办事,大伙动手捡砖头,挖坑砌地灶,支上口大铁锅,照样能烧水。沏茶理应用壶,或者买个白瓷大桶,既整洁又能把茶闷出味儿,但我们买不起,就先用大盆。要想方便群众,总得搭个棚子,摆几张桌子,放几条板凳,让顾客挡风、遮雨、歇歇腿。于是我们因陋就简,支起个架子,桌子、板凳买不起,就四处作揖,先借用。"[①]

为了经营好青年茶社,尹盛喜还作出了一个艰难的决定,辞去街道办事处的职务,专心卖茶。1979年8月,茶摊发展成综合服务社后,街道办事处征询他是留在供销组还是留在合作社,尹盛喜坚定地选择留在合作社,并把组织关系和工资关系转了过来。但这个"放下铁饭碗,端起泥饭碗"的"壮举"并没有得到家人的理解,他们担心一旦生意砸了,一家人的生活将陷入困境。尹盛喜的女儿尹智君回忆道,"他回来我妈不给他开门,交学杂费的时候他也拿不出钱来"。"父亲开始卖大碗茶的时候,我正上小学,学校每次填表要写父亲是干什么的,我都不好意思。别人的父母都是干部、教师、工人,我爸是个卖大碗茶的,整天在街上吆喝,我觉得很不光彩。"

尹盛喜的大碗茶,开张第一天就卖了3000多碗。青年茶社的生意出乎意料的好,不仅解决了一部分知青的就业问题,而且收入相当不错,当时比工厂的收入高得多。1979年底,青年茶社净赚11万元。北京市面上卖大碗茶的也逐渐多了起来,这也成为安置待业青年的一个重要途径。

尹盛喜靠卖茶起家,但又不只盯着卖茶。很快,他就将经营范围扩展至小百货,1980年11月,成立了"北京大栅栏贸易货栈",此后更名为北京大栅栏贸易公司。1987年又更名为北京市大碗茶商贸集团公司。1988年,尹盛喜又在天安门广场西南面创办老舍茶馆,这是中国改革开放以后北京第一家民俗文化茶馆。时至今日,茶馆一楼仍摆着大碗茶摊,2分钱一碗的茉莉花茶,诉说着从茶摊到茶馆的故事。

[①] 尹盛喜:《艰苦奋斗——"大碗茶"创业之本》,《经济工作通讯》1989年第17期。

尹盛喜在政策支持下办起了北京大碗茶青年茶社

广开门路扩大就业

为了进一步做好待业青年安置工作,北京市多方动员,轻工、纺织、外贸等部门积极提供活儿源,把那些适合城区搞的手工业产品交给街道进行生产;财贸部门帮助代营食堂、代销店解决货源和经销问题,对新办的服务事业给予支持;二商局通过直接供应的办法大力提供边角余料和废旧物资,帮助街道发展修旧利废事业。

针对待业青年的后顾之忧和社会上固有的就业观念，北京市规定参加生产服务合作社的知识青年在全民所有制单位和其他集体所有制单位招工，大专院校、中专学校招生和国家征兵时，一视同仁，均允许他们参加；知识青年参加生产服务合作社的可以从参加之日起计算工龄；参加生产服务合作社的人员被招收到全民所有制或其他集体所有制单位后，其在生产服务合作社所学的技术与被招收后分配的工种对口的，可以顶学徒的年限，技术不对口的，可以参照对上山下乡青年被招工后缩短学徒期的规定执行；生产服务合作社的工资、奖励、福利待遇，全市不做统一规定，由区、县或街道根据各尽所能、按劳分配的原则和单位的经济收入情况自定办法。这使得很多待业青年感到在合作社工作不吃亏，悬着的心也放下了。

北京市有关部门还积极开展技术文化培训工作，提升待业青年的就业能力，重点开展司机、旅游服务人员、会计统计、厨师、花工及特种手工艺、服务修理技工等相关培训。培训工作实行两条腿走路的方针，一方面通过办中专、技校等途径开展培训，另一方面由各局、各区、各街道举办各种类型的职业学校、职业训练班、文化补习班等，为广大待业青年创造就业条件。北京有线电厂职工子弟中待业青年数量不小，大部分人闲散在家，家长担心他们学业荒疏，因此厂里为他们在本厂技工学校开办了文化补习班，受到职工欢迎。丰台区长辛店镇办事处也于1979年底举办了3个待业青年文化补习班，接收全镇30多个居委会、管委会的400多名待业青年参加学习。

1979年，为了加强对生产服务合作社的管理，北京市成立城市生产服务合作总社（以下简称市总社）作为全市基层合作组织的行政、业务领导机关，其主要职责是"贯彻执行党的路线、方针、政策；拟定合作组织的章程、条例；制订全市性的组织发展规划；组织产、供、销计划的平衡；调查研究，总结推广典型经验；培训技术、管理干部等"。各区设区生产服务合作联社（以下简称区联社），街道设街道生产服务合作联社（以下简称街联社），统一管理街道企事业和新建合作社（组）的工作。例如，1979年4月，崇文区政府及7个街道成立生产服务联社，各厂、店与居委会脱钩，隶属各街联社。

10月4日，邓小平在中共中央召开的各省、直辖市、自治区党委第一书记座谈会上强调，"经济工作是当前最大的政治，经济问题是压倒一切的政治问题"。"现在北京、天津、上海搞集体所有制，解决就业问题，还不是经济的办法？这是用经济政策来解决政治问题。解决这类问题，要想得宽一点，政策上应该灵活一点。总之，要用经济办法解决政治问题、社会问题。"① 邓小平的讲话既是对北京市广开门路、多措并举安置待业青年工作的肯定，也为推动多种经济成分的发展提供了思想指引。

二、集体经济不断发展壮大

安置待业青年开了个好头，这让北京市委、市政府看到了发展集体经济的巨大潜力，逐步树立了加快发展城市集体经济的指导思想。集体经济得到进一步发展，首都迎来了新的发展契机。

充分认识集体经济的作用

思想是行动的先导，想明白才能干明白。安置待业青年为发展集体经济提供了新的历史契机，也引起了理论界的广泛重视。1979年6月和7月，《人民日报》《光明日报》连续发表文章和调查报告，呼吁为城镇集体经济恢复名誉，批评不少地方对集体所有制企业"采取了'利用、限制、改造'的错误政策"。《人民日报》评论员文章则指出："集体所有制经济和全民所有制经济都是社会主义经济，好比是一个车上的两个轮子，我们就是要踩着这两个轮子奔向四个现代化。""目前集体所有制企业职工总数已占全国职工总数的近三分之一，产值占工业总产值的五分之一。这种情况，雄辩地说明了集体所有制企业具有强大的生命力。"②

为了推动集体经济的发展，北京市委、市政府进一步解放思想，对集体

---

① 《邓小平文选》第二卷，人民出版社1994年版，第194—196页。
② 《集体所有制企业有强大的生命力》，《人民日报》1979年7月30日第1版。

城乡经济体制改革起步

经济有了更为深刻的认识。1979年底，林乎加在政府工作报告中强调，城镇集体所有制经济是我国社会主义经济的重要组成部分。发展城镇集体所有制经济是我们在社会主义历史阶段的一项长期的战略任务。集体企业投资少，见效快，吸收劳动力多，生产服务方式灵活多样，具有强大的生命力和广阔的发展前途。那种认为发展城镇集体所有制经济只是一种权宜之计，是一种"倒退"，以及认为它低人一等的看法，都是不正确的，必须广泛宣传发展城镇集体所有制经济的重大意义。在政治上，对全民和集体两种社会主义经济要一视同仁；在政策上，要为城镇集体所有制经济的发展创造条件，在国家统一计划下，解决好产供销的问题；财政金融部门要从信贷、税收等方面给予支持，集体所有制企业职工的工资和福利，应该根据其经营的好坏确定，可以低于或等于，也可以高于国营企业。那种硬是要"集体"低于"全民"的框框必须打破，但也要防止不顾集体经济的发展，过分追求高工资、高福利，甚至把积累分光吃光的错误倾向。[1] 这无疑是对前一阶段集体经济在解决就业、促进生产方面作出贡献的充分肯定，也为北京市后续集体经济的壮大奠定了思想基础。

当然，由于长期"左"的思想影响，还是有不少人对发展集体经济抱有怀疑或者观望的态度，认为发展集体经济是权宜之计，不是方向。1981年上半年，《北京日报》理论部就发展第三产业和街道集体经济的问题召开两次座谈会，北京市计委、市生产服务合作总社、区、街联社和市有关局的相关人员，以及中国社会科学院经济研究所、国家计委经济研究所、中共北京市委党校等单位的理论工作者参加座谈。会议认为，集体所有制和全民所有制都是社会主义性质的，这两种所有制没有贵贱之分，应当长期并存，互相促进，共同为社会主义经济的发展作贡献。那种认为"集体"不如"全民"，办小商店、服务合作社不正规，甚至怕集体经济变成资本主义的偏见应当纠正。而且，采取什么样的所有制形式，不是人们的主观愿望决定的，而是由

---

[1] 北京市人大常委会办公厅、北京市档案馆编：《北京市人民代表大会文献资料汇编 1949—1993》，北京出版社1996年版，第579页。

生产力发展水平决定的。我国的第三产业大部分是手工劳动,在许多情况下,采取集体所有制方式比采取全民所有制方式更合适一些。因此,城镇集体所有制的存在和发展是必然的,也是长期的,绝不是权宜之计。[1] 这给了更多人以稳定的预期。

各类合作服务社遍地开花

发展城镇集体经济成为安置待业青年的重要门路,但集体经济并非新事物。除了农业外,工业领域的集体经济主要包括农村的社队企业和城镇集体企业。随着待业青年安置工作的开展,城镇集体经济又有了新鲜血液。一种是由国营企业为安置本系统职工子女,腾出厂房、设备甚至车间办起来的集体企业,另一种则是前面提到的由区或街道组织回城知青搞起来的合作社。这种合作社开始只是为临时就业组织起来的,很快便得到中央政策的肯定。

针对街道集体企业面临的条块不协调、管理体制不顺等问题,1980年1月3日,北京市委、市政府召开发展集体经济、安置待业青年工作会议,强调对城市集体经济不能忽视,要解决社会生产、服务行业的缺门,必须依靠群众、广开门路;有关部门要协助街道疏通供销渠道,搞好技术培训,共同做好待业青年的安置工作。与会的各部委办和工业、商业、基建各有关局均表示,要采取有力措施,在活儿源、货源、信贷、设备、技术等方面对街道企业和合作社给予大力支持,积极扶持集体经济的发展。

同年8月,中共中央召开全国劳动就业工作会议,提出要打破劳动力全部由国家包下来的老框框,在国家统筹规划和指导下,实行"三结合"的就业方针,即劳动部门介绍就业、自愿组织起来就业和自谋职业相结合。会议还特别强调,解决城镇青年就业困难问题,就要大力发展自负盈亏的集体所有制经济,适当发展不剥削他人的个体经济,发展服务业、建筑业和劳动密

---

[1] 《不断壮大集体经济 积极发展第三产业》,《北京日报》1981年5月17日第1版。

城乡经济体制改革起步

集型产业。实际上，安置待业青年工作已经成为推动多种经济成分发展的"引线"，"中央和中共北京市委关于解决待业青年就业问题的方针政策，是对计划经济体制下形成的城镇劳动力由国家统包分配就业制度的重大改革，对于教育待业青年端正就业和择业观念、拓宽安置青年就业渠道有着非常重要的积极作用"。

随着安置待业青年工作的开展，各类生产服务社遍地开花，遍及北京的各个角落，许多待业青年成为集体经济的一员。新成立的生产服务合作社中，有的从事生产、加工工作，具体工作包括挑补绣花、打网套、织毛衣、糊纸盒等等；有的为群众生活服务，具体工作包括磨刀剪、修鞋、粉刷房屋、修理加工木器家具等等；有的为生产和市政建设服务，具体工作包括零配件加工、房屋拆建、搬运装卸等等；有的为机关、部队、文教单位服务，具体工作包括装订书册、誊写刻印、修补旧书等等。

这些合作社广泛开展了灵活多样的业务，既方便了群众生活，又为安置青年就业开辟了新的途径。从整体上看，这一时期"市场商品供需矛盾比较突出，商业网点少，分布也不合理，集体所有制和个体所有制的商业、饮食业和服务业比重太小，做衣难、买菜难、修理难和在街上吃饭难等问题还没有多少改善"。[①] 因此，这一时期的集体经济，已经不单纯是为了解决待业青年的就业问题，更是着眼于解决人民群众"吃饭难""修理难""住店难""做衣难"等日常生活问题。

以往天安门广场上，每天都有成千上万的人来参观游览，但过去广场附近除了有几处照相摊外，几乎没有一个商业服务网点。1981年，市政府决定在这里办商店。之后，北京市生产服务合作总社下属的东城、西城、崇文、宣武4个区联社迅速行动，抽调人员，清扫现场，拉运货架，积极筹备。天安门管理处、市二商局、市一轻局、市公安局、市电信局等有关部门大力支持，为4个集体所有制冷饮、食品店提供房屋、货源和其他方便条件。5月9

---

① 北京市人大常委会办公厅、北京市档案馆编：《北京市人民代表大会文献资料汇编 1949—1993》，北京出版社1996年版，第625—626页。

日下午，糕点、小食品、糖果、卷烟、汽水、牛奶等100多种商品摆上了柜台。9日晚上6点多钟，商店正为缺少联系供货的通信工具发愁，市电信局知道后主动派人前来连夜安装了4部电话机，仅用了不到2天的时间就做好了各项筹备工作。

5月10日这一天，在天安门观礼台的休息室里，4个商店同时开业。每个商店营业面积60平方米，主要经营糕点、糖果、烟酒、冰棍、汽水等。虽然当天风沙很大，但4个网点都挤满了顾客，十分热闹。一位从山西来的小学老师高兴地说："这次来京看到观礼台底下商业网点开业很高兴，方便了外地来京的群众。这里服务员的态度也很好。"①

天安门观礼台休息室开设冷饮食品店

市委、市政府的一些负责同志还来到现场了解情况，征求群众意见，鼓励职工把天安门前第一批集体商业网点办好。4家商店共有职工106人，其中刚参加工作的和参加工作不久的青年81人。开业当天，他们身穿整洁的工

---

① 《天安门观礼台冷饮食品店生意兴隆　第一天营业额七千多元》，《人民日报》1981年5月11日第1版。

作服，胸前佩戴证章，精神饱满、喜气洋洋地接待顾客，第一天便赢得开门红，营业额共7000多元。

对于这种做法，不仅市民高兴，外地游客也很欢迎。在商店的意见簿上，署名"几个碰巧的外地游客"的写道："利用现有设备，增添服务网点，既方便群众，又扩大就业，是北京发展第三产业的好办法，希望其他游览点也多办些商店。这样，就会使来自全国各地的游客更加感到首都的温暖。"[1] 后来，崇文区在天桥南大街开辟了新商业区，售卖百货、副食等，这些商业点都是集体所有制企业。地坛公园也开设了小卖部，每逢园内有电影晚会，服务员就会把大碗茶送到放映场地，深受欢迎。[2]

除了填饱肚子的"物质文明"，陶冶情操的"精神文明"也没落下。1979年6月，崇文区委3名干部带领8名待业青年在天坛公园一个塑料大棚内创办了为外宾服务的集体经济商店——燕京书画社。初创时条件简陋，5000元流动资金还是从东花市街道办事处借来的，7个借来的玻璃柜里放着一些字画和待业青年制作的简单工艺品。即便是在这样窘迫的情况下起步，燕京书画社当年即获利8.1万元。

由于这个书画社是以经营字画、工艺美术品为主的集体所有制企业，服务对象主要是外宾和华侨，因此对工作技能有一定的要求。有些青年职工参加工作时间不长，对业务不熟悉，书画社便采取多种办法，提高青年的业务技术水平。他们除了派一些同志到外单位学习外，也会自办学习班，请老艺人讲课，帮助青年职工学习鉴别字画、珠宝、玉器的技术。书画社还邀请著名书法家和画家担任顾问或授课，组织青年职工学习英语和日语。通过学习，青年们的业务技术水平有了明显提高，初步掌握了外语、鉴别古玩、装裱字画等技能，提高了服务质量。

燕京书画社不断拓展业务，八达岭营业部、十三陵分社、潭柘寺营业部

---

[1] 《开了个好先例：天安门观礼台休息室冷饮食品店开业见闻》，《北京日报》1981年5月11日第1版。

[2] 北京日报《温故》编写组编：《温故：北京，那些身边的记忆》，北京日报出版社2019年版，第59页。

待业青年创办燕京书画社

等也先后开业。后来，在此基础上又组建了包括燕京书画社、燕京前门商厦（原前门商业大厦）、人人大酒楼、加州烤肉餐厅、燕京艺术影楼有限公司等16家企业在内的燕京实业集团公司，成为集商业、餐饮、旅游于一体的大型企业实体。1984年1月23日，中共中央政治局委员、书记处书记的宋任穷来到崇文区视察区属集体经济发展情况，高兴地赞扬燕京书画社"为两个文明建设做出了很大贡献"，殷切希望该社继续努力，争取"多为人民做贡献，多为国家创造财富"。[1]

集体经济绽放异彩

在安置待业青年就业的过程中，北京市不仅建立了生产服务合作社这种新型经济组织，还走出了一条新路，就是"改变劳动力的结构，发展第三产业"。[2] 这主要包括商业、饮食业、服务业、修理业、短途客货运输、家庭劳

---

[1] 中共北京市委党史研究室、中共北京市崇文区委党史资料征集办公室编：《崇文改革开放30年》，中央文献出版社2008年版，第80页。
[2] 北京市人大常委会办公厅、北京市档案馆编：《北京市人民代表大会文献资料汇编 1949—1993》，北京出版社1996年版，第630页。

务以及为旅游服务的各种行业等。而要发展第三产业，就必须着重发展集体经济。因此，发展第三产业，推动集体经济不断壮大成为北京市委、市政府的一项重要任务。

与之前对城镇集体企业"上收升级"不同，北京市审时度势，对部分全民所有制企业"下放降级"，使之更好地适应生产力的发展。1980年8月，市政府特意将110户国营小型全民所有制商业企业改为集体所有制企业。同年9月，北京市蔬菜领导小组决定，在加强国营商业蔬菜经营的同时，发展一批集体所有制的合作菜店，恢复1956年前国营商业为主、合作联营为辅、集市贸易为补充的三条渠道，搞好蔬菜市场供应。

为了进一步推进集体经济发展，1982年4月10日，市委、市政府召开安置待业青年发展集体经济会议。会议要求把重点放在广开生产门路和扩大服务领域上。会后，市委、市政府决定成立"统筹城镇青年就业，发展集体经济领导小组"。[①] 北京市发展城镇集体经济的成绩也获得了国家的认可。1983年8月，在全国发展集体和个体经济安置城镇青年就业先进表彰大会上获得表彰的"发展城镇集体经济先进单位"中，北京市就有14个，分别是北京市宣武区大栅栏综合服务社、北京市宣武区陶然亭街道劳动服务公司服务队、北京供电局劳动服务公司、北京市崇文区永外街道劳动服务公司、北京市崇文区龙华医疗器械厂、北京市海淀锅炉厂、北京市朝阳区呼家楼服装厂、北京市朝阳区左家庄建筑工程队、北京市石景山区景贤饭馆、北京市工商联投资服务公司汽车配件商店、北京市西城区银燕服务公司、北京兴盛劳动服务公司、北京市丰台区永定劳动服务公司、北京市海淀区劳动服务公司培训中心。来自东城区松竹毛织厂的工人庞京莉获评"城镇集体经济单位先进职工"。

北京市海淀锅炉厂，也被称作"海锅"，是1978年由一支只有4个人组成的水暖工程队吸收待业青年逐步发展起来的。当年，海淀街道办事处垫借

---

① 北京市劳动志编纂委员会编：《北京劳动大事记 1948—1990》，中国工人出版社1993年版，第283页。

给他们2000元创业资金，短短几年时间，"海锅"便成长起来，在全国锅炉行业居于先进水平，他们生产的1800台锅炉投入使用后，没有一台发生质量事故。"海锅"的经济效益也是非常可观的。到1983年，在银行的存款已达320万元，加上固定资产、流动资金，全厂总资产达600多万元。他们上缴街道的利润、管理费便有90万元。从借出2000元到收回90万元，"海锅"创造了一个奇迹。

奇迹的产生，是"海锅"按照集体经济的客观规律办事，认真落实各项政策。作为街道所办的集体企业，"海锅"一不搞"铁饭碗"，二不吃"大锅饭"，顶着"有活儿干、没活儿散"的压力，充分落实多劳多得，调动起每一个人的积极性。24万大卡的采暖锅炉，在北京市别的锅炉工厂，工时定额是46个工日。开始，"海锅"照着兄弟厂的样子，工时定额也是46个工日，有些工人却不接受，理由是兄弟厂的生产条件好，"海锅"的条件差，做不到。70多岁的厂技术顾问，两位主管生产的同志，加上两名新培训的焊工，再加上两名哪个组也不愿意要的组装工，便共同组成了一个临时作业组。别的组用龙门吊给锅炉翻个儿，这个组用手工倒链翻个儿。结果，这个组完成一台锅炉只要34个工日。厂里据此打出一点富余，将工时定额为36个工日。

厂里实行定额计件，超几个工日，就给几个工日的钱。考虑到工人80%以上是青年，基本工资低。为了合理贯彻按劳分配原则，调动青年的积极性，每超过一个工日，不论新老工人都给两元四角钱。夏天，钢板被晒得烫手，工人却争分夺秒，毫不懈怠。中午，工人轮流吃饭不停活儿。晚上，工人加班到八九点还不停歇，厂领导只好拿出"撒手锏"——拉闸断电。1982年上半年他们就完成了全年计划，可见职工的干劲有多足。

同时，"海锅"还有一个特殊的地方就在于其职工结构。1983年，海淀锅炉厂的160余名职工当中，刑满释放、解除劳教的人员就有29名，约占职工总数的两成，这在当时是不多见的。当时，外单位到街道招工，首先看档案。刑满释放、解除劳教的人员自然入不了他们的"法眼"，"海锅"作为街道办的工厂发挥兜底作用，将他们招了进来。为此，"海锅"制定了一条特殊的厂规，不许抓他们历史上的"小辫子"。这条厂规也让大家放下"包袄",专心业务。厂里对他们也不歧视,大胆使用。一位刑满释放人员说:"我被释放后在别的单位当过临时工,政治上受歧视不说,经济上也受影响。没技术的一天拿一元九角钱,我有技术,一天拿一元四角钱。现在每月基本工资70元,加上其他收入平均每月100多元,我非常知足。"在多劳多得政策的激励下,每一位职工都有了奔头儿,只要好好干,每月就能收入100多元,比他们父母的收入还要高。三管齐下,近30名刑满释放、解除劳教人员在"海锅"就业后没有一个重新犯罪的,担任班长以上职务的就有15名之多。这一措施对于改善社会治安、加快经济建设具有示范意义。①

城镇集体经济在整个国民经济中日益成为不可忽视的重要力量。1983年,中共中央、国务院在对《北京城市建设总体规划方案》的批复中提出"商业和服务业应在短期内有一个较大的发展""提高服务质量,方便居民生活,创造出第一流的社会服务水平"等要求,② 对标这一工作要求,城镇集体经济仍有较大提升空间。针对此种情况,1984年2月15日,市政府批转实施由市第三产业办公室制定的《关于进一步巩固和发展城镇集体经济的意见》,强调重点在于"广开和扩大服务生产领域",结合解决人民生活"几难"问题,继续发展集体商业、饮食业、服务业、修理业,特别是饮食业、服务业、修理业要力争多发展;继续发展不污染、不扰民的集体轻工业、手工业,积极生产市场急需的日用小商品、风味小食品、旅游商品等,努力扩大和增加优质产品、名牌产品、新产品和传统产品的生产,有条件的集体生产单位要结合应用科研成果,生产高、精、尖产品;积极扩大和发展集体建筑业、修缮业,发展集体种植业、养殖业,力争多发展劳务服务型组织;积极鼓励、支持各机关、部队、厂矿、企事业单位兴办为生产、科研、社会服务的各种集体企业(包括网点)。③这一意见还从计划编制、物资供应、货源分配、行政审批、场地规划等方面提出了扶持政策。

经过数年发展,北京城镇集体经济取得了很大成绩,在发展生产、繁荣

---

① 《令人咋舌的"海锅"》,《北京日报》1983年1月6日第1版。
②③ 段柄仁主编:《北京市改革十年(1979—1989)》,北京出版社1989年版,第22、483页。

经济、方便群众、扩大就业、促进安定团结等方面发挥了积极作用。到 1984 年 9 月，北京市城镇集体轻工业、手工业、商业、饮食业、服务业、修理业、建筑业以及劳务服务等行业的企业（包括网点）发展到 7100 多个，从业人员 35.86 万余人，总收入约 10.4 亿元，创利润总额 9700 多万元。[①]

三、恢复和发展个体经济

"文化大革命"时期，个体经济被当作"资本主义尾巴"几乎被全部"割掉"，人们的字典里已经很长时间没有"个体经济"这个概念了。随着改革开放的启动与推进，为了搞活经济，党和国家大力扶持集体经济发展，扩大就业，单一公有制的"板结土壤"得以"松土"，个体经济也借着解决就业的东风开始重回历史舞台，成为广开就业门路的可行选择。

为个体经济"正名"及政策扶持

恢复和发展个体经济，最初就是为了解决群众生活不便问题，扩大就业门路。1979 年 4 月 9 日，国务院批转工商行政管理总局《关于全国工商行政管理局长会议的报告》，指出"现在服务行业力量不足，远远不能满足人民生活的需要。为了方便群众生活，并解决一部分人的就业问题，要协助有关部门在城镇多设一些修理、服务型的集体所有制企业。同时，可以根据当地市场需要，在征得有关业务主管部门同意后，批准一些有正式户口的闲散劳动力从事修理、服务和手工业的个体劳动，但不准雇工。对他们要发给营业证照，会同街道和有关业务部门加强管理，并逐步引导他们走集体化的道路"。[②]

当时解决就业的着力点主要放在集体经济上，同时也给个体经济开了口

[①] 《"大碗茶"起家的本市城镇集体经济发展迅速》，《北京日报》1984 年 9 月 24 日第 1 版。

[②] 商业部教育司教材处、北京商学院商业经济系编：《商业经济教学参考资料》第 1 集，中国商业出版社 1982 年版，第 240 页。

子，规定了从业人员限制，划定了"不准雇工"的红线。对于个体经济来说，尽管"不准雇工"的红线和向集体化发展的主线仍然延续了过去的方针，但这一报告为改革开放初期个体经济的恢复与发展提供了新的依据。

随着进一步解放思想，扩大就业，人们对于个体经济的发展又有了新的认识。1980年8月，全国劳动就业工作会议指出，"要积极创造条件，在国家统筹规划和指导下，实行劳动部门介绍就业、自愿组织起来就业和自谋职业相结合的方针"，"可以在国营企业工作，可以在集体企业工作，可以组织合作社或合作小组进行生产和经营，还可以从事个体工商业和服务业劳动"。[1] 为了妥善安排1980年、1981年的城镇劳动就业，会议还明确提出要"鼓励和扶植城镇个体经济的发展"，强调"宪法明确规定，允许个体劳动者从事法律许可范围内的，不剥削他人的个体劳动。这种个体经济是社会主义公有制经济的不可缺少的补充，在今后一个相当长的历史时期内都将发挥积极作用，应当适当发展"。[2] 这一规定对个体经济的定位以及发展方向较之前有了更大进步，对个体劳动者是一个莫大的鼓励。

会议还提出"工商行政部门要对合作社、合作小组及个体劳动者加强管理，合乎条件的发给营业执照，并协同有关部门，从经营方向、生产技术、企业管理等方面加以指导。税务部门要区别不同情况，确定适当的税率。根据这个文件提出的各项原则，各省、直辖市、自治区政府可以因地制宜地发布关于发展集体经济和个体经济的规定或地方法规，报国务院备案或批准"。[3]

1980年8月17日，党中央转发了全国劳动就业工作会议议定的文件《进一步做好城镇劳动就业工作》。也正是在这年12月，以摆摊为生计的温州姑娘章华妹领到了温州市东城工商局发的编号为"东工商证字第10101号"的个体工商业营业执照。执照上写明开业日期为1979年11月30日，左下角贴有章华妹的照片，右下角的发证日期为1980年12月11日，并盖有温州市工

---

[1][2][3] 国务院研究室个体、私营经济调查组编：《中国的个体和私营经济》，改革出版社1990年版，第241、245页。

商行政管理局的公章。这是中国改革开放后第一张个体工商业营业执照。

有了"尚方宝剑"和章华妹成功申领第一张个体工商业营业执照的先例，北京市相应的工作也很快开展起来。北京市积极促进集体、个体商业、饮食业、服务业的发展，特别是在税收政策上给予大力支持。北京市税务局根据财政部《关于改进合作商店和个体经济交纳工商所得税问题的通知（80）财税字第172号》精神，制定《关于北京市个体经济税收管理和征税试行规定》。在所得税税率上，暂不执行此前的十四级全额累进税率，暂时按照集体手工业八级超额累进税率征税；对街头茶水摊、擦皮鞋、代写书信、摇煤球、卖报纸、量体重的个体经营户，可暂免征工商税和所得税；对个体经营户代售邮票、传呼电话所取得的手续费，免征工商税和所得税；对1980年10月1日以后，新批准发照的待业青年个体经营户，从开始经营有收入的月份起，给予免征工商税和所得税半年的照顾；对吸收待业知青做学徒或带自己的待业子女做学徒的个体经营户，从带徒弟之日起，给予减征所得税30%半年的照顾；对纳税有困难，需要给予照顾的个体经营户，由纳税人提出申请，经区、县税务局审查后，报区、县人民政府批准，并报市局备案。一系列减税、免税政策给个体经济的发展带来了"利好"。

除了税收政策支持外，北京市还在贷款、货源、物价管理、开业批准手续等方面制定了新的扶持政策。对资金有困难的集体企业和个体经营户，由银行根据他们的偿还能力给予贷款扶助。对集体企业和个体户需要的货源和原料等，主管部门实行"统筹安排、一视同仁"的政策予以解决；市粮食部门把集体和个体饮食业需要的粮油原料列入计划，保障供应；市物资部门划出一部分修理用的物资，开设专供门市部，专门供应集体和个体修理户；国家计划供应以外的物资和国营商业部门不能满足供应的原料、辅料，特别是饮食业所需的鲜活商品等，均可自由采购。

适当放宽价格管理，除部分价格由国家规定外，服务业和修理业允许实行市场调节的浮动价格；饮食业在国家规定的毛利率幅度下，定价可以根据"高进高出，低来低去"政策随行就市。对申请开业的集体企业和个体户，凡符合政策规定条件的（即有城镇正式户口的待业青年和退休职工等，均可从事个体商业、饮食业、服务业、修理业等），简化批准手续，并积极帮助解决门店营业场所、摊点摊位等问题。为了加强管理，1981年，北京市在市、区（县）工商行政管理局设立个体经营管理处（科），在143个工商行政管理所也有人分管个体工商户的工作。

北京的个体经济首先从民生领域恢复发展。拿饮食业来说，据北京市饮食服务业主管部门统计，系统内的饮食业网点1965年为1045个，1966年减为884个，1972年减为635个。到1979年，北京国营和集体的饮食网点总共才有1500个，按居民人口平均，每千人仅合0.3个饮食网点，造成了群众"吃饭难"的问题。[1] 由于饭馆过于稀少，群众吃饭走远道，排长队，吃一顿饭要等两三个小时，许多饭馆门口挤满了人，店内是"你吃着，我看着，你坐着，我站着，一不小心就跑坐"，秩序十分混乱。人民群众日益增长的饮食需要同经营网点过少之间的矛盾成为饮食业发展的主要矛盾。

广大人民群众对"吃饭难"的意见很大，要求允许个体经营饮食小吃的呼声比较强烈，也不断有人到各区、县工商行政管理部门申请从事个体餐饮业。一些报纸多次进行呼吁，如1980年9月9日，《北京日报》在"贯彻四条建议，搞好首都建设"专栏的编者按中指出："吃饭难"已喊了很长时间，不要没完没了地喊下去了，其实，只要思想解放一点，政策放宽一点，办事认真一点，就可以解决。同版还刊登来信《北京应当发展个体饮食业》。为此，市工商行政管理局与东城、西城、崇文、朝阳等区、县工商局进行沟通，允许进行个体饮食业试点，迈出了关键的一步。

为了推动个体饮食业的发展，1980年9月19日，市工商行政管理局向市政府上报《关于允许个体户从事饮食小吃和小商品经营的请示》，提出以下意见：一是允许个体户从事饮食小吃的经营，特别是深受群众欢迎的传统风味小吃。二是从事饮食小吃的个体户，要到各区、县工商行政管理部门进行登记，区、县工商行政管理部门既要按照个体工商业开业的有关规定条件审批，又要积极适当地支持个体饮食业。为保证人民群众的身体健康，饮食行

---

[1] 《寻味深夜食堂》，《北京日报》2023年7月6日第14版。

业的从业人员必须经卫生部门体检，患各种传染病者不准经营。同时，必须按照卫生管理规定，保证食品和器具的卫生。三是粮食、商业、供销部门凭工商行政管理部门发给的营业执照安排个体饮食业需要的原料、辅料和货源供应，供应价格上与国营、集体饮食业一视同仁。四是为了鼓励个体工商业的发展，税务部门要按照国家有关规定制定减征或免征工商税和所得税的具体办法。五是有关业务主管部门要对个体饮食业的技术、业务、质量、价格、卫生等方面加强指导和管理。[1]

10月28日，市政府批转这一请示报告，同意市工商行政管理局的意见，指出"凡在本市城镇有正式户口的待业青年、退休职工和社会其他闲散劳动力，具有一定的技术条件和经营能力的，经所在街道办事处同意，有关业务主管部门审查，区、县工商行政管理部门核准，发给营业执照，即可从事个体经营。从事特种行业的，要按规定经公安部门审查登记。从事食品、饮食行业的，必须经卫生部门进行审查和体检，凡患有各种传染病者一律不准经营。对批准经营食品、饮食行业的个体户，有关部门要加强监督检查，必须按照有关食品卫生管理规定，保证食品制、售的卫生"。[2]

在此期间，1980年10月7日，改革开放后北京市第一家个体饭馆——"悦宾饭馆"开张营业。同日，《北京晚报》对此做了报道：城区第一家私人经营的翠花胡同悦宾饭馆，今天上午开始营业。这家个体饮食户位于东城区王府井大街翠花胡同43号，是由刘桂仙母子三人开办的，营业面积为31平方米。经营米饭、炒菜，有香酥鸭、盐水鸭、葱油白鸭、烧雁鹅等7种风味食品，还有清蒸活鱼、红烧鼋鱼等。这一报道在全市引起轰动，对人们的思想也产生了较大冲击。

由于这个小饭馆"第一个吃螃蟹"，它的营业执照是由东城区工商局自己设计的。当时针对个体户的政策还有个"天花板"——不得雇工，防止剥削。开业后，饭馆生意红火，收入也不错。尽管忙得团团转，总有客人排队

---

[1][2] 《北京市人民政府批转市工商行政管理局〈关于允许个体户从事饮食小吃和小商品经营的请示〉的通知》，北京市档案馆馆藏，档案号088-003-00082-00021。

城乡经济体制改革起步

等吃饭，碍于"天花板"，小饭馆也不敢雇人。不仅如此，菜单也不敢定价，一度让客人估摸着给。后来工商局规定悦宾饭馆赚钱百分比为30%—40%，他们这才小心翼翼地推出菜价：鱼香肉丝1.60元、炒土豆丝0.68元，砂锅白菜豆腐0.19元，但绝对不能超过40%的高压线。社会上仍然少不了说三道四的杂音，刘桂仙每天都觉得如履薄冰。

事情很快迎来转机。1981年6月，国务院批转《工商行政管理总局向国务院的汇报提纲》，强调"城镇集体和个体经济是我国多种经济成分的组成部分，恢复和发展个体经济，是搞活经济的一项重大措施，是社会的需要，是一项长期的经济政策，也是安排城市（人口）就业的一个途径"[1]。"要特别鼓励、支持集体和个体工商户经营那些群众需要的行业，如饮食业、服务业、修理业和有特殊工艺技术的行业。对这些行业，在政策上可以放宽一些，准许带帮手，准许带几个徒弟，以利于满足社会需要，扩大青年就业。在我国当时情况下，个体工商业的从业人员，是劳动者，在政治上不得歧视他们"[2]。这是改革开放后第一个系统表述个体经济地位和作用的文件，承认个体户是"劳动者"，允许带帮手、徒弟，无疑给当时像刘桂仙那样的个体户吃了颗定心丸。

法律正式认可

1981年7月，国务院发布《关于城镇非农业个体经济若干政策性规定》，明确"在我国社会主义条件下，遵守国家的政策和法律、为社会主义建设服务、不剥削他人劳动的个体经济，是国营经济和集体经济的必要补充。从事个体经营的公民，是自食其力的独立劳动者"[3]。

这一规定充分肯定了个体经济在发展生产、活跃市场，满足人民生活需要、扩大就业等方面的重要作用，指出"对个体经济的任何歧视、乱加干涉

---

[1][2] 商业部教育司教材处、北京商学院商业经济系编：《商业经济教学参考资料》第1集，中国商业出版社1982年版，第249、250页。
[3] 国务院研究室个体、私营经济调查组编：《中国的个体和私营经济》，改革出版社1990年版，第254页。

或者采取消极态度,都是不利于社会主义经济发展的,都是错误的"。[1]

对于经营领域,个体经济可以经营那些群众需要而国营和集体未经营或经营不足的行业,国营企业和集体企业也可根据需要将部分网点租给或包给个体经营者经营。在经营方式上,规定允许个体经营户"采取多种多样的经营方式,如来料加工、自产自销、经销代销、摆摊设点、走街串巷、流动售货等",以发挥个体经营户经营灵活、方便群众的特点。"对于政策允许自由购销的一些鲜活商品、农副土特产品,个体经营户可以在规定经营范围内从事城乡运销,但不准从事批发活动"。[2]对于个体户请帮手、带徒弟,这一规定也有了明确的数量要求,"必要时,经过工商行政管理部门批准,可以请1—2个帮手;技术性较强或者有特殊技艺的,可以带二三个最多不超过5个学徒。请帮手、带学徒,都要订立合同,规定双方的权利、义务、期限和报酬等。合同要经当地工商行政管理部门鉴证"。[3]

不久后的10月,中共中央、国务院发布《关于广开门路,搞活经济,解决城镇就业问题的若干决定》,指出"在社会主义公有制经济占优势的根本前提下,实行多种经济形式和多种经营方式长期并存,是我党的一项战略决策,决不是一种权宜之计"。[4]"个体劳动者,是我国社会主义的劳动者。他们的劳动,同国营、集体企业职工一样,都是建设社会主义所必需的,都是光荣的。对于他们的社会和政治地位,应与国营、集体企业职工一视同仁。其中的先进分子,符合党员、团员条件的,同样可以按照党章、团章规定,吸收入党入团"。"党中央、国务院的各个有关部门,要采取积极态度,坚决地迅速地改变那些歧视、限制、打击、并吞集体经济和个体经济的政策措施,代之以引导、鼓励、促进、扶持的政策措施"。[5]

个体经济是"必要补充",个体劳动者的劳动是"社会主义所必需的",这一定位对个体经济的认识大大超过以往。而过去宪法中所强调的要引导个

---

[1][2][3] 国务院研究室个体、私营经济调查组编:《中国的个体和私营经济》,改革出版社1990年版,第254、255页。

[4][5] 中共中央文献研究室编:《三中全会以来重要文献选编》(下),中央文献出版社2011年版,第296、299页。

城乡经济体制改革起步

体经济走社会主义集体化道路便显得不合时宜了。因此,修改宪法关于个体经济的规定,提升个体经济的法律地位,便成为时代发展的必然要求。

社会上同样出现了这样的呼声。1981年6月,北京市工商业联合会、中国民主建国会北京市委员会提出建议,为了促进个体经济的健康发展,在修改《宪法》时应把我国国民经济发展方向和全民、集体、个体三种所有制并存的原则写进《宪法》提交全国人民代表大会审议通过。并指出"这对采取多种经济成分,通过多种经营形式和多种渠道发展第三产业,搞活国民经济,扩大就业门路,将起到决定作用"。[①] 1982年,党的十二大报告指出:"在农村和城市,都要鼓励劳动者个体经济在国家规定的范围内和工商行政管理下适当发展,作为公有制经济的必要的、有益的补充。"这是党代会报告中首次明确提出鼓励个体经济发展,并将范围从"城镇"扩展到了农村。

1982年12月4日,第五届全国人民代表大会第五次会议通过《中华人民共和国宪法》,第一章第十一条明确指出:"在法律规定范围内的城乡劳动者个体经济,是社会主义公有制经济的补充。国家保护个体经济的合法的权利和利益。国家通过行政管理,指导、帮助和监督个体经济。"这从根本大法上给予个体经济发展最有力的保障。

"光彩"的事业

个体经济之所以获得认可,除了其对于扩大就业、促进发展的重要作用之外,其本身的存在也是搞活经济的必要途径。实际上,个体经济还具有一定的"鲶鱼效应",能够活跃市场。个体户是自己给自己打工,干不好就要丢饭碗、饿肚子,因此相比同行业的国营、集体企业而言,他们的劳动积极性更高,服务意识也更强。

拿修自行车来说,1981年,北京市共有300多万辆自行车,集体修车点却只有177个;其中东城有自行车50万辆,也只有34个修车点,平均1.7万

---

① 《北京市工商业联合会、中国民主建国会北京市委员会关于送上〈关于发展商业服务业 充分发展集体经济和个体经济作用的几点建议〉》,北京市档案馆馆藏,档案号126-002-00037-00097。

辆车才有一个修车点。供不应求,差距悬殊,服务态度可想而知。东城区工商局的一位工作人员有一次着急去街道传达会议精神,路上自行车车胎被扎,上午11点的时候到一家集体修车门市部修车,结果对方告知:"我们准备吃饭了,中午休息,愿意修,把车放下,下午4点来取!"这位工作人员只能推车狂奔,好在遇上了一个个体户修车摊,不到10分钟,车子便修好了。[1] 服务效果高下立判。个体户以其周到的服务,赢得了广大群众的拥护,不仅"拾遗补阙",在一定程度上弥补了国营、集体企业服务的不足,也会倒逼国营、集体企业改变工作作风,提升服务水平。

说到修自行车,不得不提北京东城区一个叫崇力的青年。1976年他高中毕业,因双腿先天残疾一直待业在家,其间他学会了修车、修鞋、修煤气炉等手艺。1980年8月全国劳动就业工作会议之后,崇力决心自立门户,摆摊修自行车。当月,他的修车铺就在东城府学胡同把口儿开张了。这个12平方米的天地,是街道办事处四处奔走,请示了市容办并向公安局交通队打过报告后确定下来的。

崇力特别担心别人说自己走的不是社会主义道路,因此更加注重服务质量,并且合理收费,加上国营修车铺下班早,他经常干到晚上九十点钟。由于肯吃苦耐劳,服务到位,很快便闯出了名堂,还请来两位待业青年当帮手。他对帮手说:"崇力修车铺干出的活儿,无论是崇力做的,还是帮手做的,都要保质保量,价格合理;返修活儿更要认真负责,赔了本也得干好。"[2]

为了便于群众监督,他请人把这个意思用顺口溜的形式写出来挂在墙上。一块木板上写着:一切为您服务,困难留给自己;一切为您着想,保证使您满意。另一块木板上写着:收费低廉合理,做活保证质量;小活立等可取,大活当天做完。崇力准备了一辆"便民车",让有急事的顾客先用,事情办好后再来换回自己的车。为了方便夜里的顾客,崇力开着一盏"长明灯",无论多晚,只要敲门,必有回应。1983年6月1日儿童节这天,崇力修车部

---

[1] 《发展城镇个体经济》,工商出版社1981年版,第79—80页。
[2] 李燕杰主编:《自强者笔记》,北京出版社1985年版,第135页。

城乡经济体制改革起步

还增设了修理儿童车业务。

正是凭着这样的态度,修车部的顾客越来越多,有的顾客宁可多绕路也要来崇力的修车铺修车,这对于附近的国营、集体修车铺是个不小的刺激。由于他的出色工作,崇力被评为先进个体劳动者,并参加了1983年8月召开的全国发展集体和个体经济安置城镇青年就业先进表彰大会。

个体户崇力(右一)当选为北京市人大代表

开这个表彰大会,主要是为了提高个体劳动者的社会地位,促进个体经济和集体经济的发展。尽管中共中央对个体经济有了新的认识,客观评价了个体经济的地位与作用,现实当中也有很多人从事个体商业、饮食业、服务业、修理业,但长期以来形成的就业观念并不能够马上改变。当时,有不少人对个体户抱有偏见,甚至把个体工商户与资本主义画等号,许多个体户觉得有一种无形的压抑感,似乎处处都比别人矮一截。这个问题不解决,个体经济就不能获得更大的发展。因此,为了表彰一批在自谋职业中作出突出贡献的先进集体和个人,最大限度地在社会上形成一种劳动光荣、自谋职业光荣的舆论和风气,才有了这次大会。

大会共表彰发展城镇集体经济先进单位 352 个，城镇集体经济单位先进职工 39 名，先进个体劳动者 174 名，扶持城镇集体和个体经济发展取得优异成绩的 28 个单位和 10 名个人，支持子女从事城镇集体和个体经济就业起模范作用的家长 6 名。总共表彰单位 380 个，表彰个人 229 名，共有 301 人来到北京出席会议。

据当时在劳动人事部培训就业局工作的一名同志回忆，会议期间许多与会的个体户代表联名给大会组织者写信，希望能够借此机会见一见中央领导，表达他们的愿望。于是，培训就业局的领导要求他将代表的愿望写成一封信，接下任务后他很快写成初稿，经局领导修改后誊抄装封。之后，他带着介绍信、工作证、大会文件等材料，从中南海西门进入，将信交给了收发室。①

代表们的愿望很快得以实现。8 月 30 日，胡耀邦在接见与会代表时发表了题为《怎样划分光彩和不光彩》的重要讲话，强调"党中央和国务院对城镇集体经济和个体经济事业是充分支持的，对从事集体和个体劳动，为国家富强，为方便人民生活做出贡献的同志们表示敬意"。②并希望与会代表"保持光荣，发扬光荣，为国家富强，为方便人民生活，继续走在发展集体经济和个体经济的前列。回到工作岗位以后，要努力，努力，再努力，争取更大的光荣"。③当听到讲话充分肯定集体经济和个体经济在为国家和人民作出的贡献时，许多代表流下了激动的泪水。

当天晚上《新闻联播》转播了这次接见，第二天《人民日报》在第一版刊出《什么叫光彩，什么叫不光彩？》的文章进行详细报道。其他各类媒体也及时跟进，做了广泛报道。据一名个体工商户回忆，这一讲话让他一下子感觉"干个体"的也有了做人的尊严，这话真是说到个体户的心坎里去了。④

---

① 成曾樾：《暮雨晨歌》，新疆美术摄影出版社、新疆电子音像出版社 2012 年版，第 5—9 页。
②③ 《胡耀邦文选》，人民出版社 2015 年版，第 527、529 页。
④ 姜维、吴睿娜：《新中国私企第一人：见证私营经济"光彩"路》，《纵横》2018 年第 7 期。

城乡经济体制改革起步

规范个体经济发展

党的十一届三中全会以后，北京市个体工商业逐步恢复和发展。特别是1982年党的十二大明确提出鼓励个体经济发展，以及1983年"光彩"讲话进一步推动了思想解放，促进了个体经济的较快发展（见下表）。然而，个体经济在发展过程中也存在着一些问题，如少数个体户经营思想不够端正，有的个体工商户，特别是无照商贩哄抬物价，坑骗群众，扰乱市场，影响首都社会秩序和人民生活。

北京市个体工商户历年变化情况[①]

年份	户数	人数
1978年	259	259
1979年	394	406
1980年	2834	3013
1981年	6153	7481
1982年	13210	16046
1983年	36563	53410
1984年	51743	84475

为了加强管理，维护市场秩序，北京市政府坚持"既要搞活，又要管好"的原则，全面理解、认真贯彻党中央和国务院关于搞活经济，发展个体经济的方针、政策和有关规定。在政治上，对个体经济与国营、集体经济一视同仁，保护个体工商户正当的经营活动和合法权益。在计划渠道、经营资金、货源儿源、原材辅料、零配件供应和经营场地等方面，给予积极的支持和合理的安排。在日常工作中，通过行政管理加强对个体工商户的指导、帮助和监督。在市、区（县）建立个体劳动者协会，街道建立个体劳

[①] 国务院研究室个体、私营经济调查组编：《中国的个体和私营经济》，改革出版社1990年版，第32页。

动者分会,并按行业或地段成立个体劳动者小组,加强对个体工商户的教育;按街道逐步建立工商行政管理所,以加强对市场和个体工商户的管理和指导;卫生防疫部门加强监督管理,并指导和帮助个体工商户逐步改善卫生条件。

对于个体工商户来说,必须坚持社会主义经营方向,遵守国家的政策、法令和有关规定,照章纳税,亮照经营,信守社会主义工商业的职业道德,严格执行国家物价政策,努力搞好卫生工作,归根结底就是要为广大人民服务,促进城乡交流、活跃市场,满足城乡人民实际生活的需要,促进生产的发展。[①] 这对于规范个体户经营秩序,促进个体经济发展起到了积极作用。

经过几年的恢复与发展,北京的个体经济不仅为解决待业人员的就业问题作出重要贡献,更在方便人民生活,促进生产发展,稳定社会秩序,增加财政收入,推动国营、集体企业改变经营作风等方面发挥了不可替代的作用。

四、从引进外资到"三资"企业的诞生

在对内进行改革、搞活经济的同时,推进对外开放,引进海外资金、技术与管理经验也紧锣密鼓地进行着。特别是引进外资,有助于利用海外的资金引进技术和设备,加速企业技术改造的步伐,同时学习先进管理经验。随着改革开放的不断深入,"三资"企业逐渐发展起来,成为非公有制经济中的重要组成部分。

引进外资正逢其时

1978年9月,国务院召开全国计划会议,明确提出经济战线必须实现"三个转变",其中之一就是要从那种不同资本主义国家进行经济技术交流的

---

① 段柄仁主编:《北京市改革十年(1979—1989)》,北京出版社1989年版,第498—499页。

城乡经济体制改革起步

闭关自守或半闭关自守状态，转为积极引进国外先进技术，利用国外资金，大胆进入国际市场上来。① 从此，利用外资政策正式成为对外开放国策的重要组成部分。

此后，邓小平又多次谈到利用外资的问题。1979年1月，他同胡厥文、胡子昂、荣毅仁等工商界领导人谈话时提出，"现在经济建设的摊子铺得大了，感到知识不够，资金也不足"，"现在搞建设，门路要多一点，可以利用外国的资金和技术，华侨、华裔也可以回来办工厂。吸收外资可以采取补偿贸易的方法，也可以搞合营，先选择资金周转快的行业做起"。② 同年10月，邓小平在中共省、直辖市、自治区委员会第一书记座谈会上提议要充分研究一下怎样利用外资的问题，强调必须下定决心，抓住时机，坚持利用外资（包括自由外汇和设备贷款）这一政策。至于用的办法，主要的方式是合营，还可以采取补偿贸易、外资设厂的方式。③

对于外资进入中国是否会改变中国的社会主义性质，邓小平给出了明确的回答。1980年8月，邓小平在会见意大利记者奥琳埃娜·法拉奇时，针对对方提出的外资进入中国是否会形成小资本主义的问题，指出"归根到底，我们的建设方针还是毛主席过去制定的自力更生为主、争取外援为辅的方针。不管怎样开放，不管外资进来多少，它占的份额还是很小的，影响不了我们社会主义的公有制。吸收外国资金、外国技术，甚至包括外国在中国建厂，可以作为我们发展社会主义社会生产力的补充"。④ 利用外资是为了发展生产力，外资经济是社会主义经济的补充，这一定位为进一步解放思想，推动外资经济的发展提供了坚实支撑。

开展"三来一补"

党的十一届三中全会以后，北京市委、市政府进一步加大引进外资的力度，组织有关部门通力合作，制定并执行有关政策法规，注意培训对外经济

---

① 张树军、高新民：《共和国年轮1978》，河北人民出版社2001年版，第197页。
②③④ 《邓小平文选》第二卷，人民出版社1994年版，第156、198—199、351页。

工作人才，创造良好的外商投资环境，使利用外资和引进技术工作得以顺利进行。[①]

为了适应利用外资和引进技术的需要，北京市建立了新的领导机关和业务机构。1979年2月，成立对外经济工作领导小组，统一领导全市正常贸易以外的灵活贸易和对外经济合作。同年11月，由于中华人民共和国外国投资管理委员会和中华人民共和国进出口管理委员会的设立，北京市也撤销对外经济工作领导小组，成立进出口管理委员会，以进一步加强对利用外资与引进技术工作的领导和归口管理全市对外经贸工作。1983年10月，北京市又将进出口管理委员会改组为北京市对外经济贸易委员会，统一管理全市外经贸工作和各类外经贸企业，专门负责北京市利用外资与引进技术的工作。除此之外，承办与利用外资和引进技术工作有关的业务机构也相继成立。

承办与利用外资和引进技术工作有关业务机构

成立时间	成立业务机构	职能
1979年1月	中国银行北京分行	专门办理国际金融业务
1979年2月	北京经济建设总公司	以国际信托投资为主要业务
1980年	中国电子技术进出口公司北京分公司	负责北京市电子仪表工业进出口业务
1981年2月	中国银行北京信托咨询公司	办理国内外投资与委托投资业务，为资信可靠的客户开立保函并承办见证事项等

这些机构的设立，在促进北京市与各国开展经济技术合作、运用各种形式吸收国外和港澳地区的资金、引进先进技术和设备、组织合资企业、发展对外贸易等方面发挥了积极作用。从1979年开始，还先后建立了一批驻外企业和在国外的合营公司。这些企业，在支持北京市技术改造、提供技术服务等方面作出了一定贡献。由于机构的不断完善，促使北京市利用外资和引进技术工作由小规模、零星的项目开始有计划地向纵深发展。

[①] 《当代北京对外经济贸易》编辑委员会编：《当代北京对外经济贸易》，中国对外经济贸易出版社1988年版，第204页。

| 城乡经济体制改革起步

当时，北京市利用外资的方式主要包括开展"三来一补"（来料加工、来样加工、来件装配和补偿贸易业务）业务，举办"三资企业"（中外合资经营企业、中外合作经营企业、外商独资经营企业），接受外国政府和国际金融组织贷款，开展租赁贸易、技术合作和技术服务业务等。利用各种不同的资金渠道，引进技术和设备，不同程度地改变了北京市各行业的面貌。

"三来一补"这种方式具有投资少、时间短、见效快的优点，主要适合"短、平、快"式的小额项目，因为国际市场瞬息万变，今年畅销的产品，明年就可能滞销，项目周期不能太长。比如，北京燕山石油化学总公司年产丙烯13万吨，除自用和供应国内有关单位使用外，每年剩余3万多吨没有出路，不得不白白烧掉，或者掺入液化气做燃烧原料出售。1979年1月，北京市外贸总公司、中国化工进出口公司北京市分公司和中国银行北京分行共同组成工、贸、银结合的北京市丙烯补偿贸易小组，前往香港直接与外商谈判，以每吨432.5美元和440美元的货价同日、美商社签订了3500万美元的销售合同，而丙烯在国内一吨只卖50元人民币。特别是引进了回收装置和储运专用设备，使得原来烧掉的废气出口外销，变废为宝。从1980年7月下旬开始到1981年1月底的半年时间里，丙烯出口创汇322.5万美元，还清了该项目进口设备款312.6万美元，还剩余9.9万美元。

又如，1979年，北京无线电元件十厂引进铝电解电容器生产线，设备共40台（套），总价为80万美元，其中三成用产品返销补偿，剩余七成使用银行贷款，用引进线实现的利润归还。1980年12月正式投产，两年共生产铝电解电容器7900万只（出口返销4000万只，内销3000万只），实现利润237万元。返销产品收入25万美元，设备折旧费55万美元，用这些收入不仅还清了银行贷款及利息，也还清了日方垫付的设备款。原计划3年时间还清的内外债务，提前一年还清。该厂生产的铝电解电容器跃居国内先进行列，达到日本同期水平，成为供不应求的畅销产品。[1]

---

[1] 《当代北京对外经济贸易》编辑委员会编：《当代北京对外经济贸易》，中国对外经济贸易出版社1988年版，第217页。

利用外资促进企业改造升级

北京市最初引进外资,一个重要目的就是企业改造升级。以往生产中侧重建设新企业,导致既有企业设备老化、技术陈旧、产品落后。北京市本身工业企业数量庞大,多数企业如果加以改造,潜力很大,能够发挥更好的经济效益。因此,北京市认识到,必须改变过去以新建企业作为扩大再生产主要手段的做法,实行以技术改造作为扩大再生产主要手段的方针,积极利用外资,引进适合我国情况的先进技术。

1979年底,市政府提出,要认真搞好工业调整,充分挖掘现有企业潜力,把工业生产提高到一个新水平。而工业生产要有个较大的发展,就必须积极利用外资引进一些先进技术,有计划地建设一些新项目。其中,重点在于立足现有企业,走挖潜、革新、改造的道路。1980年,市政府再次强调,"要有计划地利用外资,采取来料加工、来件装配、补偿贸易、技术合作等多种形式,引进新技术,促进我市企业的挖潜、革新、改造,提高技术水平,增强在国际市场上的竞争能力"。[1] 对于技术改造,北京市还提出了"四个结合",即技术改造和经济调整、工业改组、企业整顿相结合,在调整、整顿的基础上搞技术改造;技术改造和采用新技术、新工艺、新设备相结合,认真改造落后的工艺技术,更新落后设备;技术改造和利用外资,引进适合我国情况的先进技术相结合,做好引进技术的掌握、消化、发展工作;技术改造和治理污染、城市改造发展相结合,认真执行首都城市发展规划,把首都建设成清洁、文明、优美的城市。

利用外资改造升级企业,中方主要以厂房、土地和原有设备折价入股,对方投资则用于购买技术、设备和进口原材料。这种合作方式,中方不需要投入很多资金。[2] 在最初几年引进外资的项目中,纺织电子工业占了大头,

---

[1] 北京市人大常委会办公厅、北京市档案馆编:《北京市人民代表大会文献资料汇编 1949—1993》,北京出版社1996年版,第611页。
[2] 对外经济贸易部办公厅编:《对外经济贸易重要文件汇编 1983年度》,中国对外经济贸易出版社1985年版,第190页。

城乡经济体制改革起步

绝大多数是对现有企业的技术改造。

拿纺织工业来说，改革开放前特别是"文化大革命"时期由于片面强调自力更生，加上自身资金有限，技术改造主要采取"大会战"加"小改革"的形式，如印染设备大会战是由北京印染厂、北京毛巾厂、北京光华染织厂3个厂与各纺织机械配件厂、各大纺织厂的修机间协作，自行设计制造出大型印染设备，两年内仿制并投产17台（套），但存在技术水平低、制造粗糙、功能不达标等问题。[①] 从1979年开始，国家支持企业利用外汇贷款，为引进国外先进技术和设备提供了条件。1979年北京市纺织工业便争取到4200万美元的外汇贷款用于技术改造项目。

北京清河毛纺厂借此机会，从日本、联邦德国、瑞士三个国家引进毛纺成套设备92台（国内配套32台），共3600枚毛纺锭。这套生产线设备齐全，工艺完整，既能生产纯毛产品，也能生产化纤产品，并且适应小批量、多品种生产，产品质量也有明显提高。每年可生产高档精纺毛织品125万米，为全部精纺能力的10%以上。[②] 为了使设备经常保持良好状态，北京清河毛纺厂还根据引进设备的特点，制订了大、小修理，检修，揩车，加油周期等制度和质量验收标准，并纳入全面质量管理的系统之内，实现了对引进设备在运转中的产品质量、工艺、操作等各方面的系统管理。[③] 经过一系列努力，新设备"既好用，又用好"，北京清河毛纺厂不仅按期归还贷款，还大大提高了经济效益。

仅仅三年多的时间，北京市纺织工业系统利用外资4500多万美元，进口设备数百台，对18个企业进行技术改造，大大改善了行业内部各工序生产能力不平衡的状况，新增了十一大类品种，并使十大类产品提高了质量，有些产品已成为名牌货，畅销国内外。[④]

[①②③] "当代北京工业丛书"编辑部编：《当代北京纺织工业》，北京日报出版社1988年版，第175、179、181页。

[④] 俞晓松、林仲琡：《利用外资改造现有企业效果好》，《国际贸易》1982年第2期。

三资企业诞生

举办中外合资经营、合作经营、外方独资经营企业是利用外资的主要形式。无论是合资、合作还是独营，外资要进来，必须有相应的法律依据，否则无法为其提供一个稳定的预期。制订《中外合资经济企业法》提上日程，据谷牧回忆："在起草中议论较多的是两个问题。一个是企业所得税税率定多少。要给外商投资者以优惠，有关同志认识是一致的，但是到底优惠到什么程度合适？几经研究，定为30%，加上地方所得税3%，共33%，略低于东南亚多数国家和地区。另一个问题是外商投资比例问题，起初参照印度等国的做法，拟限定外商对一个项目的投资比例最多不超过49%。后来在反复讨论中，荣毅仁同志提出我国的问题是要鼓励外商投资，不宜限定外商投资的最高比例，相反应当规定最低投资比例要求。大家认为有道理，后来就确定了现行中外合资经营企业法中关于外商投资不得低于25%的规定。"[①]

1979年7月1日，第五届全国人民代表大会第二次会议通过《中华人民共和国中外合资经营企业法》，7月8日正式施行。这是我国第一部涉外经济法，为外商直接投资中国企业提供了法律依据。这一法律规定"合营企业的形式为有限责任公司。在合营企业的注册资本中，外国合营者的投资比例一般不低于25%"。[②] 第二年9月，第五届全国人民代表大会第三次会议通过的《中华人民共和国中外合资经营企业所得税法》规定"合营企业的所得税税率为百分之三十。另按应纳税所得额附征百分之十的地方所得税"。[③]

这期间，北京市的中外合资企业走在了全国前列。1980年5月3日，中国民航北京管理局和香港中国航空食品有限公司合资开办的北京航空食品有限公司在首都机场开业，成为北京市第一家中外合资企业。同年6月，由北京市旅游局（中国国际旅行社北京分社）和香港中美旅馆发展有限公司共同投资、建造和经营的建国饭店破土动工，并于1982年4月正式开业。同年获

---

① 《谷牧回忆录》，中央文献出版社2009年版，第317页。
②③ 《中华人民共和国关于中外合资经营企业和外国企业的法规汇编》，法律出版社1986年版，第1—2、39页。

城乡经济体制改革起步

批的还有北京长城饭店公司,这是国内第一家中外合资的五星级豪华饭店,于1984年6月正式营业。

中外合作经营企业起步稍晚。1983年9月,北京市第一家中外合作经营企业北京巴黎马克西姆餐厅有限公司开业,开业消息还上了《新闻联播》。马克西姆餐厅始建于100多年前,它是法国巴黎年轻人聚会的"俱乐部",也是富贾巨商聚餐的社交场所。工业巨头在此洽谈业务,艺术家们则在此探讨艺术,政界要人也常在这儿出入。在那里,马克西姆成为高雅、名贵的象征。① 后来几经易手,转到法国著名服装设计大师皮尔·卡丹手里。

1983年9月26日,我国第一家法国风味餐厅——北京巴黎马克西姆餐厅在崇文门饭店开业。

20世纪七八十年代,皮尔·卡丹在中国的知名度越来越高。1978年,皮尔·卡丹第一次来到中国。转年,便在北京民族文化宫第一次举办内部皮尔·卡丹时装表演。1981年,又在北京饭店第一次举办对外皮尔·卡丹时装表演。1983年,北京民族文化宫第一次举办皮尔·卡丹国际产品展销会,所

---

① 《"马克西姆"在北京》,《北京日报》1986年6月5日第4版。

有产品均为中国制造,世界各地的皮尔·卡丹代理商约200名前来参加。

有了这样的基础,皮尔·卡丹也开始进军中国餐饮业。北京的这家餐厅由北京市饮食服务总公司和法国皮尔·卡丹高级时装集团合资经营,餐厅设施、饭菜制作及服务方式、经营方式,均仿照巴黎马克西姆餐厅。餐厅既有来自巴黎的法国厨师,也有曾去巴黎学艺归来的中国厨师。由于当时还没颁布中外合作经营企业法,这家企业是国家对外经济贸易部特批的。

起步较晚的是外商独资企业。北京市第一家外商独资企业是1985年批准的中国CP有限公司,生产销售压缩机转子,生产技术是外方专利,投资额仅为39万美元。

从1980年到1983年4年时间里,北京市共批准中外合资企业8家,1984年稍多,批准了24家。从1982年到1984年,北京市共批准中外合作经营企业9家。起步阶段,北京市的外资经济发展规模有限,但在短时间内取得了不小的成绩。一方面,通过引进技术,既填补了国内某些方面的空白,又加快了原有企业的改造提升,大大提高了经济效益,取得了"花小钱,办大事"的效果。另一方面,"三资企业"的产生与发展,推动形成了以公有制为主体、多种所有制经济并存的经济结构。新的企业不光带来新的技术,也带来了新的管理方法与理念,改变了企业的经营管理。如北京航空食品有限公司借鉴香港的经营管理方法,制定了一系列规章制度,在配餐技术、餐食品种、服务质量和经济效果等方面,都比合营前显著改善,到1983年初,前来订餐的外航班机由合营前的2家增加到13家,日配餐份数增加了3倍。北京建国饭店聘请外商担任总经理和部门经理,以"宾客至上,服务第一"为治店方针,要求工作人员注意礼节礼貌、仪容仪表,热情服务,处处方便客人,获得外宾好评。由于经营管理好,尽管房租比其他饭店高,年平均出租率仍达到84.4%。第一年即获纯利105万元(外商得50万元),国家各种税、费收入284万元。[①] 同时,外资经济的发展也改变了人们长期以来的思维和习

[①] 全国人大常委会法制工作委员会审定:《沿海沿江沿边开放法律法规及规范性文件汇编》,法律出版社1992年版,第640页。

城乡经济体制改革起步

惯，使人们不再谈"外"色变，进入外资企业工作也逐渐成为人们就业的一个重要选择。

1985年8月，邓小平在会见津巴布韦非洲民族联盟主席、政府总理穆加贝时指出，"我们现在讲的对内搞活经济、对外开放是在坚持社会主义原则下开展的。社会主义有两个非常重要的方面，一是以公有制为主体，二是不搞两极分化。公有制包括全民所有制和集体所有制，现在占整个经济的百分之九十以上。同时，发展一点个体经济，吸收外国的资金和技术，欢迎中外合资合作，甚至欢迎外国独资到中国办工厂，这些都是对社会主义经济的补充。一个三资企业[①]办起来，工人可以拿到工资，国家可以得到税收，合资合作的企业收入还有一部分归社会主义所有。更重要的是，从这些企业中，我们可以学到一些好的管理经验和先进的技术，用于发展社会主义经济。这样做不会也不可能破坏社会主义经济"[②]。邓小平的讲话充分肯定了三资企业的重要作用，这也为以后外资经济的进一步发展奠定了重要基础。

[①] 指中外合资企业、中外合作企业和外方独资企业。
[②] 《邓小平文选》第三卷，人民出版社1993年版，第138—139页。

第六章
改革商业流通体制

商业流通是联结生产与消费的桥梁和纽带。改革开放前，我国形成了高度集中的商业体制，这对于应对商品短缺、强化财政收入、稳定市场物价起到了积极作用。然而，随着改革开放的逐步展开，原有商业流通体制的弊端愈发显现。为了改革长期形成的国营商业独家经营、流通渠道单一、流通环节多、封闭型的流通体制，北京市按照"多种经济形式、多种经营方式、多条流通渠道、少环节"的原则，坚持国营、集体、个体一起上，调整商品购销政策，开放城乡集贸市场，在国营企业试行承包责任制，推进供销社体制改革，实行价格改革，初步改善了商业流通体制弊端。

一、调整商品购销政策

商品购销是商业部门向工农业生产者购买其产品，再向生产单位和广大消费者出售他们所需要的生产资料和消费品的经济活动。1978年以前的近30年时间里，在高度集中的计划经济体制下，商品购销完全按照政府的计划指标进行，商品实行统一定价，企业没有自主权。生产者只能按固定供应区域、固定供应对象、固定作价办法出售自己的产品，消费者也很难按自己的意愿选择商品。久而久之，造成了商品流通不畅等问题。从1979年开始，北京市按照国务院的统一部署，对商品购销政策进行调整，解决"统得过多、管得过死"的问题，进一步搞活市场。

调整农产品购销政策

商品购销政策的调整是从农产品开始的，重点在于不断缩小统购和派购范围，实行合同定购、市场收购和议购议销等多种购销形式。

当时，农产品主要分为三类，每一类对应不同的购销政策。第一类包括粮食、棉花、食油等关乎国计民生的必需品，对这一类农产品实行统购统销政策，即按照国家规定的品种、数量和价格，由国家指定专业收购部门进行收购，并有计划地按时定量供应给城镇居民和部分缺粮单位。第二类主要包括轻工业、建筑工业的原料，出口物资以及与人民生活关系较大的农产品，如麻、丝、茶、糖、生猪、羊毛、鲜蛋、重要中药材等。对这一类农产品主要实行派购政策，即商业部门根据国家向农业生产者分派的交售任务进行收购，派购的指标必须完成。第三类则是第一、第二类产品以外的农副产品，如小商品、调味品、分散产区的水产品、小土特产品等。这类产品可议价收购，由商业部门根据市场供需情况与生产者直接协商，订立收购合同，议定品种、数量、价格、交售时间等。

这一购销政策形成于新中国成立初期，对于稳定经济秩序、建立社会主义经济基础、推动我国工业化进程发挥了经济作用。然而，随着时间的推移，这一政策也挫伤了农民的生产积极性，限制了农业生产效率的提高，进而影响我国经济的健康发展。

从1979年起，国务院有关部门先后重新限定农副产品的统购和派购范围，重申第三类产品和完成派购任务的第二类产品可以自由上市。1980年又进一步放宽农副产品的购销政策，第三类农副产品和完成征购、派购、计划收购任务以后的第一、第二类农副产品（除棉花外）都可以自由运销。全国统一派购的第二类商品从1981年的128种，先是降到1983年的60多种，1984年又减为40多种。1984年，贫困地区的一切农、林、牧、副、土特产品（包括粮食、木、竹）都不再实行统购派购办法，改为自由购销。这进一步缩小了统购、派购的范围。到1985年，中共中央、国务院发布了

《关于进一步活跃农村经济的十项政策》，明确规定从 1985 年起，"除个别品种外，国家不再向农民下达农产品统购派购任务，按照不同情况，分别实行合同定购和市场收购"，"取消统购派购以后，农产品不再受原来分工的限制，实行多渠道直线流通"，"任何单位都不得再向农民下达指令性生产计划"。这是对已经实行了 30 多年的统购、派购政策做出的根本性改革。

北京市根据国家规定，缩小了农副产品的统购、派购范围，还逐步恢复了议购议销。早在 1978 年底，北京市首先恢复了食油和食用油料的议购议销，品种包括花生、芝麻、葵花子，价格则是当时收购价格的 2.4 倍。1979 年 11 月，又增加了大青豆、明绿豆、红小豆、黄豆等议购议销品种。从 1980 年开始，北京市还根据中央精神进一步对农副产品议购议销的品种范围做出详细规定，并逐步缩小了第一、第二类农副产品的范围和派购比例。例如粮油类，执行国家收购牌价的是征购、超购任务以内的粮食、植物油及油料，实行议购的是完成征购、超购任务以外的部分；执行国家销售牌价的是定量供应和计划供应的粮食、植物油及油料，实行议销的是定量供应和计划供应以外的部分。对于畜禽产品，生猪按国家下达的计划由商业部门实行计划收购。国家按统一标准平价供应饲料的国营、集体鸡场（包括国家供料的与社队联营的专业户）的鸡蛋，由商业部门按计划收购；淘汰鸡，即养鸡场筛选下来的，在一定的年龄达不到一定标准而被淘汰掉的鸡，70%由商业部门收购，30%由生产单位自销。1983 年，北京市将原来实行派购的 46 种第一、第二类农副产品减为 21 种，1984 年又减到 12 种。

对第三类农副产品同样实行议购议销。对于干鲜果品，全国已降为第三类、北京市仍实行派购的 5 种果品，除苹果外，其他均降为第三类。其中，苹果按 1980 年至 1982 年三年平均产量的 60%重新核定派购基数，一定三年不变。对大兴、通县、顺义三个县的调市商品瓜，实行计划种植，全额收购。其他区县生产的西瓜实行地产地销或由生产单位自销。对核桃、栗子、杏仁实行计划收购，凡按国家价格交售的，奖售政策不变。

西瓜是北京伏季瓜果中的大宗商品，在市民夏季生活消费中占重要地位。

城乡经济体制改革起步

北京市一直高度重视人民群众的"吃瓜"之事。从 1958 年起，北京市一直将西瓜列入第二类商品管理范围，实行派购包销。在生产上，对种植面积、品种、数量、上市时间下达指令性计划；在流通上，由市供销社果品公司所属南苑、花园闸、小井三个"西瓜收购站"，统管全市西瓜的收购、批发业务；在价格上，由国家物价部门统一制定固定收购和销售价格。但这种派购包销的体制并不适合西瓜这类鲜嫩易腐、时令性强、上市集中、要求流通迅速的水果。1982 年，郊区西瓜大丰收，总产量比上年增加近一倍，由于不允许多渠道流通，致使 1400 多辆瓜车约 280 万公斤西瓜滞压，加之又遇到阴雨，西瓜被损毁无数，增产反而减收，挫伤了农民的积极性。1983 年，由于瓜田普遍承包到户，邻近省区放开经营，价格高于北京市，致使西瓜外流严重，北京市收购计划只完成 60%，造成国营商店脱销。到 1984 年，干鲜瓜果除西瓜外全部放开经营，实行合同定购和市场收购相结合，多渠道经营，价格随行就市。西瓜的改革则稍晚一些。从 1985 年起，北京市开始改革西瓜派购政策，放开价格和流通渠道。

北京市果品公司上市大量西瓜

又如淡水鱼，此前购销政策上统得过死，既不利于调动生产者的积极性，也不利于改善市场供应，北京市做出相应调整。对国家投资兴建并投放鱼苗的大水库及国营渔场生产的鲜活鱼，实行派购；对完成派购任务后的鱼品和其他类型水面生产的鱼品，实行议购议销。派购比例上，密云、官厅、怀柔水库为 60%，其他水库为 50%，商品鱼基地和国营渔场为 20%。派购任务根据当年生产计划确定。派购的鱼品由市水产公司直接收购，以保证特需的供应。

为了疏通淡水鱼议购议销渠道，北京市还组织淡水鱼产销挂钩。养鱼场与零售商店挂钩，双方签订购销合同，规定好鱼货上市量、上市时间、购销形式、交货地点和价格。产销挂上钩以后，零售商店可以直接向养鱼场议购鱼货，养鱼场直接将鲜活鱼送到零售商店议销，中间无须通过别的流通环节，销售价格可以随行就市，上下浮动，但其价格不能高于同期农贸市场零售价。1983 年 7 月、8 月，东城区北新桥市场、东直门外副食品商场便与顺义县牛栏山公社渔场挂上钩，开展了议购议销活动。这不仅使渔场增加了收入，零售商店也增加货源，提高利润，并且活跃了市场，方便了消费者。

对于第三类农副产品，在完成交售任务以后允许上市的第一、第二类农副产品和用议价的农副产品生产的食品中，哪些品种实行议购议销，北京市都有着明确的要求。但无论怎样调整，前提都是要保证国家对粮油类产品征购、超购任务的完成。毕竟，"吃饭还是头等大事"。

为了适应议购议销业务的发展，1981 年 12 月，北京市粮食局成立了粮食议购议销公司，各区县也相继设置议价粮经营部，增设议价粮供应网点。这一调整很快便取得了良好效果。之前市场上不常见的品种如贵州的黑米、云南的紫糯米、沁州黄小米等也都陆续出现，使群众有了更多选择；饭馆和早点铺由于增加了议价粮供应，也在一定程度上缓和了"吃饭难"和排长队问题。

为了进一步调动农民的积极性，保证粮油征购任务完成，1981 年，北京市先后批准在通县（现通州）、怀柔、密云、延庆、昌平等 5 个区县进行粮油购销包干试点改革。这一办法不仅使社队集体和社员个人在粮食生产和分配

城乡经济体制改革起步

上增加了自主权,也便于农业结构的调整,有利于农业生产全面发展,因此,这一办法受到干部群众的欢迎。通县在包干试点改革的1981年,种了3000亩啤酒大麦、4000亩高粱和一些小杂粮,增加收入200万元。特别是增加了生产啤酒所用的原料,减少了进口和调入,促进了啤酒生产。

转年,根据国务院发出的《关于实行粮食征购、销售、调拨包干一定三年的通知》,北京市对郊区农村的余粮征、超购和缺粮统销实行农村粮食购销包干办法,一定三年。[①] 但对各项饲料用粮(不包括农村自留料和国家奖售饲料粮)仍实行原有包干办法,一年一定。对食品行业的饮食、糕点、副食、酿造用粮,以及制酒、工业用粮,因发展变化较大继续按原有计划供应的办法,一年一安排,分季下达。

北京市根据国务院下达的任务,结合前几年的情况,协商确定各区县的粮食购销包干数字。各区县按照市确定的购销包干数字,结合自身实际情况适度"加码",落实到队。市分到区、县的粮食征购包干指标是2.63亿公斤;区、县落实到人民公社的指标是2.685亿公斤;人民公社落实到基本核算单位的指标是2.7亿公斤,层层都加了保险系数。

包干期内,各区、县多购少销的粮食,归区、县掌握,储备起来,准备以丰补歉。生产队在保证完成粮食征购、不突破统销包干指标的原则下,按照国家政策,有权搞好集体内部的粮食分配,有权自行处理多余的粮食。除丰台区从1983年开始实行包干外,其他区、县都在1982年夏粮收获前将购销包干指标逐级落实到了基本核算单位。

这一包干办法调动了区、县和社队解决粮食问题的积极性,促进了农副业的发展。怀柔县(现怀柔区)八道河是个深山缺粮公社,应以发展林果为主。过去粮食统销不包死,每年按实产算账,增了产,抵了销,社队手里仍然没有多余的粮食发展林、牧业。实行统销包干以后,粮食实现了增产,有

[①] 粮食征购包干主要是按照农村粮食征购政策征购应当征购的余粮,包括征购基数和超购任务,以及市自筹的收购社员鸡蛋补助粮。对于议购、周转和品种兑换的粮食以及区县、公社在征购任务之外的各项自筹粮,不列入包干范围之内。粮食统销包干主要针对按照国家计划种植,并按计划向国家交售产品而常年缺粮的生产队所需的统销粮。

6个大队饲养了225头肉牛，既增加了肥料，又增加了社员收入。这一办法还解决了"多劳多交""鞭打快牛"的问题，一些余粮队不再担心增产就增加征购任务了，缺粮队也积极采取措施，增加粮食种植，提高粮食产量。

调整工业品购销政策

随着工业品生产的发展和国民经济的调整、改革，工业品的购销政策也进行了调整，重点在于改变原有的统购包销形式，建立起统购统销、计划收购、定购、选购和代批代销、代理经销、联营联销等多种形式并存的工业品购销体系。轻工业具有投资少、见效快、积累多、换汇率高的特点，对于改善人民生活、繁荣城乡市场、扩大对外贸易、为国家增加资金积累和外汇收入，有着重要作用。而改革开放初期的中国，国内建设需要资金，引进技术同样需要资金，因此必须改变以往的策略，走"以轻养重、以快养慢"的路子，以此增加积累，提高消费能力。在这种情况下，工业品的购销政策调整便从轻工业品入手。

1979年4月，国务院规定轻工业品中属于选购产品的剩余部分允许工业自销，属于新产品试销，应允许工业自行展销或由商业代销。[1] 这对此前的包销制度是一个不小的突破。北京市本着"计划调节与市场调节相结合，以计划调节为主，同时充分注意发挥市场调节的作用"和"在市场供应比较紧张的情况下，现行的购销形式不宜作大的变动"的原则，积极、慎重地调整工商之间现行的购销关系，改进购销工作。

1979年冬，北京市改进了三类工业品[2]的购销形式。市百货公司逐步突破了统购包销的老框框，实行产销结合，以销定产，按需收购。除了对人民生活需要的主要商品按照上级下达的收购计划与工厂衔接具体品种，按合同

---

[1] 中华全国手工业合作总社、中共中央党史研究室编：《中国手工业合作化和城镇集体工业的发展 第3卷》（上），中共党史出版社1997年版，第29—30页。

[2] 一类工业品是指由国家集中管理的关系国计民生的最重要的工业品，如石油、棉纱、棉布等；二类工业品是指由国务院有关部委管理的关系国计民生比较重要的工业品；三类工业品一般是指对人民生活影响较小、单价小、经营额小的"三小"商品，如小百货、民用小五金等。

收购外，对于多地生产、多厂生产，花色品种复杂，市场变化快的小商品和一种原料多个品种的商品，实行产销结合，以销定产，有效提高了经济效益。

1980年4月，市政府转发市计委、经委、财办《关于调整本市工业品购销形式的试行办法》，明确统购统销、计划收购、定购、工业自销这4类工业品的购销形式。统购统销的范围是关系国计民生，需要由国家统一计划、统一进行分配的一类商品。这类商品由商业部门按照国家计委、商业部和北京市计委下达的收购计划收购，工业部门一般不得自销，商业部门一般不得拒收。计划收购的范围包括国家计委和商业部管理的二类商品，以及少数重要的三类商品。这类商品由商业部门按照市计委下达的收购计划收购。其中，紧缺商品，原则上超产超购，但具体数量和品种，需经工商双方协调商定；一般商品，超计划生产部分，由工业部门按照国家规定的价格开展自销或委托商业部门代销。定购商品是与人民生活关系密切，需要由商业部门统筹安排市场供应的三类商品，根据市场需要，由商业部门优先向工业部门定购。工业部门自销的商品包括超计划生产的属于计划收购的一般商品，订购的剩余产品，商业部门不经营或不收购的产品，以及新产品等。

北京市进一步放宽限制，于1982年9月，把原来统购统销的15种商品中的汗衫、背心等5种商品改为计划收购，把原来计划收购的51种商品中的胶鞋等4种商品改为定购或自销；把原来实行定购的58种商品中的打气筒等8种商品改为选购，从而进一步促进了工业生产。

为了密切产销关系，北京市先后开展了联营联销和代批代销。联营联销，就是商业企业和工业企业联合经营或联合销售某种或某些商品，基本特点是"利益均沾，风险共担"。

最先成立的工商联合经营机构是由市交电公司和市经济建设总公司电子仪表部组成的"家用电器工商联合销售经理部"（以下简称联销部），于1980年10月成立，12月正式开业。参加的工厂有北京无线电厂、北京电视机厂、东风电视机厂、北京电影机械厂和朝阳无线电厂。联销部主要经营计划收购、选购、定购以外的产品，包括工业自筹外汇引进散件组装的家用电器（电视机、收录机、收音机等），展销、试销的家用电器新产品，计划外和超产的产品等。其经营管理办法是"联合经营，单独核算，会计独立"。联销部从开业到 1981 年 7 月，半年时间与全国 110 个商业单位签订供货合同 270 份，实现销售金额 2488 万元，经营利润 107 万元，向国家上缴税金 16.7 万元，工业分利根据税后利润提取少量经理基金外按 30% 分成的办法，共计 18.5 万元。[①] 1982 年以后，随着工业品市场日益好转，有些产品自销出现了困难，为此北京市国营商业企业还接受生产厂家的委托，按照协商价格，开展了代批代销业务。1983 年北京市百货、五金、交电三个公司和四大百货商场就为 2215 个工厂代批代销商品 4560 种，金额达 6346 万元。工业企业既避免了产品积压，提高了收益，商业企业也从中获得了一定收益，一定程度上实现了双赢。

通过对商品购销政策的初步调整，北京市初步构筑起多种形式并存的商品购销体系，拓宽了商品流通渠道，较好地改变了过去流通不畅与产品积压的状况，推动了工业、农业的发展，繁荣了市场，进一步提升了人民生活水平。

二、开放城乡集贸市场

集贸市场是城乡居民进行农副产品、日用消费品等现货商品交易的固定场所，对于促进商品流通、方便人民生活、推动经济发展有着重要作用。然而，实行改革开放前，集贸市场被当作"资本主义尾巴"对待，特别是"文化大革命"时期，大部分农村集市被关闭，城近郊区也严禁集中买卖、交换物资，城乡集贸市场陷入严重困境，不仅不利于国民经济的发展，也给人民群众的生活带来了极大不便。

恢复农村集贸市场

全市各区、县原有 38 个农村集市，到 1977 年上半年仍未恢复开放。

[①]《北京商业四十年》编辑部：《北京商业四十年》，中国财政经济出版社 1989 年版，第 169 页。

城乡经济体制改革起步

1977年6月,市第二商业局革命领导小组、市工商行政管理局革命领导小组联合向北京市革命委员会财贸组、农林组报告,指出"在社会主义商业还不能完全代替的情况下,农村集市贸易的存在仍然是客观经济的需要,起到了互通有无,调剂余缺,促进农副业生产,安排好社员生活的积极作用"。① 在肯定集市贸易积极作用与存在必要性的同时,北京市工商管理部门有计划有步骤地增设网点,扩大经营品种,逐步代替集市贸易。②

同时,北京市工商管理部门对集市贸易仍有一定限制,要求上市的物资只限于第三类农副产品。如社员饲养自繁自产的小猪、小羊、小兔、鸡、鸭、鹅、秧苗、烟叶、粗饲料和其他家庭副业产品等。第一类农副产品,即国家统购统销的物资,如粮、棉、油(包括油料)和土纱、土布、粮食制品,一律不准上市。第二类农副产品,即国家商业统一收购的物资,如生猪、肉羊、鲜蛋、蔬菜等,不准流入集市贸易。工农业生产资料、工业品、废金属,也不准上市交易。且在集市上只准交换自己生产的产品,不准转手贩卖、远距离运销、弃农经商。参加集市贸易的对象主要是社员群众,城区的职工、干部、学生则不能到集市上买卖物品。③

然而,"代替"在当时的条件下并不可行。到1977年11月,大兴、平谷、延庆、密云4个县,先后恢复集市贸易16处,全市仍有22处尚未恢复。在一些没有开放集市的地区,集市贸易并没有"消失"。每逢集日,总有一些社员群众和生产队携带"四小"(小面粉、小饲料、小油料、小食品)和零星农副产品到原来的集市上买卖。只要市场管理人员去赶,就打起了"游击"。你赶他就走,但你一走他又回来了,根本轰不掉。

农村商业部门的干部职工也反映代替不了。他们说:"让我们收购的收不了,让我们组织调剂没有物资力量,管不好成了自由贸易。"社队干部和社员对此也很有意见,他们说:"我们要买的,你们没有,要卖的你们不收,赶个集又不让,那让我们怎么办?"因此,北京市工商行政管理局在给市委农村工作部、财贸部的报告中也指出:"农村集市贸易的存在仍然是客观经济需要,

---

① ② ③ 陈乐人主编:《北京档案史料 2008.3》,新华出版社2008年版,第66、67页。

不能硬性关闭,只能积极创造条件在经济发展和社员群众政治思想觉悟提高的基础上,由国营商业逐步代替。"①

此后,郊区、县开始恢复集市贸易。不到一年时间,大兴、平谷、延庆、密云、怀柔和房山等6个县又先后恢复集市贸易20处。例如大兴,除黄村集市因距市区较近、工厂企业亦较多、开放集市后秩序较乱未再恢复外,其余的采育、青云店、庞各庄、南各庄、礼贤、榆垡、安定、魏善庄等8处集市都全部恢复,每10天一个集日,参加集市贸易的主要是本县农村社员,还有少数毗邻县的农村社员,郊区个别工厂企业职工和当地居民也在集市买些日用品和农副产品。8个集市平时约3万人,市场旺季最多时达四五万人。到1978年底,全市郊区集市贸易恢复、开放了40处,比全市原有集市增加了2处。1978年集市贸易成交总额由1977年的194万元增加到318万元,增加了65%。②

加快城乡集贸市场开放

随着改革开放的启动与推进,开放集贸市场成为越来越多人的呼声。1978年12月,党的十一届三中全会指出,"社员自留地、家庭副业和集市贸易是社会主义经济的必要补充部分,任何人不得乱加干涉"。③ 这无疑是一个很大的突破,给农村集市的恢复提供了空间。1979年4月,国务院决定贯彻"管而不死、活而不乱"的原则,"有领导地"开放农村集市贸易,开放而不放松,"避免重复过去一再出现过的那种一管就死,一死就放,一放就乱,一乱就叫,一叫就关的不正常状况"。④ 根据这一精神,北京市放宽了对集市贸易管理的政策,农村集市贸易逐步活跃起来。到1979年底,共恢复和发展农村集市59处,比1978年增长47.5%,上市物资的品种也逐渐增多,成交额

---

① ② 陈乐人主编:《北京档案史料 2008.3》,新华出版社2008年版,第71、88页。
③ 中共中央文献研究室编:《三中全会以来重要文献选编》(上),中央文献出版社2011年版,第7页。
④ 商业部教育司教材处、北京商学院商业经济系编:《商业经济教学参考资料》第1集,中国商业出版社1982年版,第237页。

| 城乡经济体制改革起步

达 900 多万元。1980 年，农村集市贸易成交额 2455 万元，比上年增长 1.7 倍。

随着农村集市贸易的恢复，越来越多的农民自发进城摆摊卖农副产品，北京市也因势利导，根据最新精神，逐步开放城市农贸市场。1979 年 4 月，国务院认为"原则上应该开放"城市农副产品市场，并且城市开放农副产品市场的范围宜小不宜大，管理宜紧不宜松。必须指定地点，不要设在市中心区；上市品种只限于农副产品，禁止工业品、旧货上市；只准生产者和消费者直接见面，取缔转手倒卖、哄抬价格、换取票证和其他违法活动；配合有关部门加强卫生防疫检查工作。①

北京市的集贸市场也借着改革的春风重新焕发生机。随着农村经济的日益好转以及农村集市贸易的日渐发展，北京市根据新形势及时调整了相关政策。1979 年 1 月 24 日和 4 月 30 日，北京工商行政管理局和市公安局先后联合发布《布告》和《关于近郊农副产品市场管理的具体规定》。这两个文件第一次确定了首都集贸市场的合法地位，肯定了其活跃经济、方便群众生活的积极作用，并正式划定城近郊区的红庙、双井、酒仙桥、北太平庄、海淀镇、沙窝、丰台镇、长辛店、南苑、东高地、古城和房山区的向阳、胜利桥等地，为集贸市场发展的具体地点。从此，关闭多年的集贸市场大门终于打开了。②

1979 年 3 月，海淀区建起了北京市第一个最大的开放式市场——北太平庄农贸市场。1983 年，北太平庄农贸市场改扩建为当时北京市最大的全封闭厅式、批零兼营综合性市场，占地 1.24 万平方米，建筑面积 2300 平方米。副食、肉类、水产品摊位均备有冷藏设备。批发市场拥有可容纳万公斤以上货物的货位 100 多个，另有全封闭库房 40 余间，固定摊位 400 余个，摊商 700 余人，每天客流量达万余人，成交货物数十万公斤。1981 年 9 月，北京市第一个大型室内农贸市场在海淀区中关村建立。此前，中关村地区原有的

---

① 商业部教育司教材处、北京商学院商业经济系编：《商业经济教学参考资料》第 1 集，中国商业出版社 1982 年版，第 237 页。
② 段柄仁主编：《北京市改革十年（1979—1989）》，北京出版社 1989 年版，第 464 页。

1979年建立的北太平庄农贸市场

两个农贸市场，规模较小，设备简陋，遇到不好的天气，商品易受损失，买卖双方均感不便，希望农贸市场增加避风遮雨设施。1981年春，海淀区工商局在区政府和市工商局的支持下开始动工，半年左右时间，就建成了使用面积达1400多平方米的室内农贸市场。大厅宽阔、透风、透光，卫生条件较好，内设近400个摊位，可同时接待2000多位顾客。每个摊位都设有活动柜和活动椅。摊位按蔬菜、水果、肉、蛋、水产品等品种分片布置。在水产品摊位中还设有36个活鱼池，家禽摊位中设有30个鸡笼。9月18日开业当天，室内市场秩序井然，来自农村的各种农副产品销售很快。有的顾客说，如果城区每个区都建有这样的农贸市场，将会极大地方便群众，活跃市场。这话说出了很多人的心声。北太平庄农贸市场和中关村农贸市场还采取"引进帮销"的办法，吸引全国20个省市、132个县的247种农副产品入场交易，成为当时北京北半城农副产品的主要集散地。

在一系列政策的支持下，北京的城乡集贸市场得到了迅速发展。到1981年初，北京市城、近郊区先后开设41处农贸市场。1984年，又新建了14个农贸市场，其中包括6个批发市场，2个封闭式的零售市场，6个露天市场。

| 城乡经济体制改革起步

1981年9月北京第一座大型室内农贸市场开业

加强市场规范管理

为了进一步搞好城市农贸市场和农村集市贸易，规范城乡集贸市场的管理，1981年2月，北京市政府批转了市工商行政管理局制订的《北京市城市农贸市场管理试行办法》和《北京市农村集市贸易管理试行办法》，并强调"城市农贸市场和农村集市贸易是我国社会主义统一市场的组成部分，开放城市农贸市场和农村集市贸易是国家的一项长期的经济政策，要继续搞活管好"。

根据要求，市政府设有专人负责对城市农贸市场和农村集市贸易的领导，具体的建设和管理的日常工作由市工商行政管理局会同区、县人民政府和规划、公安、环卫、卫生、市政、商业、供销、粮食、税务、计量等有关部门，分工协作，各司其职，做到"管而不死，活而不乱"。从之前强调"逐步代替"到落实"一项长期的经济政策"，这对于稳定人心、促进城乡集市贸易的繁荣有着重要推动作用。

1983年2月，国务院发布《城乡集市贸易管理办法》，以法规的形式将集市贸易的活动范围确定了下来。在这一办法中，上市物资的范围被进一步扩大，如国营工业企业的产品，凡国家允许上市自销的部分，可以在农村集市和城市指定的地点等出售。对于参加人员，机关、团体、部队、学校、企业、事业等单位，在国家政策、法律许可范围内，可到集市采购农副产品。[1]而此前的《北京市城市农贸市场管理试行办法》和《北京市农村集市贸易管理试行办法》则规定机关、团体、部队、学校、企业、事业单位在农贸市场购买农副产品，或者到农村和农村集市采购三类农副产品，要经当地工商行政管理部门批准，并不得与民争购，不准高于集市价格采购。[2]

北京市根据这一办法，加强了对城乡集市贸易的领导，将集市贸易场地和建设正式列入建设规划，认真执行市场价格管理规定，合理收取市场管理费。对于参加集市售货者，要求其必须持证上市。特别是出售国营和集体企业的工业产品，为了区别哪些是不收购的或完成国家计划后多余的，须持企业主管部门的证明；出售国家统购派购的农副产品，为说明是完成了统购派购任务以外的产品，须持乡（镇）政府或生产大队的证明。

一系列规定、办法的颁布，为集贸市场的健康发展奠定了良好的基础。1982年到1984年，市政府先后批准在海淀、朝阳、石景山、丰台建起一批较高水平的封闭式、半封闭式集贸市场和批发市场。从1979年90个集贸市场发展到1984年的207个，增加130%，其中农村集市142个，增加140%，城近郊区65个，增加109%。[3]首都集贸市场取得了较快的恢复和发展，方便了群众生活，扩大了就业门路，减轻了国家财政负担，促进了城乡经济的发展。

---

[1] 国家工商行政管理局个体经济司、北京日报理论部编：《个体劳动者手册》，北京日报出版社、工商出版社1984年版，第19—20页。

[2][3] 段柄仁主编：《北京市改革十年（1979—1989）》，北京出版社1989年版，第460、462、464页。

三、商业服务业企业试行经营承包责任制

国营商业企业的改革同样始于扩大企业自主权。早在 1980 年，北京市商业部门便下放了商品采购权和商品经营权，允许企业一业为主，多种经营。不久之后又在部分商业企业试行了利润留成、扩大自主权的改革，较大地改进了企业的服务态度，提升了经济效益。

西单、前门两条街试点改革

为了进一步搞活企业，1981 年初，农村供销社系统的商业、饮食业、服务业和修理业实行不同形式的经营责任制，取得良好效果。北京市在当年 7 月推广了供销社改革经验，全市约有 1/3 的国营零售商业、服务业的门店搞了承包。

试点改革取得了一定成果。房山区紫草坞供销社所属沿村饭店原来是一个规模较小的普通饭馆，1980 年营业额只有 39 万元，实现利润 1 万元。1981 年开始实行利润承包责任制，企业内部层层实行承包岗位责任制，当年实现利润 2.3 万多元，比 1980 年增长了 1 倍还多。然而，好景不长，这次改革被有关部门以"不符合规定""奖金没有照顾到左邻右舍"等"理由"，只搞了 3 个月便被扼杀在萌芽中了。[①]

改革的潮流势不可挡，特别是首钢承包制改革取得了巨大成就，证明经营承包责任制是这一时期搞活国企的一项有效措施，也是深化企业扩权中普遍采取的一种形式。1982 年 10 月 20 日至 11 月 10 日，全国商业工作会议在北京举行。会议决定在坚持计划经济为主和切实完成国家统购派购任务的前提下，进一步放宽政策，把流通领域搞活，提出"全面推行责任制，在小型零售店、饮食服务店，试行经营承包制"。[②] 这为商业企业推行经营承包责任

[①] 段柄仁主编：《北京市改革十年（1979—1989）》，北京出版社 1989 年版，第 441 页。
[②] 《全国商业工作会议决定改变国营商业独家经营思想　放宽政策　改革体制　搞活流通》，《人民日报》1982 年 11 月 11 日第 1 版。

制提供了重要依据。

前门、西单两条大街，共有区属商业、服务业网点392个，占崇文、西城两个区网点总数的19%。这些网点共有职工14534人，占两个区商业职工总数的24%。1982年1月至9月，两条街的销售额和营业收入共3.86亿元，占两个区总销售额和营业收入的46%；纯利润3674万元，约占两个区纯利润总额的59%。[①] 1983年1月，为进一步贯彻"三多一少"的方针，即以国营商业为主导，多种经济形式、多种流通渠道、多种经营方式，少环节、开放的流通体系，开创财贸工作新局面，市委、市政府决定在前门、西单两条大街两侧的国营和集体商业、服务业中试行经营管理责任制。

1983年1月5日，市委、市政府推出试点方案，并成立领导小组，加强对试点的统一领导。先行抓了11个行业和类型的典型，随后采取成熟一批审批一批的办法，在两条大街逐步推开。1月8日，《人民日报》也发表社论，指出："吃'大锅饭'的状况必须改变。近两年来，在一些商业企业推行的经营责任制，越来越显示极大的威力。今后所有的商业企业都应当逐步实行各种形式的经营责任制，不能再吃'大锅饭'。"[②] 2月3日，商业部印发了《中央领导同志关于商业改革的谈话要点》，提到："商业经营责任制，在一个城市不要光试几个点，北京光搞两条街不行，只有少数单位搞，顶不住风。"[③]其中，"北京光搞两条街不行"，表明中央领导同志对于商业改革的巨大决心和对北京市寄予的厚望，进一步坚定了北京市试行经营承包责任制的信心。

20日，市委、市政府发出《关于商业、服务业推行经营管理责任制的补充通知》（以下简称《补充通知》），强调商业改革必须坚持社会主义经营方向，更好地为人民服务。这是衡量检验商业、服务业承包责任制搞得好不好的根本标准。要求实行经营承包的单位，必须根据群众的需要，按行业、按地区确定明确的经营范围，坚持一业为主，兼营别样；认真执行

[①][③] 北京市社会科学研究所组编：《北京商业改革文件资料汇编》，中国展望出版社1983年版，第26—27、24页。

[②] 《切实改进商业工作》，《人民日报》1983年1月8日第1版。

城乡经济体制改革起步

物价政策，严格遵守国务院颁发的《物价管理暂行条例》的规定；对已有的群众欢迎的服务项目、服务方式和便民措施，要不断完善、巩固和发展，不得以任何借口擅自减少或取消；等等。①《补充通知》的发布，进一步推动了全市经营管理责任制改革的深入开展。

根据不同行业、不同类型、不同所有制，此次试点采取了不同形式的经营责任制：国营大中型零售商店、饮食服务店，实行国家所有、集体承包责任制；三五人的小型商店、修理服务店，实行职工个人承包、盈亏自负；前店后厂和以厂办店的企业，规模大的实行利润递增包干，中小型的实行以税代利；政策性亏损企业实行包定额亏损、减亏分成的办法。同时规定企业所得利润，按规定上缴利润和缴纳税款后，按照不同规模确定发展基金、集体福利基金和分配基金的比例，多劳多得，奖金上不封顶，下不保底。②

前门百货商场百货组组长马秀娥带领全组承包获得好成绩

---

① 北京市社会科学研究所组编：《北京商业改革文件资料汇编》，中国展望出版社1983年版，第32—34页。
② 《北京商业四十年》编辑部编：《北京商业四十年》，中国财政经济出版社1989年版，第173—174页。

这一政策适应了广大群众打破"大锅饭"的强烈愿望，因此试点进展顺利，到1983年2月上旬便全部签订了承包合同。商店在搞承包提升经济效益的同时，仍然不忘为人民服务的立场。4月的一个晚上，西单利康药店电冰箱经销处副主任刘志伟带领三名员工在燕化区迎风中学的教室里，为燕化建筑安装公司职工举办了一场关于电冰箱的知识讲座。当时，建筑安装公司家属中已经有500多家买了电冰箱，但许多人却对这种高档商品的构造、性能和使用常识缺乏了解。针对越来越多的电冰箱进入居民家庭的情况，刘志伟感到向用户介绍、普及电冰箱知识非常必要。商店不单要卖冰箱，还要着眼群众需求。因此，在安装公司工会的组织下，刘志伟义务举办了讲座，有的人记录了八九页，连连赞叹"听了真解渴"。[1]

两条街经验得到推广

"两条街"的试点取得了良好效果，其经验也得到推广。到1983年4月，全市95%以上的零售商业、服务业门市部都签订了承包合同，企业内部实行了岗位责任制。[2] 两个月后，到6月，除拆建、新建网点外，北京市零售商业、服务业企业基本都签订了承包合同。

北京市宣武区土产杂品公司所属的宣武炊事机械批发零售商店抓住了这次承包机会。这个商店的前身是红星炊事用具商店的一个组。随着社会团体炊事用具机械化程度的提高和新产品的不断出现，他们为了适应市场需要，于1980年成立了炊事机械商店，销售额和利润大幅度增加。1983年以后，北京市生产和专营炊事机械的厂家、商店增多了，竞争变得激烈。为了在竞争中赢得先机，商店狠抓经营承包责任制的落实，大胆改革"坐门等客"的经营方式，充分调动职工的积极性。

商店建立了以经营责任制为核心的经营管理制度，把商店的经济指标分解到组，落实到人。规定业务组每个业务员每月必须完成20万元的销售额，

---

[1]《西单利康药店到燕化区办讲座》，《北京日报》1983年4月8日第2版。
[2]《北京商业四十年》编辑部编：《北京商业四十年》，中国财政经济出版社1989年版，第174页。

并且要求在接待、介绍、订货、开票、办理托运等每个服务环节都要对顾客负责到底。超额完成销售任务的，每增加销售额1万元，增加1分，每少完成1万元，减少1分，低于限额的70%，不发奖金，到月终结合其他服务工作的考核标准以分计奖，多劳多得，少劳少得。完成任务好的职工和完成任务差的职工奖金收入相差近一倍，这就初步打破了分配上的平均主义，充分调动起了职工的积极性，职工们都关心商店的经营情况，热情主动地接待顾客，受到顾客好评。在此基础上，商店还打出了一套"组合拳"：重视广告宣传，了解市场情况；多渠道组织货源，掌握"拳头商品"；搞好售后服务，解除顾客后顾之忧。

在大家的共同努力下，商店的40名职工在不足70平方米的营业场所内，创造了良好的经济效益。1984年完成营业额3000万元，比1983年增长25%；实现利润240万元，比1983年增长20%；人均创利达6.8万元。[①]

试行责任制成就喜人

这次改革取得了可喜的成果。企业提高了经济效益，特别是销售额、利润大幅提升。改革与效益挂钩，大大提升了企业、职工的积极性。过去企业是来什么卖什么，用很多职工的话说就是"多进多卖多受累，少卖省力又省心"。而改革后则大有不同，企业和职工开始注重市场，千方百计扩大销售种类。例如，天桥商场与上级主管单位崇文区百货公司签订了实行经营管理责任制的承包合同，并于当年全面完成各项指标，创历史最好水平。其中，全员劳动生产率和费用水平两项指标，在全国60家大中型百货商店评比中名列第一。[②] 新街口百货商场承包后10多天就增加了900多个新品种，前门百货店经营的小商品由550种增加到1450种。[③]

根据国家统计局统计，北京1983年一季度社会商品零售额19.9亿元，

[①] 徐惟诚、郑怀义主编：《北京迈出改革的步伐》，北京出版社1986年版，第207页。
[②] 段柄仁主编：《北京市改革十年（1979—1989）》，北京出版社1989年版，第433页。
[③] 北京市社会科学研究所组编：《北京商业改革文件资料汇编》，中国展望出版社1983年版，第38页。

比1982年同期增长12%。这一增长幅度不仅高于全国（10.9%），也高于天津（8.3%）、上海（11.8%）。特别是经销工业品的一商局系统增长尤其明显。1983年1月至4月，市一商局系统零售额8.09亿元，比1982年同期增长19.6%；同口径数字对比，上海增长10.06%，天津增长8.6%。实现利润也大幅度上升。据城近郊8个区承包的国营零售商业和服务业的统计，1月至4月实现利润8705.59万元，比1982年同期增长36.29%。市一商局系统直属零售企业1月至4月实现利润3358.01万元，比1982年同期增长58.51%。[①]

商业企业服务态度明显改观，工作作风开始转变。之前一些商店自恃"皇帝女儿不愁嫁""群众上班它营业，群众下班它关门"，即便是顾客上门，不少售货员也是爱搭不理。承包后这一现象大为改观，不仅营业时间延长了一到两个小时，服务态度也好了很多，不少人能够做到"三主动"（主动打招呼、主动展示商品、主动介绍商品）。例如，大饭店增加了早点供应，中、小饭馆增加了夜宵，不少饭店甚至全天营业，外地人来京吃不上饭的情况明显减少。过去面对顾客，很多售货员能推则推，能躲则躲，承包后则大变样，热情周到地接待顾客。同时，有了承包的动力，也加强了劳动纪律，使后进职工有了转变。西单菜市场有个女售货员，平时表现不好，承包时没有人愿同她搭伙。她向领导写了保证书，决心和大家比着干，一天就售货900多元，比别人多300多元，成了全组的售货"状元"。

这次改革也打破了"大锅饭"体制，让多劳者多得，让有为者有位。市一商局经营百货，劳动条件相对好一些，增加盈利也更容易一些，因此超额利润五五分成；市二商局经营副食、蔬菜，劳动强度大，增加盈利难，规定三七分成（企业70%）；市第二服务局的饮食、服务、修理属于微利行业，需要扶持，因而采取基数内二八分成（企业80%），超额部分企业全留的办法。[②]职工奖金也不再搞"平均主义"，而是根据工作成绩分别确定奖金档位。根据8个城区和市局直属承包单位的统计，在169810名职工中，1983年1月

[①②] 贺阳：《改革·思考》，改革出版社1991年版，第243、246页。

至 4 月不得奖的占 5.37%；1 元至 10 元的占 17.57%；10 元至 20 元的占 33.1%；20 元至 30 元的占 21.2%；30 元至 50 元的占 17.3%；50 元以上的占 5.5%。[①]

一批善于经营、能够打开新局面的人才开始涌现出来。实行承包后，广大职工迫切要求有好的当家人。有的单位实行了民主选举，有的实行选聘，有的自荐搞承包，一批善于经商的人才被推举到领导岗位上来。例如，前门众书里副食店是个亏损单位，此次改革中一位年轻的女售货员代表 5 名职工承包了年上缴 1000 元利润的任务。在她带领下，全组齐心协力，1983 年 1 月便实现利润 398 元。

国营商业企业改革在一定程度上克服了"大锅饭""铁饭碗"的平均主义，充分调动起企业和职工的积极性。当然，也存在部分企业承包基数偏高或偏低、个别企业违反物价政策等问题。改革历经数月，持续到年底，便进入利改税阶段。

四、推进供销社体制改革

供销合作社（以下简称供销社）在我国已有百年历史，最早可追溯至 1918 年 3 月成立的"北京大学消费公社"。新中国成立前，合作社已在解放区大量发展。新中国成立后，供销社成为城乡物资交流的重要纽带，在促进农村商品生产、繁荣城乡市场、方便群众等方面发挥着重要作用。由于多年来管理体制和政策的种种限制，使供销合作社渐渐失去了自主灵活的特色。党的十一届三中全会召开，改革开放开始推进，如何改革农村商品流通体制，尤其是如何进行供销社的体制改革，使之在新形势下更好地发挥为农村经济服务的功能，成为农村经济体制改革中的重要问题。

明确分工

1979 年 7 月 1 日，按照市委决定，北京市供销社与市二商局正式分开办

---

① 贺阳：《改革·思考》，改革出版社 1991 年版，第 247 页。

公，从市到区（县）直至基层也都恢复了供销社的建制。分开办公的同时供销社也明确了与国营商业的各自分工。

1979年，国营工业品商业、副食品商业以及饮食服务业部门，除在少数集镇设有经营机构外，在农村基本上没有机构；猪、禽、蛋、菜的经营，工业品的批发零售以及饮食服务业的任务，在农村几乎全部由供销社承担和负责市场安排。[①] 因此，供销社系统的重点在农村，除承担一部分国家计划产品的购销任务外，主要负责领导和安排农村市场，为农业提供产前产后服务，包括农副产品购销、农业生产资料供应、组织工业品下乡等工作。同时，主管城市废旧物资回收和土产、日用杂品的批发零售。区、县供销社与国营商业的业务分工同市里的分工大体对口。

此后，根据归口管理的要求，供销社系统的部分业务与经营机构划交国营公司。1979年11月，各区（县）供销社所属养猪、养鸭、养鸡场交给市二商局的食品公司所属区、县公司统一管理；1982年，远郊县成立工业品、副食品和服务3类公司，将县供销社所属的县城零售服务网点分别移交给市一商局、二商局和第二服务局直接领导。

分工不"分家"。从性质上来说，1979年供销社系统同国营商业一样，同属于全民所有制。无论是分开办公还是业务分工，都没有触及所有制性质的问题。然而，改革的核心在于改"制"，体制问题要改，所有制问题同样要改。

恢复"三性"改革

实际上，对于恢复供销社集体所有制性质一事，早就有了一定的讨论，但总社领导层对此重大问题采取了审慎的态度。1980年10月23日至11月9日，全国供销合作总社在北京召开了省、直辖市、自治区供销社主任会议，认真讨论和研究了供销社的体制改革问题。针对是否改变供销社的体制，会

[①] 本书编写组编：《当代北京供销合作社事业》，中国财政经济出版社1992年版，第196页。

城乡经济体制改革起步

上共有三种意见。第一种意见主张改,赞成将供销社办成群众性的经济组织,改为集体所有制,这样做有利于搞活经济,改善同农民关系,扩大对外交流;第二种意见不主张改,而是把基层供销社办成国家同农民联合经营组织,不改变全民所有制性质;第三种意见主张把合作社办成"半官半民""上官下民"的经济组织,县以上供销社仍为全民所有制,基层供销社改为集体所有制。

会议结束后,国务院最终明确:供销社全民所有制不变,基层供销社不下放人民公社,县以上不同商业部门合并,从上到下保留供销社这个系统;体制改革可以采取集体所有制的办法试点,也可采取其他形式和办法进行试点,使供销社的购销业务同生产队和农民的经济利益紧密结合起来。这为供销社体制改革提供了依据。

一年后,这一问题更加明朗。1981年12月18日,全国供销合作总社党组在向中共中央、国务院报送《关于供销合作社改为集体所有制试点的报告》中指出:中央提出经过试点,有步骤地、自下而上地把供销社改为集体所有制,办成农民的商业,是纠正"左"的错误,恢复优良传统,改革流通体制的一大突破。这对进一步协调国家同农民的关系,沟通城乡物资交流,改进商业经营,克服"官商"作风,是非常必要的。[①] 1982年1月1日,中共中央转发的《全国农村工作会议纪要》对供销社改革作出了明确指示:"要恢复和加强供销社组织上的群众性、管理上的民主性和经营上的灵活性,使它在组织农村经济生活中发挥更大的作用。供销合作社要逐步进行体制改革。"[②]

根据这一文件的要求,北京市供销社系统的体制改革拉开帷幕。紧紧围绕"官办"变"民办"这个核心问题,改革首先从恢复供销社"三性"(组织上的群众性、管理上的民主性和经营上的灵活性)入手,推动供销社向集体所有制转变。

---

① 中国供销合作社史料丛书编辑室编:《中国供销合作社大事记与发展概况 1949—1985》,中国财政经济出版社1988年版,第178页。
② 《中共中央转发〈全国农村工作会议纪要〉》,《人民日报》1982年4月6日第2版。

从 1982 年 11 月下旬开始，北京市怀柔县在北房、茶坞、西庄、沙峪、宝山寺等 5 个基层供销社进行农民入股、农商联营的管理体制改革试点。仅一个多月，这 5 个单位通过清理旧股金，扩大吸收新股，使入股户数由原来的 8073 户增加到 12361 户，达到 5 个公社总户数的 86.7%；股金额比原来增加了 2.4 倍，相当于改革前全县供销社股金的总额。在扩股过程中，群众热情很高。宝山寺公社是全县收入水平最低的社之一，但社员入股面却达到 94%。事实说明，供销社的管理体制改革有着广泛的群众基础。

经过改革，社员对供销社的工作关心了。供销社真正成了农民自己的买卖，农民感到自己是供销社的主人。在 5 个供销社的社员代表大会上，社员代表对供销社的服务态度、服务质量、经营管理、商品供应、执行政策等方面提出了具体要求和中肯的意见。5 个试点供销社都把开展农商联营当成首要任务来抓，帮助农民大力发展商品生产。在联营中，供销社负责提供市场信息，帮助解决设备、种苗（畜）、化肥、资金、技术、产品销路等方面的问题，使农民在发展商品生产中得到更多的好处。5 个试点单位的经验推动了全县供销社的改革。①

1983 年 1 月 2 日，中共中央印发《当前农村经济政策的若干问题》，指出"基层供销合作社应恢复合作商业性质，并扩大经营范围和服务领域，逐步办成供销、加工、贮藏、运输、技术等综合服务中心。原来的县供销社，应当成为基层供销社的联合经济组织。凡是没有进行供销合作社体制改革试点的地区，要抓紧进行试点，已进行试点的地区，要总结经验，逐步向面上推开"。② 按照这一文件精神，当月北京市供销社又在昌平、丰台、朝阳、通县、房山、密云、大兴、顺义、门头沟等 9 个区、县的 22 个基层社开始了体

---

① 《怀柔县五个基层供销社试行农民入股农商联营 农民成了供销社的主人 有权对经营管理、商品供应、服务质量等提出要求和意见》，《人民日报》1983 年 2 月 24 日第 1 版。

② 中共中央党史研究室、中共中央政策研究室、中华人民共和国农业部编：《中国新时期农村的变革·中央卷》（下），中共党史出版社 1998 年版，第 227 页。

制改革试点。① 3月，怀柔县供销社改为怀柔县供销社联社，恢复了20世纪50年代合作经济的形式，这是启动改革后北京市供销社系统成立的第一个县供销社联合社。与改革之前相比，改革后的供销社联合社恢复了社员的股东地位，供销社的人事、财权、经营方向均由社员代表大会决定，经营范围也比之前扩大了，既按国家计划，又按农民需要进行经营。②

为了加快农村商业改革进程，把供销社真正办成农民自己当家做主的经济组织，怀柔县供销社联合社还制定了新章程，对社员股东地位、社员代表大会职权、供销社工作重点、用人制度等作出详细规定。例如，1983年4月，桥梓供销社根据新章程，改革招工制度，第一次从入股的农民中招收合同工12名，这12人是从112人中择优录用的，大约十里挑一，看上去竞争并不算激烈，但这次招工设置了一定的门槛。应考社员要满足三个条件：一是在供销社入股社员的子女，二是具有高中以上文化程度、年龄在25岁以下身体健康的男女青年，三是由生产大队推荐、经社员代表评议后方准报名。为了确保考试的公平公正，考试由县人大常委会、县委宣传部、财贸部和当地公社的负责人以及社员代表共同在场监考，根据笔试、面试成绩和身体健康状况择优录取。这次招工是供销社体制改革后在劳动人事制度上的一次改革，新录用职工不转城镇户口，不吃商品粮，根据工作表现决定以后去留，打破了"铁饭碗"。③

通过不断扩大试点范围，基层供销社体制改革工作全面铺开，不仅清理社员股金、补发社员红利，而且在此基础上又开展增加和扩大社员股金等工作，使基层供销社同广大农民群众的关系更加融洽。密云县十里堡供销社积极开展清股、扩股和吸收农民新入股工作，首先挨家挨户访问核对了20世纪

---

① 本书编写组编：《当代北京供销合作社事业》，中国财政经济出版社1992年版，第453页。
② 《改革农村商业体制 恢复合作经济形式 怀柔县供销社改为供销联社，确立农民股东地位》，《北京日报》1983年3月22日第1版。
③ 《桥梓供销社改革招工制度，从入股农民中招合同工》，《北京日报》1983年4月11日第1版。

50年代农民入股户和股金，凡属于老股东一律认定为供销社社员，并落实了多年来应分而未分的红利500多元，赢得了农民信赖。同时，他们还扩大吸收农民和生产队入股，仅仅几天时间就扩了200多股，新吸收500多股。社员说："供销社又是我们自己的买卖了。"① 这一年，全市253个基层社中有242个进行了体制改革，占基层供销社总数的95%。12个区、县建立了供销社联合社。经过清股扩股，入股农民有77.3万户，占郊区总农户的80%。②

第四届社员代表大会

1983年12月27日，北京市供销社召开第四届社员代表大会。这是继1964年市供销社召开第三届社员代表大会19年以来首次恢复的社员代表大会。这次会议将北京市供销社更名为北京市供销社联合社，讨论通过了《北京市供销合作社联合社章程》，选举产生了市供销社联合社理事会、监事会，以及出席中华全国供销合作总社代表大会的代表。

这次会议还有一个亮点，就是北京市供销社系统第一次试行社员代表常任制。出席这次社员大会的代表在大会闭会期间可以凭代表证在全市供销社系统履行监督管理的职责。代表们有权监督检查本市供销社系统内各单位的工作，有权参与所在地基层供销社重要事项的讨论，有权对本市各级供销社的各项工作提出质询、批评和建议，有权向各级供销社理事会反映群众的意见和要求，有权要求各级供销社就如何改进工作解决问题作出答复。这项改革措施得到了郊区农民的拥护和欢迎，出席会议的一位农民代表说："这下好了，今后遇到'买难卖难'或者不合理的事儿，咱们凭这个红皮本本儿（代表证）也能管一管啦！"③

这一时期的供销社体制改革，在不长时间里取得了一定的成绩，到1983

---

① 《十里堡供销社吸收农民入股 恢复农村商业民办性质》，《北京日报》1983年3月11日第2版。

② 《坚持改革 完善改革 继续前进 市供销社恢复合作商业性质加强民主管理》，《北京日报》1983年12月28日第1版。

③ 《市供销社系统试行社员代表常任制 社员代表可凭证随时进行监督管理》，《北京日报》1983年12月28日第1版。

年底，入股农民79.1万户，占当时郊区县总户数的83%，入股金额达360多万元。① 供销社不仅恢复了合作商业性质，深刻改变了与农民之间的关系，也为此后的深化改革提供了基础。

五、初步调节与放开物价

价格是市场的"晴雨表"，关乎千家万户的日常生计，更关系到经济建设的发展。1978年以前，我国实行高度集中的价格管理体制，对于保持物价稳定和人民生活安定起到了一定作用。在这种体制下，生产经营者没有定价权，不能准确及时反映市场的需求和变化，不能及时引导市场的资源配置，不利于发挥价格的宏观调控作用。政府为了保持消费品价格稳定，必须给予大量补贴，因此背上了沉重的财政包袱，价格改革势在必行。

调整农产品价格

北京市委、市政府认真贯彻国家价格改革的方针政策，紧密结合实际，坚持"调放结合，以调为主"，即国家动用行政手段合理调整价格与逐步放开行政定价实行市场调节相结合，在价格改革方面迈出了第一步。

价格改革从"吃饭"问题入手。北京市自1953年粮食统购统销后，粮食供应价格极少变动，以销量最大的标准粉、二号玉米面、早籼标二米为例，1953年至1966年销售价分别为每斤0.184元、0.108元和0.148元。1967年进行微调后分别为每斤0.185元、0.152元和0.117元，一直保持到1991年。② 这么多年都是这个价格，为的就是保证人民生活的基本需要。1977年11月，邓小平在听取国家计委关于经济计划问题汇报时就指出："从长远来讲，要注意农村问题，随着工业生产的发展，要逐步缩小剪刀差。将来要考

---

① 《北京商业四十年》编辑部编：《北京商业四十年》，中国财政经济出版社1989年版，第173—174、181页。
② 北京市地方志编纂委员会编：《北京志·商业卷·粮油商业志》，北京出版社2004年版，第113页。

虑提高粮价。增加农民收入，调动农民积极性，这是很大的政策。"① 党的十一届三中全会，对缩小工农业产品差价提出明确要求，国务院决定从 1979 年 3 月开始，提高部分农产品的收购价格。

北京市根据国务院统一部署，粮食统购价提高 19.58%，油料提价 23.48%；生猪提价 19%，鸡蛋提价 30%。这一措施调动了农民发展生产、交售农副产品的积极性。转年初，邓小平充分肯定了这次调价，认为"我们提高农产品收购价格的措施是非常正确的，确实起了刺激农业生产的巨大作用"。②

谷贱伤农，太贵了又伤消费者，毕竟面粉贵了面包也会跟着涨价。考虑到当时农产品收购价涨了，但城市职工工资没跟着涨，为了保障他们的生活水平，国家并未提高粮食的销售价格。

1979 年 4 月，国家还提高了猪、牛、羊、禽、水产品、蛋、蔬菜、牛奶等副食品的收购价格，但销售价格没有相应调整，形成购销价格倒挂，挫伤了商业部门的经营积极性，影响了市场供应，国家财政负担加大，投机倒把活动猖獗。按北京市当时的情况，收购 1 斤鸡蛋要 1 元钱，还要再给 1 斤粮，价差 0.08 元，相当于 1.08 元买过来，却要以 0.9 元的价格卖出去，卖 1 斤蛋要亏 0.18 元，倒卖一斤蛋则会赚 0.18 元。一天倒卖 20 斤蛋，就能赚 3.6 元，这在当时可算一笔巨款。对于这种现象，行政办法很难制止。③

因此，1979 年 11 月，国家便提高了上述 8 种副食品和相关制品的销售价格，并且给职工发放补贴，还降低了一部分工业品的价格，防止职工因价格上涨导致生活水平下降。北京市按照这一规定提高了上述副食品价格，其中猪肉零售价由每斤 0.84 元提高到 1.1 元，提价 30.59%。并且根据国家标准，给职工每月补贴 5 元。

从 1981 年 11 月起，逐步提高了烟酒的零售价格。

---

① 中共中央文献研究室编：《邓小平年谱（一九〇四——一九九七）》第四卷，中央文献出版社 2020 年版，第 241 页。
② 《邓小平文选》第二卷，人民出版社 1994 年版，第 258 页。
③ 王振之、乔荣章编：《中国价格改革的回顾与展望》，中国物资出版社 1988 年版，第 2 页。

城乡经济体制改革起步

从 1982 年开始，糕点等食品逐步缩小统一配方，扩大议价品种；对名、特、优、新品种实行优质优价政策，扩大了企业调整产品结构、确定产品价格自主权。①

在价格改革的前几年中，北京市还放开了山林土特产品的价格，并于 1983 年 10 月和 1984 年 9 月分两批放开了 71 种（类）小食品的价格，实行市场调节，由企业定价。从 1981 年开始，国家逐步减少统购、派购的农产品品种，缩小各级政府统一定价的范围，放开了部分农产品的价格。到 1983 年，属于国家管理的农副产品 81 种，比 1973 年国家统一管理的 113 种减少 32 种，1984 年又减少为 60 种。②

对于蔬菜一项，其产销制度仍然是以统购包销为特征的计划调节。蔬菜生产主要依靠近郊菜田，实行统一种植、统一上市，购销活动主要由国营商业"垄断"，蔬菜价格按照政府部门规定作价，基本上是按照上年同月同日同品种的价格来确定本期具体品种的收购价格和零售价格。这种集中管理的办法，对平衡全市收购价，减少农商矛盾，稳定市场菜价，起到了一定作用。

1979 年以前，北京市蔬菜价格基本上是两级管理，约占总上市量 65% 的 18 个主要品种的价格由市物价局管理，其余的 100 多个品种的价格由市二商局管理。1980 年，北京市蔬菜价格改为三级管理，即占上市量 60% 左右的 15 个主要品种的主要月份价格，仍由市物价局管理；占上市量 35% 左右的蔬菜品种由市二商局管理；占上市量 5% 左右的细小品种价格，下放到各区副食管理处管理，使得各区有了一定自主权。这一年的蔬菜购、销价格参照 1979 年价格水平执行，细小品种实行议购议销。

为了使品种之间比价合理，有利于排开播种，均衡上市，1981 年北京市蔬菜收购总额比 1980 年提高了 400 万元，主要解决比价偏低、市场供应不足的品种，包括市物价局管理的菠菜、菜花、西红柿、柿子椒、云架豆、冬瓜，市二商局管理的冬贮的红头菠菜、卞萝卜、葱头、土豆、西葫芦等。这一年

---

① 北京市地方志编纂委员会编：《北京志·商业卷·副食品商业志》，北京出版社 2003 年版，第 8 页。

② 罗植龄主编：《价格改革十三年》，中国物价出版社 1992 年版，第 280 页。

执行国家牌价的是菠菜、油菜、芹菜等40种蔬菜,其他品种实行议价。46个细小品种也继续实行议购议销。

1982年仍然是"稳"字当头,收购价格保持基本稳定,不做大的调整,只对少数突出不合理的品种比价、季节差价、品质比价进行一些有升有降的调整,零售价格同样保持稳定,除议购议销的细小品种以外,主要品种蔬菜一律按不高于1981年同期牌价执行。从这年新菜上市时开始,议购议销的细小品种由原来的46种增加到80种。

除了国营商业外,蔬菜售卖还存在农贸市场、自产自销等渠道,一般来说二者价格都要稍高一些,但整体占比很少。

工业品价格调整

与人民生活有着密切关系的工业品也进行了价格调整。当时,北京老百姓做饭大多使用煤炉,煤炉价格却还是20世纪50年代制定的,到了70年代末,每套煤炉生产成本为7.9—8.8元,售价却只有7.65元,卖一套赔一套,这样一来企业也没有生产的动力,导致煤炉市场供应很紧张,政府也不得不对此进行补贴,以保障市场供应。为了解决民用炉的生产和销售问题,市政府决定从1979年10月5日起调整民用炉价格,但考虑到全国统一提高8种主要副食品销售价格的措施即将出台,因此,民用炉调价1980年9月1日才得以执行,民用炉零售价从7.65元涨到11.5元,涨幅高达50%。

这一年10月17日,家住北京东城区的工人段凌军给当时的中央领导人写信反映了煤炉调价一事,对火炉涨价表示不满。次日,这封信便得到了中央领导批示,要求"群众的意见一定要经常掌握住"。北京市委立即将这一批示印发给每一位常委、副市长及市人大常委会和市物价局。经过有关部门的讨论,认为既要考虑消费者的承受能力,也要考虑生产部门的积极性和财政负担,经过进一步核算,把北京市火炉销售价改为10.5元,并对群众作了宣传解释,这一问题才得以妥善解决。[①]

---

① 成致平:《价格改革三十年(1977—2006)》,中国市场出版社2006年版,第40页。

| 城乡经济体制改革起步

可见，在价格调整初期，人民群众对于价格变化的承受力是很脆弱的。曾任北京市物价局局长的彭城曾说过：物价无小事，上通天——通党中央，下通地——通老百姓，搞得不好通国际。当时一些形象的说法描写的就是价格调整的境况："我们现在像水库一样，只能保住大坝不动，开一些溢洪道，水大时溢洪道开得比较大些，水小时溢洪道开得比较小些。""调价像切东西一样，要用快快的刀，薄薄的片，不能大刀砍。"①

1983年1月，西单百货商场执行物价政策，积极组织货源，保证市场供应。

除此之外，北京市还在1979年调整了煤炭价格和供应生产用煤价格，1980年提高焦炭和生铁出厂及供应价格，1981年在调整烟酒价格的同时，降低了彩电、西药、单门电冰箱和单缸洗衣机价格，调整了木材供应价格。1983年根据市场需求变化，有升有降地全面调整棉纺和化纤织品价格，并再次降低进口彩电价格，提高纯碱及铁路、水路货运价格。1982年9月、1983年9月、1984年10月分三批放开1000余种（类）小商品价格。1984年再次

---

① 成致平：《价格改革三十年（1977—2006）》，中国市场出版社2006年版，第434页。

提高生铁、焦炭、钢材等重要生产资料价格。[①] 这些调整初步改变了工农业产品价格严重扭曲的结构。

加强物价管理

在调整价格的同时，北京市加强了物价管理工作。在物价调整过程中，有些单位擅自涨价，或者采取偷工减料等手法变相涨价，这些不良现象引起了群众的强烈不满。1979年10月，北京市革委会邀请各方面人士，抽调大批干部，组成检查团，在全市开展了物价大检查，初步纠正了上述错误做法。1982年，北京市根据国务院发布的《物价管理暂行条例》，对物价管理工作和价格执行情况，进行了一次全面检查。1984年，北京市还成立了市和区、县物价检查所，这对于稳定市场、稳定物价、保护消费者利益起了重要作用。

为了进一步搞好物价管理，既管又活，以适应商业改革的需要，1983年2月，北京市物价局、一商局和崇文区计委，对花市百货商场的物价管理问题进行了试点。

试点之前，商场从各专业批发公司进货的商品执行各批发公司规定的零售价格，自行采购的商品分别报区公司和各有关批发公司定价，企业没有定价权。由于环节多，层层审批，定价不及时，一般要四五天才能定出价格，有的因产地价格资料不全，还需往返信件联系，甚至达一月之久才能定价，使产品不能及时与顾客见面，影响销售。有的质次价高，商品长期销售不出去，而企业又无调价权。为了解决这些问题，必须给予企业一定的定调价格权限。

市物价局和商场多次研究，首先对商场自来商品（约占整个进货的13%）价格进行了初步试验。在定价原则上，对人民群众需要的主要消费品，如维棉床单、毛巾被、枕套、布胶鞋等，影响较大且质量基本符合规定的标准，不宜与现行市场价格水平脱节的，按照公司规定的作价办法由商店自己定价，向有关公司备案即可。在定价方法上，由采购员、售货员、物价员共

[①] 谢荫明等：《北京改革开放简史》，中央文献出版社2008年版，第80—81页。

城乡经济体制改革起步

同研究提出价格意见,由商场业务负责人审核批准后再行销售。仅一个多月时间,商场便制定了百货、针织、文化等128种规格品价格。

对质次价高的商品,则采取与同类商品比质比价、按质论价的方法定价。例如,从外省某厂进的儿童毛巾如按原来作价原则定价,每条零售价应为0.53元,但该毛巾色泽陈旧,质量较次,商场便与同类产品比质定价每条0.47元,比本市同类产品低2分。

对已开放的小商品价格,基本上把权限交给商场定价,减少了公司定价的环节。三类小商品一般根据市场供求变化灵活掌握,随时调整。[①]

总的来说,北京市价格改革初期以调整为主,取得了初步效果。工农产品比价缩小,调动了农民发展商品生产的积极性,推动了农业发展。放开小商品价格也在一定程度上疏通了流通渠道,增加了市场供给,城乡人民生活水平也都得到了改善。

[①] 果洪迟、杨承辉编:《商业企业管理参考资料》(上册),中央广播电视大学出版社1984年版,第499—500页。

后　　记

　　为纪念邓小平同志诞辰 120 周年，深入研究党的十一届三中全会实现伟大转折的光辉历史，全面反映三中全会前后北京市委团结带领全市人民推进改革开放的历史进程和奋斗精神，市委党史研究室、市地方志办策划编写了"党的十一届三中全会前后的北京历史丛书"。

　　为优质高效推进编写工作，市委党史研究室、市地方志办专门成立编委会和编委会办公室，进行具体分工。经过近两年艰苦努力，顺利完成丛书编写任务。本书主编杨胜群、桂生对该书从确定大纲到谋篇布局，从甄别史实到统改审定，全程指导，严格把关，付出了大量心血和智慧。陈志楣负责丛书组织编写，并审改全部书稿。

　　《城乡经济体制改革起步》作为这套丛书中的一部，第一章、二章、三章，由当代中国研究所周进负责撰写；第四章、五章、六章，由当代中国研究所王怀乐负责撰写。张神根、安钢审阅书稿并提出修改意见。王锦辉、董斌、杨华锋、武凌君后期参与修改完善。联络员武凌君具体负责组织协调等工作。

　　北京出版集团所属北京人民出版社积极参与本书审校出版各项工作。本书参阅了许多公开出版或发表的文献资料和研究成果。北京市档案馆、市委图书馆等有关单位为查阅档案文献给予大力支持和帮助。新华社提供了部分照片。在此，谨向所有为本书编写工作作出贡献的单位和同志表示诚挚感谢！

  由于时间仓促，加之编写水平所限，本书难免存在不足之处，敬请读者批评指正。

丛书编委会

2024 年 7 月